最新 ピラーティス アナトミィ

コアの安定と
バランスのための本質と実践

共著
ラエル・イサコウィッツ ● カレン・クリッピンジャー
Rael Isacowitz　　　Karen Clippinger

監修
中村 尚人

翻訳
東出 顕子

Human Kinetics

Website: www.HumanKinetics.com

本書の執筆および出版の目的は、本テーマに関する正確で信頼性の高い情報を提供することです。本書の出版および販売は、著者および出版者が本書の執筆および出版を理由に法的、医学的その他の専門サービスの提供に従事してはいないという理解のもとに行われています。医療その他の専門的な支援が必要であれば、有能な専門家をお探しください。

本書に記載したウェブサイトのアドレスは、断りがないかぎり、2018年11月現在の最新のものです。

Senior Acquisitions Editor: Michelle Maloney; **Senior Developmental Editor:** Cynthia McEntire; **Senior Managing Editor:** Amy Stahl; **Copyeditor:** Annette Pierce; **Graphic Designer:** Whitney Milburn; **Cover Designer:** Keri Evans; **Cover Design Associate:** Susan Rothermel Allen; **Photographs (for illustration references):** Kirk Fitzek; **Cover Model (for illustration reference):** Yuki Yoshii; **Interior Models (for illustration reference):** Antonella Redekosky, Devon Reuvekamp, Ena Kirima, Lisa Clayton Hubbard, Stephanie Powell, Yuki Yoshii; **Photo Production Manager:** Jason Allen; **Senior Art Manager:** Kelly Hendren; **Illustrations:** Heidi Richter and Molly Borman/© Human Kinetics

Suggested Readings

Clippinger, K. 2016. *Dance Anatomy and Kinesiology. 2nd ed.* Champaign, IL: Human Kinetics.

Isacowitz, R. 2014. *Pilates. 2nd ed.* Champaign, IL: Human Kinetics.

Pilates, J., and W. Miller. 2003. *Return to Life Through Contrology.* Miami: Pilates Method Alliance. First published 1945.

監修序文

　いつの時代もそうですが、人体について、健康については日進月歩で常に新しいことが明らかになってきています。

　著者のラエル氏は最新の情報を吸収され弛まず研鑽されておられるのだと思います。このように新しい医学的知識やピラーティス業界を見渡す広い視座で、現在の最新のものを届けたいという強い気持ちが第2版を通して伝わってきます。

　この研鑽し続ける姿勢、常に新しくより効率的で真理に近い何かを探そうとする姿勢は、きっと創始者のジョゼフ氏もそうであったに違いないと確信できます。

　ピラーティスのインストラクターは創造的であり、謙虚でそして野心的です。それは常にクライアントのためにより良いエクササイズを提供できないか自問自答しているからです。

　本書は第1版に比べより広い客観的な視点で書かれている印象を私は受けました。ラエル氏が主催されているBASIのインストラクターのみならず、ピラーティスに関わる全てのインストラクターにとって多くの示唆を与えてくれます。ぜひ、ラエル氏の謙虚な姿勢を見習い、私たちピラーティスインストラクターも自己研鑽を続けましょう。

　そして、多くのクライアントにピラーティスの恩恵が届き、健康的で生き生きした方々が増えることを祈っています。

　ピラーティスは「身体機能と心とヤル気」を高めてくれます。ジョゼフ氏の想いが、全世界に共感を呼び、現在のように多くのスタジオやスポーツジムで提供されるようになりました。この想いをピラーティスインストラクターは継承し、停滞ではなく、進化させる使命を持っています。インストラクターの方々は、本書で刺激を得たならば、ぜひ文献検索や医学書での勉強を含めて自分自身を更にバージョンアップさせていきましょう。ラエル氏のような見本となる先輩がいることに感謝し、監修者としての挨拶に変えさせていただきます。

中村　尚人

目次

第1章　ピラーティスの6つの原則 1

第2章　脊柱、コア、ボディ・アライメント 11

第3章　筋肉、動きの分析、マットワークを始める前に 33

目次

第9章　強い背中のための伸展エクササイズ　223

第10章　ピラーティス・プログラムのカスタマイズ　245

はじめに

　『ピラーティス アナトミィ』の共著者として、私たちは第 1 版の反響にどれほど励まされたかわからない。第 1 版は 2011 年の刊行後、世界中で読まれ、たくさんの言語に翻訳された。今、第 2 版を出すにあたり、同じように肯定的な反応をいただけることを願っている。この第 2 版には、モディフィケーションとプログレッションについて詳しく解説することを中心に役立つ情報を加筆した。モディフィケーションはエクササイズの難易度を下げる調整であり、段階を踏んでオリジナルのエクササイズを安全に行えるようにすることが目的である。プログレッションはエクササイズの難易度を適度に上げる調整である。多くの場合、ピラーティスのより高度な関連エクササイズを正しく行うために必要な具体的スキルを発達させる有益なステップにもなる。

　ここ 20 年で、ピラーティスに重大な展開が生じている。ピラーティス業界は 1990 年代半ばから末にかけて、いわゆるティッピング・ポイント（クリティカル・マス）、すなわち爆発的に普及する臨界点に達したようだ。ダンサー、シンガー、サーカスのパフォーマー、俳優など、熱烈だが一握りの人たちが支持するマイナーなエクササイズから、多くの一般家庭で行われる本流のフィットネス法へと姿を変えたのである。ハリウッド映画やテレビ・コマーシャル、アニメやコメディー番組、深夜番組でふってわいたようにピラーティスを目にするようになった。スターバックスに寄って、低脂肪のソイラテをトリプルショットで（ホイップクリームなしで！　とオーダーして）一杯飲むのと同義語になった感がある。

　これがどのようにして起きたのか、なぜ起きたのか、この現象の原因は何なのか、はいささか不可解なままだ。しかし、2000 年に約 170 万人だった米国のピラーティス人口が 2006 年には約 1,060 万人に膨れあがったのだから、一種の現象と言ってよいということに議論の余地はないだろう。世界的なピラーティス人口も爆発的に増え、今も増えつづけている。一方、米国のピラーティス人口はやや減少し、2017 年には約 905 万人になった。もちろん、どんな成長にも成長の痛みがつきものであり、ピラーティス業界も例外ではない。往々にして急成長の一端である速成教育がピラーティスにも定着してきたのは間違いない。もっと包括的なアプローチが好ましいとはいえ、速成型のアプローチがピラーティス普及の要因の 1 つであり、普及したからこそ数々のプラスの結果につながった。たとえば、ピラーティスが徐々に新しい舞台、フィットネスクラブやアスリートのトレーニング・プログラム、医療施設などに浸透していることが挙げられる。

　ピラーティスを理解するには、その歴史について多少なりとも知っておかなければならない。ジョーゼフ・ピラーティスは、1883 年（訳注：1880 年という説もある）12 月 9 日にドイツのデュッセルドルフ近郊で生まれた。死去したのは 1967 年 10 月 9 日、残念ながら、自分の夢が実現するのを見届けることなく世を去った。ピラーティスは、トータルな Well-being（身体的・精神的・社会的に良好で充足した状態）をめざす自分のアプローチは大衆に、そして言うまでもなくヘルスケアのプロフェッショナルたちに受け入れられるはずだと固く信じていた。ピラーティスは、自らがコントロロジー（Contrology）と名づけたシステムを全米の学校が教えるようになることを願っていた。ピラーティスは自分のメソッドを男性のためのコンディショニング法の主流にするつもりだったし、確かに当初は男性のほうが多く実践していたが、これまでの歳月ピラーティスの炎を消さないようにしてきたのは大半が女性である。

　幸いなことに、ピラーティスとその妻、クララ（1926 年に 2 度目の訪米の途上で出会い、生涯の仕

事のパートナーとなった）の初期の教え子たちが夫妻の死後も存命し、自らの力で非凡な教師となった。こうしたジョーゼフ&クララ・ピラーティスの直弟子である第1世代のピラーティス教師たちが、ピラーティス業界の発展に重大な役割を果たしてきた。著者の1人、ラエル・イサコウィッツは、この稀有な第1世代に属す何人かに学ぶという格別の恩恵に過去40年というもの恵まれてきた。キャスリーン（キャシー）・スタンフォード・グラント氏は、この著者の進歩と教え方のスタイルに特に強い影響を与えた人物に違いない。

　ジョーゼフ・ピラーティスは、未来世代のピラーティスのプロフェッショナルたちを導く資料を少ししか書き残さなかった。限られた保存されている資料——写真、フィルム、文章——はきわめて価値がある。しかし、ピラーティスの教えの大部分は、主として口伝えと動きという普遍的な言語によって第1世代から第2世代へ、さらに後継世代へと受け継がれてきた。ピラーティスには2冊の短い著作があり、その1冊『Return to Life Through Contrology』* が『ピラーティス アナトミィ』の柱となった参考文献である。一部を除き、本書のエクササイズの基本的な解説のベースとして『Return to Life Through Contrology』に出てくるとおりのエクササイズを採用するという決断は重要なものだった。私たちの目標は、『ピラーティス アナトミィ』が教え方のスタイルやピラーティスの個々のアプローチ、あるいはピラーティスの特定の流派を超越することだ。本書は、解剖学そのものが普遍的であるように、普遍的な魅力をもつように書かれている。『Return to Life Through Contrology』からインスピレーションを得ることで本書はピラーティスの根源に迫るものに仕上がっている。『ピラーティス アナトミィ』がピラーティスの新しく生まれてきた多様なアプローチのかけ橋となり、ピラーティス関係の全領域で、そして世界中いたるところでエクササイズに取り組む、あらゆるピラーティスのプロフェッショナルと愛好家のための接点となることが私たちのねらいだ。

　今日、ピラーティスは考えつくかぎりあらゆる環境で見ることができる。個人スタジオ、教育研究機関、フィットネス・センター、医療施設で教えられており、エリート・アスリートから病気やケガで身体能力に制限のある人まで、さまざまなクライアントを対象にしている。年齢層としては幼稚園児から90代の高齢者までがピラーティスのメリットを享受している。これほど幅広い人々に適応するメソッドがほかにあるだろうか？　これがピラーティスの不思議な力である。ピラーティスには極端なまでの順応性があるのだ。実に多くの国々でピラーティスが流行し、驚くほど普及したのは、これが理由の1つであることは間違いない。

　『ピラーティス アナトミィ』は、共通項が多いものの異なる専門知識を持ち寄って本書を完成させた2人の著者が手がけたものである。ラエル・イサコウィッツは、ピラーティス初期の高名な教師たちの薫陶を受けたことを含め、広くピラーティスを研究して40年になる。高く評価されているピラーティス学校を設立し、ここ30年は、国際的に知られるピラーティス教育組織、Body Arts and Science International (BASI) を指揮し、その教材を開発してきた。その知識とスキルによって世界中に招かれ、指導や講演に飛び回っている。カレン・クリッピンジャーは、有名なセンターや大学で解剖学を教えて40年の経験がある。解剖学的な概念を応用する鋭い能力はよく知られており、米国はもとより世界各地の名だたる場所での講義を請われてきた。ここ26年はピラーティスをリハビリテーションやアカデミックな場に導入することに力を注いでおり、その分野の第一人者とされている。両著者と

もエクササイズの科学に造詣が深く、ダンサーやアスリートとしての実体験もある。2人合わせれば80年以上の研究やパフォーマンス、練習、教育の経験があり、哲学的にも共通点が多い。それぞれの進路は25年以上前に交差し、以来、活気ある、しばしば熱のこもった、そして常に互いの励みとなるようなプロフェッショナルとしての交流を続けてきた。

　世界中を旅し、世界各地でのプレゼンテーションや指導の経験が豊富な著者たちは、実にさまざまな国々でピラーティスがどう受け入れられていくのか、実体験に基づく国際的な視点をもつようになった。中国からロシアへ、オーストラリアから南アフリカへ、米国からヨーロッパへ、2人は人々と心を通わせ、ピラーティス業界の成長に貢献してきた。今日ではピラーティスが存在しない国はないに等しい。著者たちの願いは、『最新ピラーティス アナトミィ』がピラーティスのプロフェッショナルも愛好家も1つにつなぐツールとなることだ。あたかも世界共通の言葉を話す国際的なコミュニティのように。

　ピラーティス普及の方向性を考えると、ピラーティスのプロフェッショナルがしっかりした解剖学の知識をもつことが必要になってきた。とはいえ、誰でも本書の情報から恩恵を受けることができるはずだ。『最新ピラーティス アナトミィ』のアプローチは、包括的にデザインされており、ピラーティスの教え方や教える環境のいかなる流派をも排除するものではなく、エクササイズの基本的な解剖学的解説を提供するものだ。したがって、さまざまなアプローチや特定の受講者に容易に応用することができる。もっと言えば、本書『最新ピラーティス アナトミィ』にモディフィケーション、プログレッション、バリエーションを加筆することになった重要なきっかけは、ピラーティスに関心を寄せる人の範囲が大きく広がった結果、よりいっそう一人ひとりに合わせたピラーティスが求められていると判断したことである。慢性痛や慢性疾患のある人、加齢による健康の危機に悩む人が生活の質を改善するためにピラーティスを始めるというケースが増えているのを目にしてきた。逆に、健康で健康意識の高い人やエリート・アスリートにピラーティスのフィットネス上の効用を強調する傾向もある。このような個別のニーズに合わせてエクササイズを調整できれば、潜在的な利益を高め、ケガのリスクを減らすことになる。

　しかし、個人に合わせてエクササイズを調整できることは、学び、教えるプロセスに不可欠な要素であると同時に、それには知識と創造性が要求される。そこで本書ではエクササイズの難易度を下げる方法（モディフィケーション）と難易度を上げる方法（プログレッションとバリエーション）を紹介することになった。その結果、本書のエクササイズの適用範囲が広がり、自分のレベルや目的に合わせてエクササイズに変化をつけられるようになった。何より重要なことだが、健康上やってはいけないことがあれば、それも考慮できる。疑わしい場合は、必ず医療の専門家に相談してほしい。

　『ピラーティス アナトミィ』は、初学者にも、理学療法士など人体解剖学に広範な知識のある人にも役に立つ。作用しているターゲットの筋肉を示す図解、主要な筋肉のリスト、「テクニックのアドバイス」と「エクササイズ・メモ」の解剖学的な情報を補完的に活用すれば、読者は本書の情報をさまざまなレベルで、現在の知識と運動経験に応じて利用できるだろう。第2版は、オリジナルのエクササイズの解説と補足のモディフィケーション、バリエーション、プログレッションをはっきり区別したデザインになり、読みたい情報を見つけやすくなった。メインのエクササイズのレベルは色分けしたインデックスでわかるようになっている。プログレッション、バリエーション、モディフィケーションは「エクササイズのパーソナライズ」という見出しの囲みに別記されている。本書の意図は、一貫性のあるピラーティスのトレーニングのために、すべての人に解剖学に基づく充実した基盤を提供することにある。

* 訳注：『Return to Life Through Contrology』は、2010年に現代書林から『Return to Life Through Contrology ～リターン・トゥー・ライフ・スルー・コントロロジー～ピラティスで、本来のあなたを取り戻す！』という書名で監訳者の解説や資料を加えた邦訳版が出版されている。

第1章

ピラーティスの6つの原則

ピラーティスは単なるエクササイズではない。特定の運動を単にランダムに選択したものでもない。ピラーティスとは、肉体的な強靭さ、柔軟性、コーディネーション（協調・調和）を向上させることはもちろん、ストレスを軽減し、集中力を高め、良好なWell-being感覚を養うことのできる体と心のコンディショニングためのシステムなのだ。ピラーティスは誰にでも、すべての人に役立てることができる。

ピラーティスの解剖学を探求する前に、このシステムに対する多様なアプローチが発展してきたことに触れないわけにはいかない。ピラーティスの形態の中には、システムの身体的な面を中心にしたものもあれば、心─体の観点を重視したものもある。本来の形態では、ジョーゼフ・H・ピラーティスが強調しているように、ピラーティスは生活のすべての面に統合されるようにデザインされたシステムだった。記録フィルムを見ると、ジョーゼフ・ピラーティスはエクササイズや身体活動のみを指導しているのではなく、睡眠や入浴など日常活動についてもアドバイスしている。本書の大半は、すべての動きを筋肉面から解説し、それに基づいて各エクササイズを分析することにページを割いているが、ピラーティス・メソッドの原則と心─体のつながりに言及しないということは、このシステム（もともとはコントロロジー[Contrology]と呼ばれた）とその創始者、そしてピラーティス業界に対して不当なことになるだろう。

ピラーティスの基本原則

ジョーゼフ・ピラーティスは自分のメソッドの教義について特に書き残していないが、次に述べる原則がピラーティス執筆のテキスト全体からはっきりわかり、またオリジナルのフィルムなどの記録資料でも散見される。ピラーティスの流派によって、何を原則とし、それをどう提示するかには若干の違いがあるかもしれない。しかし、このリスト──呼吸・集中・センター・コントロール・正確性・フロー──には、ピラーティスのさまざまなアプローチの基礎を成し、このシステムの土台として広く認められている原則が含まれている。

呼吸

　どの基本原則も等しく重要だが、呼吸の重要性とその多大な影響は、呼吸作用という根本的で決定的な役割をはるかに上回った位置づけにあることがわかる。この包括的な見解は、一部のピラーティス研究アプローチの基礎となっているが、すべてにとってそうではない。この文脈では、ピラーティスを動かすエンジンのような**パワーハウス**（第2章参照）の燃料が呼吸と言える。ジョーゼフ・ピラーティスが考えたように、体・心・精神の本質だと見なせるかもしれない。この見方をするならば、呼吸は、すべてを縫い合わせるという意味で、すべての基本原則を貫く共通の糸としての役目を果たすと考えられる。

　呼吸は生命そのものの鍵を握るものの1つである——呼吸筋は生命にとって不可欠な唯一の**骨格筋**である——にもかかわらず、呼吸は当たり前に扱われることがあまりにも多い。呼吸を支える解剖学を理解すれば、呼吸を最適に活用しやすくなる。呼吸に関わる解剖学的プロセスは複雑なので、呼吸については本章の後半で掘り下げて解説することにする。

集中

　集中とは、ただ1つの目標、この場合はあるピラーティス・エクササイズの統御に対する注意の方向と定義できる。ピラーティス実践者の目的は、現在のスキルのレベルが許すかぎり正確にエクササイズを行うことである。そのためには集中しなければならない。各エクササイズの押さえるべきポイントを頭の中で確認してからエクササイズを始めよう。これには数秒、場合によっては1、2分かかるかもしれない。これから働かせようとしている筋肉はもちろん、呼吸パターンの意識もチェックする。ボディ・アライメントに集中し、またエクササイズ実行中ずっと正しいアライメントと安定を保つことに集中する。セッション中は精神を集中しつづける。

センター

　センターという概念は、どの分野で使われるかによって大きく異なる意味になることがある。フィットネスやリハビリテーションの分野では、**センター**はたいてい体のコアとコアの筋肉を指す。センターがもっと深遠な含みをもち、バランスを内側で感じること、あるいは、あらゆる動きを発するエネルギーの永遠の泉を指す場合もある。ピラーティスでは、センターは一般的に体のコアと見なされるが、センターには深遠な意味もあるとし、センターを**パワーハウス**と呼ぶピラーティス実践者もいる。パワーハウスはすべてを包含する概念だが、詳しくは第2章で述べる。

　バイオメカニクス（生体力学）の分野では、センターは体の重心（COGまたはCG：center of gravity）に関係している。重心は質量中心（center of mass）とも呼ばれる。これは想像上のバランスがとれる1点である。その1点に体重が集まって均等に釣り合い、その点を中心にすれば体が全方向に自由に回転すると仮定される。

　人はそれぞれ体のつくりが異なるため、重心も個々に異なる。両腕を脇に下げて直立したとき（解剖学的肢位）、平均的な人の重心は第2仙椎のすぐ前、身長の約55%の位置にくる。ただし、概して女性より男性のほうが重心の位置は高い。男性は女性と比べて上半身が大きく、重く、上部が重い傾向がある。女性は男性と比べて骨盤が大きく、骨盤部に重量がある。同性どうしでも、体形、

四肢の比率、身体各部の筋肉のつき方などの要因によって著しい個人差がある。重心がどこにあるかは、あるエクササイズをこなすのが難しいか、簡単かにはっきりと影響する。したがって、エクササイズをうまくできないからといって、その人の筋力が弱いと決めつけるのは間違っている。うまくいかないのは、その人の体のつくりや体重の配分のほうに原因があるのかもしれない。

　さらに言えば、重心は動的なものであり、解剖学的肢位のときの重心位置のままではない。むしろ、四肢や体幹の相対的な位置に応じて絶えず変化する。たとえば、直立して両腕を頭上に伸ばせば、重心は上がり、両膝を曲げれば、重心は解剖学的肢位のときより下がる。ピラーティスのどのエクササイズでも、重心の位置は動きに従って絶えず移動するのは明らかである。

コントロール

　コントロールとは、ある動作の実行を統制することと定義できる。コントロールを洗練されたものにすることとスキルの習熟は切り離せない関係にある。人があるエクササイズを初めて実行するときは、意識的にコントロールを働かせなければならないが、スキルが向上するにつれて、このコントロールはより洗練されたものになる。高度なコントロールを身につけた人の動きとそうでない人の動きを見れば違いは歴然としている。多くの場合、コントロールのレベルが高いほど、ミスが少なく、また小さくなり、アライメントが正確で、コーディネーションとバランスにすぐれ、同じエクササイズを何回試みても正しく再現できる。コントロールがよくなると、前より楽に、筋肉を過度に緊張させずにエクササイズをこなせるようになる。それは重要な成果である。コントロールを洗練されたものにするには、たくさん練習しなければならない。練習すれば、主要な筋肉に必要な強さと柔軟性の発達を促すことができ、脳の運動プログラムをより洗練されたものに発達させる効果もある。練習すれば、意識的に注意しなくても脳の運動プログラムが実行されるようにもなり、そうなれば、必要なときだけ、より細かい細部や精密な調整に注意を向けることができる。

正確性

　正確性は、ピラーティスとほかの多くのエクササイズとの間に一線を画す重要な要素である。正確性はある動作を実行する厳密な方法と言える。ピラーティスのエクササイズそのものは、ほかのエクササイズ法とあまり変わらないことが多いが、そのやり方は違う。

　解剖学の知識は正確性を達成するうえで大いに役に立つ。どの筋肉が働いているか、働いているべきか理解できるし、ボディ・アライメントを正し、エクササイズの目的を理解することもできる。正確性が増すほど、目的が達成され、エクササイズから得られる恩恵も大きくなる。正確性は、ピラーティスの動きに対するアプローチの要であり、ピラーティスを学ぶ過程でどこまでも追求しなければならない不十分なところの修正の要でもある。

　正確性はアイソレート（分離）した個々の筋肉の活性化に関係し、一方で動きをつくりだすために必要な筋肉の統合にも関係する。正確性は、筋肉にアクセスできるかどうか、エクササイズを正しく実行できるかどうか、目的を達成できるかどうかを左右する。

フロー

　フローは努力してめざすべき不可欠な質である。フローはなめらかで途切れのない動きの連続性と言える。ロマーナ・クリザノウスカ（訳注：ピラーティスの第1世代の教師）は、ピラーティス・メソッドを「強いセンターから外へ流れていく動き」（Gallagher and Kryzanowska 1999, p.12）と表現する。フローは、動きに対する深い理解があって生まれるものであり、正確な筋肉の活性化とタイミングが具体化したものである。練習を重ねて動きが熟達するにつれて、動きのそれぞれ、セッションのそれぞれが流れるようになるはずだ。

　ピラーティスの指導法によっては、フローという言葉をもっと深遠な意味で使う場合がある。ハンガリー出身の米国の心理学者で、フロー概念を提唱したミハイ・チクセントミハイは、研究結果を次のように記している。「フロー状態に入る活動はすべて、それが競争であれ、チャンスであれ、体験のほかのどんな局面であれ、こういう共通点があった。何かを発見する感覚があり、新しい現実に連れて行かれるような創造的な気持ちになる。より高いレベルのパフォーマンスへと押し動かされ、以前は夢にも思わなかった意識状態に至る。そういう点が共通していたのである」（Csíkszentmihályi 1990, p.74）

　これまで述べてきた6つの原則は、本書のエクササイズを行うときでも、日常活動でも意識しなければならない。6原則の共通項は、それぞれが明白な身体的かつ精神的な要素をもつということ。まさにこうした要素があるからこそ、体と心がつながり、本書が大幅に紙幅を割いている解剖学的な理解があなたの生活に大きな影響を与えるものになるのだ。

　これらの原則をピラーティスの練習と生活そのものに統合する方法は各人各様である。たとえば、ある人は身体的な側面を重視し、運動競技のパフォーマンスを向上させたり、筋力をつけたり、ケガの回復を早めたりするためにピラーティスを利用するかもしれない。またある人は精神的な側面を重視し、ストレスを減らしたり、日常生活での集中力を高めたりするためにピラーティスを利用するかもしれない。いずれにしても重要なのは、各エクササイズの実行と全体としてのピラーティス・システムの練習は、本書に掲載されているエクササイズ手順のイラストを無頓着に模倣することではなく、エクササイズをどう行うか学ぶことと、6原則を現在の体と心の鋭敏さに応じて適用することを主眼にしたプロセスだということだ。

呼吸の科学を詳しく知る

　呼吸は本章で述べた第1原則であり、歴史的にも、心―体のつながりを重視するシステムのほとんどで決定的に重要な役割を果たしてきた。ピラーティスのプロフェッショナルたちの多くも、メソッドの練習では呼吸が何よりも重要だと認めている。特定の呼吸パターンに関して、あるいは指定の呼吸パターンはいったい必要なのか否かに関して、さまざまな議論、時には反論もあるかもしれない。しかし、エクササイズにとって呼吸が重要であることに異議を唱える人はまずいないだろう。呼吸をよく理解したほうが、ほぼ確実に本書のエクササイズから得るものも大きくなる。

　呼吸器系の主な機能は、体の組織に酸素を運び、組織から二酸化炭素を取り除くことである。体

の細胞はすべて酸素がなくては生きられないが、体にとっては細胞の代謝の副産物である二酸化炭素を体内から取り除く必要性があり、その必要性が健康な人の呼吸にとって最も重要な刺激である。少なくとも4つのプロセスが関わっており、全体として**呼吸**（respiration）と呼ばれる。最初の2つのプロセスは、外気が肺に入り（肺換気）、そして肺から血液に入る動き（肺拡散）、またその逆の動きである。本書では、この最初の2つのプロセスに焦点を絞る。次の2つのプロセスは、循環器系による筋肉などの組織へのガスの輸送、そして毛細血管血と組織細胞との間の酸素と二酸化炭素の交換である。

呼吸器系の解剖学

　肺はコンパクトで胸腔内にぴったり収まるようになっている。胸腔の左側には心臓があるため、右肺は左肺より大きい。肺は、細かく分岐した気管支とガスに満たされた無数の空気嚢（肺胞）の広大な網状組織から成る。この独特の構造によって肺の表面積が大きくなり、きわめて重大なガス交換という機能にとって理想的になっている。

　構造的に見ると、呼吸器系は上気道と下気道の大きく2つに分けられる。上気道（図1.1.a）は相互に連絡している空洞と管の器官であり（鼻腔・口腔・咽頭・喉頭）、空気が下気道に入るための通り道となる。上気道は空気を下気道の最終的な部分に到達する前に浄化し、温め、加湿する役目も果たす。下気道（図1.1bの気管・気管支・細気管支・肺胞）はガス交換を可能にする構造が終点となり、約3億個の肺胞（Marieb and Hoehn 2010）と肺胞を取り囲む広大な毛細血管網を含む。肺胞の壁はティッシュペーパーより薄いので、単純な拡散によって酸素が肺胞を通過して微細な肺毛細血管に入り、また二酸化炭素が肺毛細血管を通過して肺胞に入る。

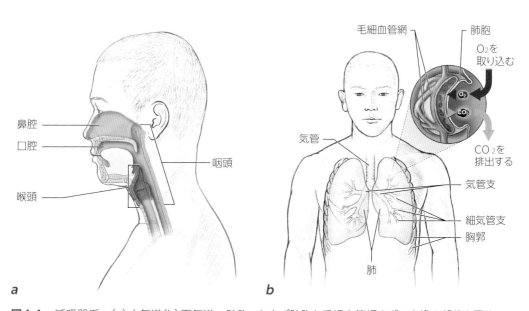

図1.1　呼吸器系：（a）上気道（b）下気道。肺胞、および肺と毛細血管網のガス交換の部位を示す。

呼吸のしくみ

　一般に**呼吸**と呼ばれる肺換気は2つの段階から成り立っている。空気を肺に運ぶプロセスは**吸気**もしくは**吸息**と呼ばれ、肺からガスを運び出すプロセスは**呼気**もしくは**呼息**と呼ばれる。基本的に肺換気は機械的なプロセスである。つまり、胸腔の容積が変化し、それによって圧力が変化し、その結果、圧力を等しくしようとガスの流れが生じるのだ。圧力の変化に必要な容積の変化は胸郭（胸骨、軟骨部を含めた肋骨、胸椎）の構造に大いに支えられている。肋骨は脊柱（胸椎）と関節をつくっているため、息を吸うときは上前方に動き、息を吐くときは下後方に動く。

吸気

　吸気（吸息）は呼吸筋、特に横隔膜が動くことによって始まる。ドーム状の横隔膜が収縮すると平らになり、胸腔の高さが増す（図1.2a）。また、外肋間筋が作用すると胸郭は上前方に引き上げられる。肋骨の動く方向は、胸腔中部および下部の肋骨は胸腔の容積を外側、すなわち横に増すように動き、胸腔上部の肋骨は胸腔の容積を前後に増やすように動く（図1.2b）。これら呼吸筋の作用によって胸腔の容積が増えると、肺の肺胞内の圧力（肺内圧）が外気圧より低くなる。したがって、肺内圧が大気圧（体外の空気によってかかる圧力）と等しくなるまで空気が肺に入る。

　肺の拡張は、2つの重要な膜の間の表面張力に関わる別のしくみによっても支えられている。この2つの薄い膜は**胸膜**と呼ばれる。**臓側胸膜**は肺の外表面を覆っており、**壁側胸膜**は胸壁と横隔

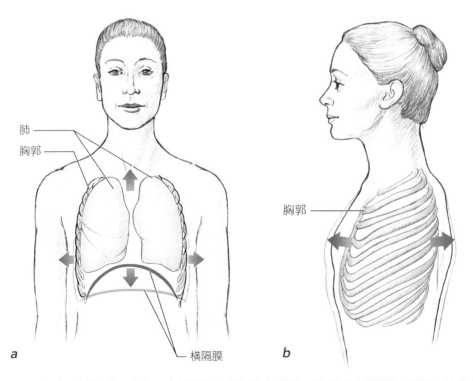

肺
胸郭

胸郭

横隔膜

a　　　　　　　　　　　　　　　　*b*

図1.2　吸気時の胸腔容積の変化 ：（a）正面から見た図は、肋骨の動く方向と横隔膜の収縮により胸腔下部が外側に拡張することを示す。（b）横から見た図は、肋骨と胸骨の動く方向により胸腔上部が前後に拡張することを示す。

膜を裏打ちしている。この2つの胸膜の間に胸膜腔がある。胸膜腔は密閉されており、少量の体液が入っている。胸壁が広がると、肺は外に向かって引っ張られ、胸膜腔の陰圧が増すため肺の外膜（臓側胸膜）と胸壁の内膜（壁側胸膜）がくっつくことになる。

　厳しいエクササイズをしているときや肺疾患があるときなど、盛んに肺換気をしなければならない場合、前述の2つのプロセスは多くの補助筋が働くことによって支えられる。たとえば、息を吸うときは、肋骨をさらに引き上げるために斜角筋、胸鎖乳突筋、大胸筋、小胸筋なども動員されることがある。また、脊柱起立筋などの筋肉が作用すれば、胸部のカーブをまっすぐにする動きが補助され、いっそう胸腔の容積が増え、流入してくる空気の量も多くなる。

呼気

　安静時の呼吸の呼気（呼息）は主に受動的であり、肺組織の弾性的な反動と呼吸筋の弛緩に伴う変化に依存している。横隔膜は弛緩すると持ち上がり胸郭内に収まる。肋間筋が弛緩すると肋骨が下がる（図1.3）。そして胸腔の容積が小さくなる。この結果、今度は外気圧に比べて肺内圧が高くなるので、空気は肺から体外に流れることになる。

　しかし、盛んに肺換気をする必要があるときなど、強制的に息を吐く場合、受動的なしくみにほかの筋肉の能動的な収縮が加わることがある。たとえば、腹筋の収縮は腹腔内圧によって横隔膜を押し上げ、また内肋間筋などの筋肉を補助して胸郭を引き下げる。

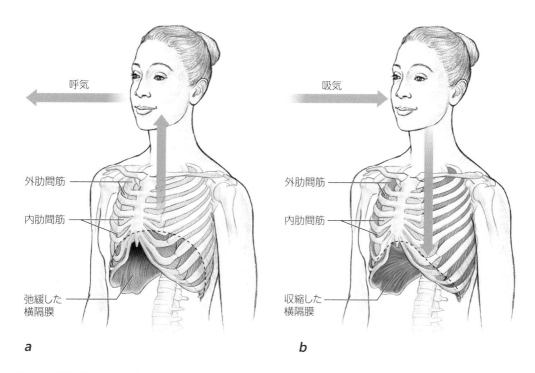

a　　　　　　　　　　　　　　　　　b

図1.3　横隔膜、外肋間筋、内肋間筋の動き：（a）受動的呼気の後。ドーム状の横隔膜、弛緩した外肋間筋と内肋間筋を示す。（b）吸気時。収縮した（平らになった）横隔膜、収縮した外肋間筋、弛緩した内肋間筋を示す。

ピラーティスを練習するときの呼吸

呼吸の練習、すなわち自由意志でコントロールする呼吸パターンが健康を増進したり、身体能力を高めたりするという考え方は、何世紀も前から多くの文化で共有されてきた。その効用は、リラックスできる、ストレスを減らす、血圧を下げる、集中力を高める、特定の筋肉の活性化、血行促進、呼吸を正しくするなど幅広く、心臓血管疾患のリスクを減らすとまで言われたりもする。呼吸をコントロールするさまざまなテクニックの潜在的な効果については、ある程度の科学的研究はあるものの、プラス面をもっとよく理解し、最適なトレーニング・テクニックを生み出すためには、さらなる研究が必要である。とはいえ、洋の東西を問わず、呼吸を大切にするジャンルの数は無視できないほどある──ヨガ、太極拳、合気道、空手、カポエイラ、踊り、水泳、ウェイトリフティングなど。トレーニング法の中にも、身体能力を高めるため、あるいは体・心・精神の健康を増進するため、呼吸のさまざまな効果を利用しようと努めてきたものがある。

ピラーティスでは、こうした呼吸の恩恵をより大きくしようとさまざまな方法で呼吸を利用する。ピラーティスで基本的な呼吸を形づくる、すなわちコントロールする手法は胸式呼吸、指定の呼吸パターン、能動呼吸の3つである。

胸式呼吸

胸式呼吸では、息を吸うときも吐くときも深層の腹筋を絶えず内に向かって引きつけたまま胸郭を横に広げることを重視する(図1.4)。息を吸うときに横隔膜を下げることを重視する呼吸法(いわゆる**腹式呼吸**)とは対照的である。腹式呼吸では、腹筋は弛緩しているため外に向かって押し出される。

胸式呼吸にする理由は、ピラーティスではエクササイズを正しく行うためにも、体を保護するためにもコアを安定させておくことが重要であり、エクササイズ中に腹部の収縮を保ちやすくするためである。ただし、腹式呼吸が悪いとか、胸式呼吸では横隔膜の役割は重要ではないと言っているわけではない。ピラーティスの練習中は胸式呼吸が望ましいというだけである。

指定の呼吸パターン

本書のピラーティス・エクササイズには指定の呼吸パターンがある。動きのある段階で息を吸い、別の段階で息を吐く。こうしたパターンが必要な理由の1つは、特にとても努力を要するエクササイズをするときに、息を止めないようにすることである。息を止めてしまうと、筋肉が緊張しすぎたり、望ましくない、人によっては危険な血圧の上昇を招いたりする恐れがある(バルサルバ効果)。大きな努力の必要な段階で息を吐くと、息を止めないようにできる。

ある特定の呼吸パターンは動員される筋肉にも影響を与えることがある。たとえば、息を吐くと、腹横筋(第2章参照)と呼ばれる深層の腹筋など、腹筋の活性化を促せる。

最後にもう1つ付け加えると、呼吸パターンはあるピラーティス・エクササイズのダイナミクス、すなわちリズムをつくる。ピラーティスではどのエクササイズにも特定の質がある。ゆっくり、なめらかに行うエクササイズもしくはエクササイズの段階もあれば、すばやく、力強く行うものもある。多様な

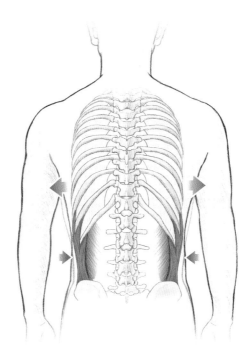

図1.4　胸式呼吸で息を吸ったときの胸郭の拡張。体幹中央部の周囲がコルセットをはめたように守られる。

ダイナミクスは、ピラーティスのセッションに変化をつけるとともに、日常の動きをより詳しくシミュレーションするのに役立っている。

能動呼吸

　呼吸がエクササイズのダイナミクスに劇的な影響をおよぼすと思われる特殊なケースは、能動呼吸である。＜ハンドレッド＞（5-4）など、ピラーティスで代表されるエクササイズでは、息を吐くときに能動的に息を押し出す。リズミカルな強勢をつけて動的に腹筋と内肋間筋を一段階ずつ引き締めながら息を吐き出すのだ。息を吸うときは、外肋間筋を意識しながら、やはりリズミカルな強勢をつけて段階的に息を吸い込む。この呼吸に加えて、息を吸いながら5拍（カウント）、息を吐きながら5拍（カウント）腕を上下させる。1拍ごとに前述の筋肉を引き締めていく。

　能動呼吸を使うかどうかは人に応じて判断すべきである。過度の緊張が課題の人は、もっとリラックスしたソフトな呼吸モードにしたほうがいい。人によっては、能動呼吸にするとターゲットの筋肉の活性化が促され、ピラーティスのセッションに高いエネルギーが注入されることがある。

　ジョーゼフ＆クララ・ピラーティスの直弟子であり、ピラーティス教師の最高峰の1人であるロン・フレッチャーは、「パーカッシブ・ブリージング」（Percussive Breathing）と名づけた能動呼吸法を編み出した。あるインタビューでフレッチャーは「呼吸は動きを形づくり、そのダイナミクスを定義

する」と説明している。「パーカッシブ」（「打楽器を打つような」「衝撃による」の意）といっても「強力な」という意味ではない。むしろ、エクササイズごとに変動する呼吸に対して1つの音やリズムを提供するものだ。風船をふくらませ、小さな口からできるだけたくさんの空気を一定の安定した流れで放出させるというイメージをもってほしい。この概念は、ジョーゼフ・ピラーティス考案の呼吸測定器（breathometer）、人が吹くと回転する糸車を偲ばせる。これを使ったトレーニングの目標は、糸車を一定の速度で回しつづけることだった。ジョーゼフ・ピラーティスが強いドイツ語訛りの英語で「息を完全に吐いてから吸わなくてはいけない」と言っていたのを思い出しながら、フレッチャーは先のインタビューで「息を吸うのにも吐くのにも意図があるべき」と述べた。そして、「吸息は動きのための吸息だ」と付け加えている。

基本原則をマットワークに当てはめる

マットワークはピラーティスの土台を形づくる。エクササイズの土台というだけでなく、練習という意味でも、そしてピラーティスの原則をワークに、生活に統合するという意味でも土台となる。最大の成果を出すためには、ピラーティスの練習のすみずみにまで基本原則が貫かれているべきだ。ピラーティス・エクササイズを学び、習得するプロセスでは次のステップに従ってほしい。

1. まず、各エクササイズで説明されている呼吸パターンに基づいた基本的な動きのパターンを学ぶことを中心にする。図解されている体のポジションをよく見て、解説を読もう。

2. 動きを練習するときはひたすら集中する。そうすれば、センターとコントロールの感覚がわかってきて、いつでも呼び出せ、正確で信頼できる脳の運動プログラムが発達し、動きが「第二の天性」となる。ピラーティスに必須の正確性を達成するために、書かれているアドバイスによく注意する（自分なりの補足もぜひ）。動きのパターンをその動きのさまざまなニュアンスに慣れるまで練習する。それぞれの動きでは、特定の動員パターンに沿って正しい筋肉が複雑なタイミングで活性化されなければならない。

3. タイミングを習得し、すべての原則を適用するとき、動きにフローという質が生まれるだろう。ここまでくれば、ある動きから次の動きへの移行に注意を払うようになるかもしれない。そうなれば全体としてのワークアウトに全体を貫く大きな流れが生まれる。

4. ピラーティスの基本原則に加え、次章からの解剖学的な情報を読んで体のはたらきへの理解を深めれば頼もしい組み合わせになる。確実に数々の恩恵をもたらしてくれるだろう。成功の鍵は練習にある。継続的に練習し、動きを強化していけば、あなたは間違いなくピラーティスのすばらしい世界を楽しめるだろう。

第2章

脊柱、コア、ボディ・アライメント

ボディ・アライメントは、肩に対する頭の配置など、身体各部の相対的なポジショニング（位置どり）と言える。体が静止している場合の相対的ポジショニングは**静的アライメント**、動いている場合の相対的ポジショニングは**動的アライメント**である。ピラーティスでは静的・動的どちらのアライメントも重要である。ピラーティスは、ある動きやポジションにとって望ましいボディ・アライメントを達成する能力はもちろん、ボディ・アライメントへの意識も改善してくれるはずだ。

骨格

アライメントを理解し、改善するためには、アライメントを決定する要因となる構造的な基礎単位——人間の骨格の206個の骨——で体の内部を見なければならない。骨格は軸骨格と付属肢骨格の2つに大別される。図2.1に示すとおり、**軸骨格**（黄色）は頭蓋骨、脊柱、肋骨、胸骨から成る。その名前からわかるように、立ったときに、軸骨格は体の中心を通る直立軸をつくり、それに四肢が付属する。

付属肢骨格は四肢、すなわち付属器官をつくる骨で構成されている。付属肢骨格は、1対の上肢と1対の下肢の2つに細分される。2本の**上肢**（図2.1に緑色で示す）それぞれに含まれるのは、鎖骨1本、肩甲骨1個、上腕骨1本、前腕の橈骨1本と尺骨1本、手根骨8個と中手骨5本と指（節）骨14個（いずれも手の骨）である。2本の**下肢**（図2.1に青色で示す）それぞれに含まれるのは、寛骨1個、大腿骨1本、脛骨1本（下腿の太いほうの骨）、腓骨1本（下腿の細いほうの骨）、足根骨7個と中足骨5本と指（節）骨14個（いずれも足の骨）である。成人では、腸骨・坐骨・恥骨の3つが癒合して1つの**寛骨**になっている。

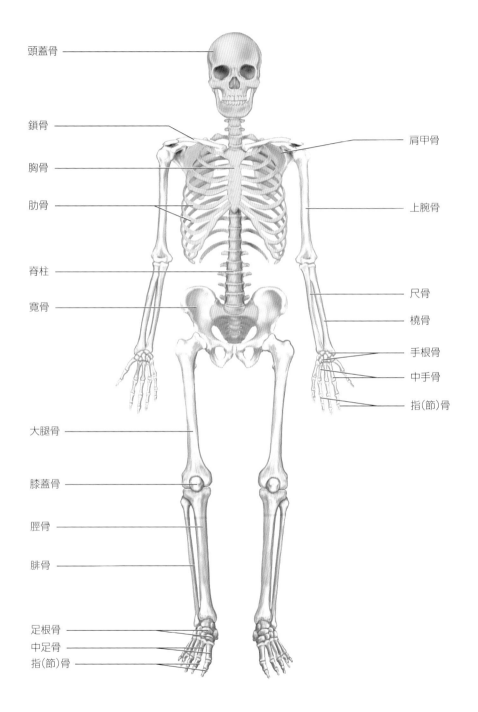

頭蓋骨

鎖骨

胸骨

肋骨

脊柱

寛骨

大腿骨

膝蓋骨

脛骨

腓骨

足根骨
中足骨
指(節)骨

肩甲骨

上腕骨

尺骨
橈骨
手根骨
中手骨
指(節)骨

図2.1　骨格を構成する骨（正面から見たところ）。軸骨格は黄色で示す。付属肢骨格のうち、上肢は緑色、下肢は青色で示す。

きわめて重要な脊柱

　脊柱は軸骨格の主要な動きをつくる。そしてピラーティスできわめて重視されるのが、脊柱の動き・安定・アライメントである。

脊柱の要素である椎骨

　脊柱は、**椎骨**と呼ばれる33個の骨でできており、椎骨が1つ1つ積み重なって1本の長い柱のような構造になっている。図2.2を見ればわかるように、椎骨は首から骨盤に向かうにつれて上から下にサイズが大きくなっていく。椎骨の配列は5つの部位に分けられる。図2.2では、上の3つの部位をわかりやすいように色分けしてある。この3つの部位には24個の椎骨があり、脊柱の主要な運動を担っている。

- **頸椎（緑色）**。頭の下から首の基底部に及ぶ、最上部の7つの椎骨は**頸椎**である。最も小さく、最も軽い椎骨。頭と首の運動に不可欠。

- **胸椎（青色）**。次の12個の椎骨は**胸椎**である。首のすぐ下から最後の肋骨に及び、下にいくほどサイズが大きくなる。肋骨と関節をつくっている点が独特である。上背部を含め、胸郭の運動にとって重要。

- **腰椎（黄色）**。次の5個の椎骨は**腰椎**である。最後の肋骨のすぐ下から骨盤に及ぶ。頸椎や胸椎よりも強く、がっしりしており、体重を支える機能に不可欠。次第に上半身の重さを支える割合が大きくなる。下背部（腰部）を含め、体幹の運動にとって重要。

- **仙骨**。次の5個の椎骨は**仙椎**と呼ばれる。ただし、それぞれ独立して動くのではなく、成人では癒合して三角形の**仙骨**をつくる。仙骨の両側はそれぞれ寛骨と接合しており、骨盤にとって重要な安定をもたらす。仙椎は癒合しているため、仙骨の主要な運動は、第5腰椎に対して生じる。この第5腰椎と仙骨の間の関節は**腰仙関節**と呼ばれる。この関節の運動は下背部と骨盤のアライメントに大きく影響する。下背部で故障が起きやすいのもこの関節の部位である。

- **尾骨**。最後の4個（3個や5個の場合もある）の椎骨は**尾椎**と呼ばれる。ただし、癒合して小さな三角形をつくる。これは尾骨の痕跡とされている。したがって、まとめて**尾骨**といわれることが多い。

　図2.2からわかるように、脊柱はまっすぐな棒ではない。むしろ、横から見ると各部位がはっきりとカーブしている。頸椎と腰椎は前方にカーブを描き、それ以外の部位は後方にカーブを描いている。理想的には、これらの弯曲がそれぞれ標準的な程度であり、相互にバランスがとれているべきである。これらのカーブは脊柱の運動を増強するうえでも、衝撃吸収のうえでも重要な役割を果たしている。

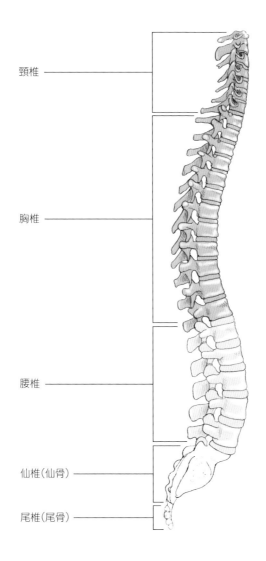

頸椎

胸椎

腰椎

仙椎(仙骨)

尾椎(尾骨)

図2.2 脊柱の部位とカーブ（脊柱を右横から見たところ）

椎骨間の関節

　腰椎、胸椎、および上2つを除く頸椎は、隣接する椎骨間の可動域に大きな影響を及ぼす一連の関節によって上下の椎骨と連結されている。図2.3に示すとおり、各椎骨前面の円柱状の部分（椎体）は、**椎間板**によって隣接する椎骨と接合しており、軟骨性の連結となっている。この椎間板は、外周を**線維輪**（図中の灰色）と呼ばれる強靭な線維組織が取り巻いており、中心にはゼラチン状の**髄核**（図中の紫色）がある。髄核は多量に水を含んでおり、椎間板は、いわば椎骨間の小さな水枕として、衝撃吸収と脊柱の保護のために不可欠なはたらきをしている。

椎骨の後面も**椎間関節**と呼ばれる小さな上下左右一対の関節（関節突起）で連結されており、わずかに滑走運動（関節面の平行移動）が可能である。椎間関節をつくる関節突起の形状と関節面が脊柱のこの部位の可動域に影響する。たとえば、胸部の関節面（椎間関節）は、回旋を増強するが、腰部の関節面は回旋を制限する。

脊柱の運動はまた、椎骨間に広がる多数の強靭な帯状の線維組織の存在によっても影響される。この靭帯は、椎骨がある方向にどれだけ動くかを制御し、脊柱にとって重要な安定性をもたらし、椎間板が前後に突き出ないようにしている。

強さのアンバランス、柔軟性のアンバランス、姿勢の習慣、ケガなど、さまざまな要因があると、ほとんどの人の脊柱に運動が制限されるか過剰な領域、あるいは運動が非対称な領域が生じる。ピラーティスの目的の１つは、脊柱の各部位を本来の可動域いっぱいまで対称的に利用できるようにすることである。

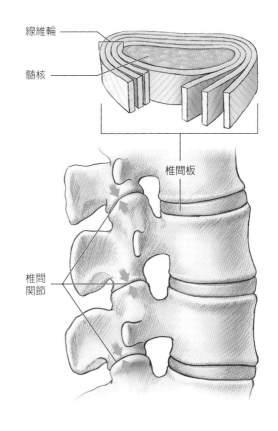

図2.3　脊柱の関節。椎間関節と椎間板、および椎間板の詳細

脊柱の運動

ピラーティスで利用される脊柱の大きな運動を図2.4に示す。脊柱の**屈曲**とは、背骨を丸めてつま先に触れたり、仰向けの姿勢から上体を起こして腹筋運動をしたりするときのように、脊柱を前に曲げることである。**伸展**とは、屈曲したポジションから脊柱をまっすぐに戻すこと、またはまっすぐなポジションを超えて後方に動かすことである（図2.4a）。脊柱を右横に曲げることは**右側屈**と呼ばれ、それをまっすぐなポジションに戻したり、反対側に曲げたりすれば**左側屈**となる（図2.4b）。頭または上体を回転させて、顔や胸が右を向くようにすることは**右回旋**、頭または上体をセンターに戻したり、反対側に回転させたりすれば**左回旋**となる（図2.4c）。

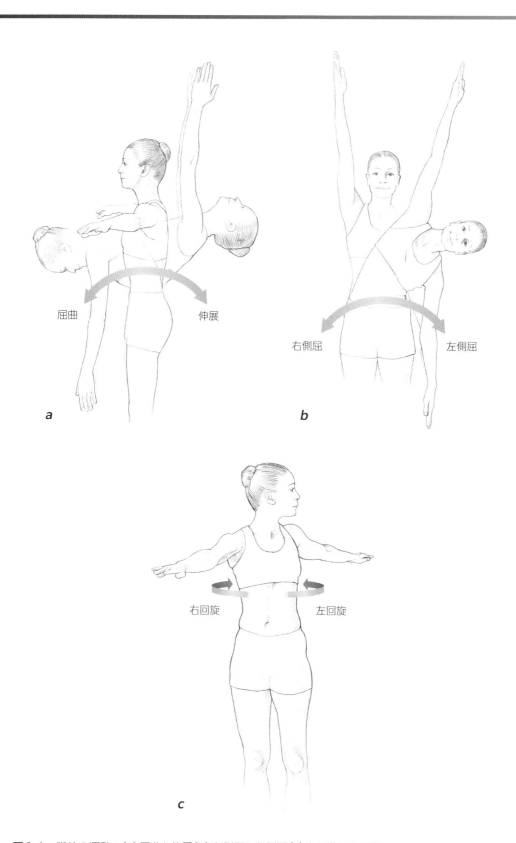

屈曲 伸展

a

右側屈 左側屈

b

右回旋 左回旋

c

図2.4 脊柱の運動：(a) 屈曲と伸展 (b) 右側屈と左側屈 (c) 右回旋と左回旋

脊柱の主要な筋肉

　さまざまな脊柱の筋肉が動きをつくり、あるいは安定性に影響を及ぼす。とりわけ重要な2つの筋群は腹筋と脊柱の伸筋である。状況によっては腸腰筋と腰方形筋も重要になる。

腹筋

　昔から、ひきしまった平らな腹部をつくるほか、運動テクニックの向上や姿勢の問題の改善、また背中を痛めるリスクの低減のためには腹筋を鍛えることが大切だと認識されてきた。左右両側に腹直筋、外腹斜筋、内腹斜筋、腹横筋という4つの腹筋がある。腹筋はすべて、腹部の中央を垂直に走る腱状の帯（白線）に付着するが、筋線維の位置と方向はかなり異なっている。図2.5aに示すとおり、腹直筋は前腹部を上下にまっすぐ走る。それとは対照的に、外腹斜筋は前下方に斜めに走り、筋線維は腹直筋の外側に位置する。内腹斜筋は外腹斜筋より深層にあり、上部の筋線維は前上方に斜めに走り、筋線維はやはり腹直筋の外側に位置する。

　この3つの腹筋が両側とも同時に収縮すると、どの筋肉も脊柱を屈曲させるが、特に腹直筋が強く作用する。片側の3つが収縮すると、どの筋肉も脊柱を同じ側に側屈させるが、特に腹斜筋が強く作用する。また、片側の腹斜筋が収縮すると回旋運動が生じるが、外腹斜筋が収縮すると胸郭を反対側へ、内腹斜筋が収縮すると骨盤を反対側へ回旋する。＜チェスト・リフト＞（4-2）など、上体を起こすタイプのエクササイズを行うときは、3つすべての腹筋が両側ともに作用して望ましい脊柱の屈曲になる。しかし、＜チェスト・リフト・ウィズ・ローテーション＞（4-7）などで左に回旋する場合、望ましい回旋を起こすのは右の外腹斜筋と左の内腹斜筋のみであり、左右の腹直筋は主に脊柱を屈曲させた状態でマットから引き上げておくはたらきをする。

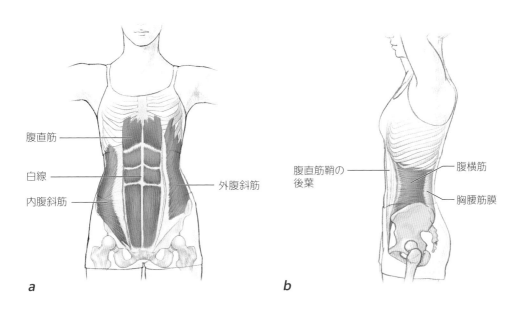

a　　　　　　　　　　　　　　　　　　　　　*b*

図2.5　腹筋：（a）左側の外腹斜筋と腹直筋および右側の腹直筋と内腹斜筋（正面から見たところ）（b）腹横筋（横から見たところ）

第4の腹筋、腹横筋は最深層の腹筋である。図2.5bに示すとおり、筋線維は側腹部をほぼ水平に走る。したがって、回旋を補助することはあっても、脊柱を屈曲させる筋肉ではない。姿勢維持が主な機能だと考えられており、収縮すると腹壁を内側に引き寄せ、内臓を押さえるコルセットのような役目をする。腹横筋は、四肢の小さい力の運動の直前に自動的に収縮して健全な脊柱と骨盤を安定させるように作用し、脊柱の保護の面で重要な役割を果たすとわかっている。また、呼吸も補助し、強制呼気に動員される。したがって、ピラーティスでは腹横筋の活性化を促すために息を吐くことがある。多くのピラーティス指導法では、腹横筋を使うことが重視されている。

腹横筋の活性化を重視することは有益なスキルと言えるだろうが、最近の研究によれば、より大きな力を要する機能運動の場合、ほかの腹筋も重要な安定と運動の役割を果たすことがあるとされている。さらに、さまざまな研究の結果、内腹斜筋は通常、腹横筋と連動して活性化されることがわかっている。したがって、すべての腹筋の筋力、持久力、協調した発火（活動電位に達すること）を改善することをピラーティス・マットワークの大きな目標と考えることが大切である。

脊柱の伸筋

体幹の背部には左右一対の脊柱の伸筋があり、脊柱、すなわち背中を伸ばす共通の作用を担っている。このきわめて重要な脊柱の伸筋は、腹筋の強さを重視するあまり、かつては軽視されていたが、運動能力の向上、背中のケガや骨粗鬆症、姿勢の問題の予防、下背部のケガからの回復にとって重要な役割を果たすとわかっている。脊柱の伸筋は、脊柱起立筋、半棘筋、深層の固有背筋という3つのグループに分けられる。図2.6に示すとおり、脊柱の伸筋で最も強靭な脊柱起立筋は、棘筋、最長筋、腸肋筋の3列で構成される。脊柱起立筋より深層には、半棘筋が胸椎より上にのみ存在する。半棘筋を鍛えると、よくある、いわゆる猫背の姿勢を防ぐ効果がある。深層の固有背筋——棘間筋、横突間筋、回旋筋、多裂筋——は腹横筋と同等の機能をもつ。主な役割は、脊柱の安定と隣接する椎骨に呼応した椎骨1個の小さな運動（分節運動）である。深層の固有背筋の1つ、多裂筋（図2.6の腰椎部分）は脊柱下部の安定とリハビリテーションにとって特に重要である。多裂筋は、その付着部位がほかの深層の固有背筋よりも多くの椎骨にまたがり、筋力も強い。したがって、下背部のリハビリテーションとピラーティスのアプローチの一部では多裂筋を使う大切さが強調されている。

しかし、腹筋と同様に、最近の研究によれば、より大きな力が作用する機能運動の場合、ほかの脊柱の伸筋も脊柱の安定に重要だとされている。したがって、意識的に多裂筋を活性化できるようになれば有利と言えるだろうが、ほかの背筋の筋力、持久力、協調した発火を改善することもピラーティス・マットワークの必須の目標であり、効果である。

動作に関して言えば、この3つの筋群（脊柱起立筋、半棘筋、深層の固有背筋）が両側とも収縮すると脊柱が伸展し、片側が収縮すると（棘間筋は除く）同じ側に側屈する。また、片側の脊柱起立筋（棘筋は除く）が収縮すると同じ側へ回旋し、片側の半棘筋と深層の固有背筋（多裂筋と回旋筋）が収縮すると、反対側へ回旋する。＜バック・エクステンション・プローン＞（4-8）などのエクササイズを行うときは、両側の脊柱起立筋と半棘筋と深層の固有背筋によって望ましい脊柱の伸展が起きるが、脊柱起立筋が最も強く作用する。しかし、右に回旋する場合、右の脊柱起立筋の2列の

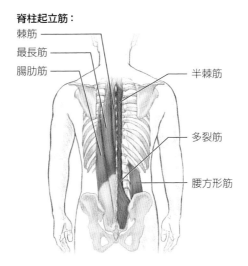

脊柱起立筋：
棘筋
最長筋
腸肋筋
半棘筋
多裂筋
腰方形筋

図2.6　脊柱の伸筋と腰方形筋（脊柱を後ろから見たところ）。脊柱起立筋の3列（棘筋、最長筋、腸肋筋）は脊柱の左側に、半棘筋、多裂筋（深層の固有背筋の中心的な筋肉）、腰方形筋は脊柱の右側に示す。

み、左の半棘筋、左の多裂筋、左の回旋筋によって体幹上部の望ましい回旋が起き、脊柱の伸筋にかかる負荷が著しく大きくなる。＜スイミング＞（9-4）は、このタイプの負荷がかかるエクササイズである。四肢をばたつかせることによって体幹がねじれがちになるため、脊柱の伸筋を巧みに使って体幹を正しく安定させておくことが要求される（エクササイズ9-4のエクササイズ・メモを参照）。

腰方形筋と腸腰筋

　腰方形筋と腸腰筋もまた脊柱に関連する重要な作用を担い、ピラーティスのマットワークで使うことになる筋肉である。図2.6に示すとおり、腰方形筋は骨盤から起始し、腰椎の外側と一番下の肋骨に停止する。片側の腰方形筋が収縮すると、腰椎が同じ側に側屈する。腰方形筋は腰椎の横方向の安定に貢献することもある。

　腸腰筋（図2.7a）は、主に脚を前に高く上げる（股関節の屈曲）はたらきで知られている強靭な筋肉である。これについては次章で解説する。腸腰筋は、図2.7bに示すとおり、脊柱にも付着しているため、腰椎の望ましい正常な弯曲を保ち、腰椎の側屈を補助するうえで重要な役割を果たす。

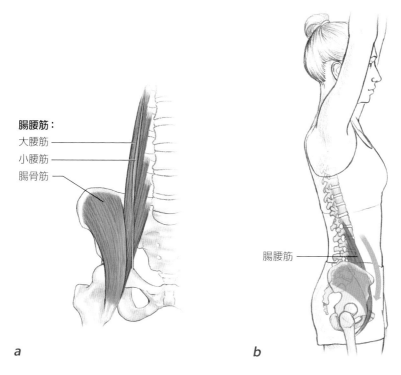

腸腰筋：
大腰筋
小腰筋
腸骨筋

腸腰筋

a   b

図2.7 腸腰筋(a)主に大腰筋と腸骨筋で構成される(前から見たところ)（ｂ）腰椎のカーブを保つ役目をする(横から見たところ)

ピラーティスにおける脊柱の筋肉

　あるピラーティスのマット・エクササイズで実際に使われる筋肉を特定することは、さまざまな要因によってわかりにくいことが少なくない。考慮すべき重要なことの１つは、あるエクササイズの始めから終わりまでの体と重力の関係である。もう１つは、ピラーティスの動きでは、多くの場合、望ましいフォームをつくり、ピラーティスの原則を統合するために、複数の脊柱の筋肉を同時に収縮させるということである。

脊柱の筋肉に対する重力の影響

　重力に対する体のポジションは、あるマット・エクササイズでどの筋肉が働くことになるかを大きく左右する。背中を下にして寝て、顔を天井に向けているとき(仰臥位)、脊柱の屈曲は重力に逆らうことになり、腹筋にかかる負荷が大きくなる。したがって、<チェスト・リフト>（4-2）や第５章のほとんどのエクササイズのように、腹筋の強さと持久力を鍛えるのが目的のピラーティスのマット・エクササイズでは、仰臥位が採用されていることが多い。腹斜筋の筋力と持久力をさらに鍛えるために、<チェスト・リフト・ウィズ・ローテーション>（4-7）や<クリスクロス>（5-8）のように、仰臥位から実行された脊柱の屈曲に回旋を加えることもある。あるいは、腹斜筋に負荷をかけるために、側臥位

から側屈して効果的な重力に逆らう運動にすることもある。たとえば、＜レッグ・リフト・サイド＞（4-4）、＜サイド・ベンド＞（8-3）など第8章のいくつかのエクササイズがそうである。側屈には腰方形筋と脊柱の伸筋も作用する。脚、骨盤、脊柱のアライメントがわずかに変化しただけで、側屈を含むエクササイズをしている間、これらの筋肉が相対的にどう貢献するかに影響が出る。腹臥位（腹部を下にして寝て、顔をマットに向ける）から脊柱を伸展させると、重力に逆らうことになり、脊柱の伸筋にかかる負荷が大きくなる。脊柱の伸筋の筋力と持久力を鍛えるのが目的のピラーティスのマット・エクササイズでは、腹臥位が採用されていることが多い。たとえば、＜バック・エクステンション・プローン＞（4-8）、＜ダブル・キック＞（9-3）など第9章のいくつかのエクササイズがそうである。

脊柱の筋肉の共同収縮

ピラーティスでは、異なる脊柱の筋群を同時に収縮させるという熟練を要する**共同収縮（同時収縮）**と呼ばれるプロセスがしばしば必要になる。＜バック・エクステンション・プローン＞は共同収縮の一例である。脊柱の伸筋を鍛えることに重点が置かれているものの、同時に腹筋を収縮させることによって、下背部に生じる過伸展を制限し、損傷しやすい腰椎の下部を保護するのだ。

もっと複雑なマット・エクササイズの中には、異なる動きの段階で重力に対する体のポジションが変わり、脊柱の筋肉の使い方を調整しなくてはならないものもある。＜ジャックナイフ＞（6-9）がその一例である。ロールオーバーの段階では、主に腹筋で脊柱を屈曲させるが、両脚と体幹を天井に向けて伸ばす段階では、脊柱の伸筋の共同収縮が重要になる。望ましいポジションになるには脊柱の屈曲の程度を減らさなければならない。ピラーティスでは、最適なテクニックを達成するためにも、背中を痛めるリスクを減らすためにも共同収縮が広く使われる。

自分のパワーハウスを知る

パワーハウスもしくはコアとは、胸郭の底部から、前は左右の股関節を結ぶ線まで、後ろは両殿部の下部までの領域だと言える。ジョーゼフ・ピラーティスは、パワーハウスを大いに重視し、パワーハウスは体の肉体的な中心であり、そこからすべてのピラーティスの動きが生じるべきだと考えていた。ピラーティスのエクササイズの多くはパワーハウスを鍛えるようにデザインされており、エクササイズの間は終始一貫してパワーハウスを働かせつづけるのが理想だ。パワーハウスが適切に使われるならば、四肢の動きはもっと調和のとれた、つながりのあるものになるはずだ。

ピラーティス実践者の一部は、また踊りやフィットネス、リハビリテーションなどの分野では大半の人が、この領域を**コア**と呼び、動いているときに適切なポジショニングと活性化を理想的に維持できることを**コアの安定**と呼ぶ。コアの安定とは、空間で四肢や全身を動かしながら、ゆがみなどの代償もなく、骨盤と脊柱を望ましいポジションに保てる神経筋制御と考えることができる。たとえば、ある動きで、この領域の望ましいコントロールを維持できない人、腰が反ったり、ニュートラル・ポジションが望ましいときに骨盤が傾きすぎたりする人は、コアが弱いとか、コアの安定が貧弱だとか、コアのコントロールに乏しいと言われることがよくある。

ピラーティスの用語では、パワーハウスは腹部、下背部、骨盤から成る。腹筋と脊柱の伸筋の下部は、パワーハウスの概念にとって特に重要だと見なされており、これについては本章ですでに述べた。これに加え、パワーハウスの概念には骨盤、そして基本的には骨盤の運動と安定性に影響する主要な筋肉が含まれる。

左右の寛骨は、それぞれ後部で一対の仙腸関節によって仙骨の片側に強固に連結されている。また、寛骨は前部で恥骨結合と呼ばれる関節によって相互に連結されている。これらの強力な連結によって、寛骨は、間にはさまれた仙骨と尾骨とともに、姿勢と運動の機能ユニットとして作用する。本章ですでに述べたように、左右の寛骨は実は3つの骨――腸骨、坐骨、恥骨――が癒合してできている。これらの骨のそれぞれにボディ・アライメントを確認するために一般的に用いられる目印がある。

骨盤と股関節の骨標識点

骨には陥凹、孔、線、隆起などの明確な目印があり、まとめて**骨標識点**と呼ばれる。ここで述べる骨標識点(図2.8)は、コアのアライメントと安定性を確認する目安となる。

- **腸骨稜**。腸骨は寛骨の上半分を占める大きな翼状の部分である。両手をウエストから下に動かすと、大きな骨の隆起に触れる。これが腸骨の上縁である。この凸状の縁は**腸骨稜**と呼ばれる。

- **上前腸骨棘**(ASIS)。両手を腸骨稜の前にすべらせて、少し下げると、骨盤前部の両側で骨ばった突出部に触れる。この一対の突出部は**上前腸骨棘**と呼ばれる。図2.8ではASISと略されている。

- **恥骨結合**(PS)。恥骨は左右の寛骨の前下部を形成する。左右の寛骨の恥骨は前部で軟骨性円板によって結合されて**恥骨結合**となる。体の側面を鏡に向けて立ったとき、骨盤の下部で最も前に出ているところが恥骨結合である。図2.8ではPSと略されている。

- **坐骨結節**。坐骨は左右の寛骨の後下部を占める強靭な骨である。左右の坐骨の最下部にはざらざらした突出部があり、**坐骨結節**と呼ばれる。俗には「座骨」と呼ばれるが、そう呼ばれるのは、座るときに体重がこの突出部の前部にかかるからである。この結節は床に座ると簡単に触れることができる。前かがみになり、指先を背中側から骨盤の底面の下に入れる。ゆっくりと体重を後ろにかけて姿勢を伸ばして座ると、指を押しているのが坐骨結節である。

- **大転子**。股関節は、骨盤の空洞のくぼみ(寛骨臼)と大腿骨の球状の先端(大腿骨頭)で構成される。大腿骨の上のほうに外側に飛び出た大きな突起がある。この突起は**大転子**と呼ばれる。直立した場合、大転子の頂点は、股関節に納まっている状態の大腿骨頭の中心とほぼ同じ高さになる。骨盤を構成するものではないが、大転子が標識に含まれるのは、左右の大転子を結ぶ線がパワーハウスの下縁の目印として用いられるからである。母指を腸骨稜の側面に置き、大腿の側面に沿って中指を伸ばすと大転子に触れることができる。脚を内旋したり、外旋したりすると、中指の下で大転子が動くのに触れるはずだ。

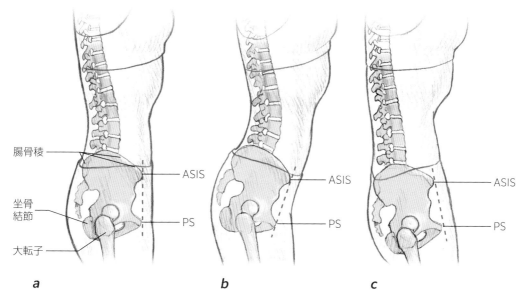

腸骨稜

坐骨
結節

大転子

ASIS

PS

ASIS

PS

ASIS

PS

a　　　　　　　　　　*b*　　　　　　　　　　*c*

図2.8　骨標識点と直立時の骨盤のアライメント（横から見たところ）：(a)ニュートラルな骨盤のアライメント
(b)骨盤の前傾(c)骨盤の後傾

骨盤の運動とアライメント

　ニュートラルな骨盤のポジション、骨盤の前傾、骨盤の後傾を見分け、ピラーティスのエクササイズで望ましいポジションを達成できるようになることは、ピラーティスの重要な目標である。骨盤は主にユニットとして動くため、骨盤の大きな運動はほとんどが腰仙関節、腰椎と骨盤の接合部で生じる。体の側面を鏡に向けて直立し、まず骨盤の運動とそれに連動する腰椎の変化を観察してみよう。示指を左右のASISに置くと、望ましい関係を理解しやすくなる。

　ニュートラルな骨盤のアライメントでは、左右のASIS（骨盤前部の最突出部）は恥骨結合（骨盤の前下部）と垂直に並ぶ。1枚の板を恥骨結合から垂直に立てたとすれば、左右のASISが両方ともこの板に触れるだろう（図2.8a）。このように骨盤をニュートラル・ポジションにして直立した場合、腰椎も概ねニュートラル・ポジションにあり、自然なカーブを描くため、カーブが小さすぎることも、大きすぎることもない。

　それとは対照的に、骨盤の上部を前方に回転させると、左右のASISは恥骨結合より前にくる。これを論理的に言うと**骨盤の前傾**となる（図2.8b）。骨盤上部が前傾すると、腰椎のアーチがきつくなる傾向がある（伸展または過伸展）。腰椎の弯曲の変化がわかるかどうか確認してみよう。

　逆に、骨盤の上部を後方に回転させると、左右のASISは恥骨結合より後ろにくる。これは**骨盤の後傾**である（図2.8c）。骨盤が後傾すると、一般に腰椎のカーブが減少して、平らになるか、脊柱の可動性によっては、むしろ反転して丸くなる。

以上のことが、骨盤の運動に関して特に強調されることの多い観点だが、骨盤はほかの水平面でも動く可能性がある。まず、左右に傾くことがある。右のASISが左のASISより低い場合、これは骨盤の左挙上／右下制と呼ばれる。逆に、左のASISが右のASISより低ければ、骨盤の右挙上／左下制と呼ばれる。これは、鏡に映すなどして、前から見たほうがわかりやすい。最後に、骨盤は回旋することもある。右のASISが左のASISより後ろにある場合、これは骨盤の右回旋である。左のASISが右のASISより後ろにあれば、骨盤の左回旋である。

　一般的には、こうした骨盤の運動は直立位で説明されるが、ピラーティスのほかのさまざまなポジション、たとえば、仰向け、うつ伏せ、座る、膝をつく、手や足で支える姿勢などにも当てはまる。ピラーティスのエクササイズ開始時のポジションでは、あるいはニュートラルな骨盤が要求されるエクササイズでは、左右のASISが一直線にそろうのが理想的だ。横に傾いたり、回旋したりせずに水平であり、なおかつ恥骨結合と同一平面上にあるのが望ましい。

パワーハウスを構成する骨盤の筋肉

　脊柱の筋肉の多くは、脊柱や胸郭はもちろん骨盤にも付着している。これらの筋肉の脊柱に対する通常の作用については本章ですでに述べたが、これらの筋肉が骨盤を単独で、あるいは脊柱と関連して動かす場合がある。そのため、腹直筋と腹斜筋が収縮すると、骨盤が後傾すると同時に脊柱が屈曲する。脊柱の伸筋は骨盤を前傾させると同時に脊柱を伸展させる。腸腰筋は骨盤を前傾させると同時に腰椎を伸展させる。そして腰方形筋は骨盤を挙上させると同時に脊柱を側屈させる。ピラーティス・メソッドの強みの1つは、こうした重要なコアの筋肉の多様な潜在的作用を使うエクササイズを組み込んでいることだ。たとえば、＜チェスト・リフト＞（4-2）では腹筋を使って脊柱を屈曲させるが、＜ペルビック・カール＞（4-1）では、腹筋を使って骨盤を後傾させることに重点が置かれている。

　多くの場合、こうした骨盤の筋肉の潜在的作用は、実際に目に見える動きというよりも、望ましくない作用を防いだり、コアを安定させたりするために使われる。たとえば、＜ハンドレッド＞（5-4）では、腸腰筋が激しく収縮して両脚の重さを支えると、腸腰筋に連動して骨盤が前傾しがちだが、骨盤を後傾させる腹筋の潜在的作用でこれを防げば、骨盤の安定が維持され、下背部の緊張を減らすことができる。もう1つの例は、腰方形筋が姿勢を維持する筋肉として機能し、骨盤上部と胸郭の距離が決まる場合だ。これは、骨盤を水平に保つためにピラーティスで頻繁に使われる機能である。

　骨盤に付着するほかの筋肉の多くは、骨盤を動かす作用よりも、股関節で脚を動かす作用で知られている。しかし、パワーハウスもしくはコアを論じる場合は、2つの筋群、大殿筋と骨盤底筋が含まれるのが一般的である。

　大殿筋は、ジャンプ、自転車をこぐ、階段を上がる、上り坂を走る、などの運動で役目を果たす強靭な筋肉である。このような活動では、大殿筋は股関節の伸筋（第3章参照）として働くが、姿勢を維持する筋肉としても機能して、骨盤を後傾させ、コアの安定を保つ。オリジナルのピラーティスのワークでは、この筋肉をつかむ（しっかりと収縮させる）ことが強調され、硬貨をはさめるくらい左右のヒップをしぼり寄せなさい、と指導された。一般的に加齢とともに殿部の筋肉の緊張が失われる傾向があるので、こういう手法が採用されたのかもしれない。年をとると、大殿筋に効果的に負荷を

かけるような力強い活動をしなくなる人が多い。この筋肉を鍛える重要性を認めていることに変わりはないが、現在ではピラーティスの流派の大半は、エクササイズ中ずっと大殿筋をつかんでいることには重きを置かず、日常活動にも生かせる方法でコアの安定を考えている。たとえば、大殿筋をあまり強く収縮させなくてよいとか、常に収縮させなくてよいと教えるとか、腹筋など、ほかのコアの筋肉も組み合わせて大殿筋を使うといった指導方針がある。

　骨盤底筋は、図2.9に示すとおり、肛門挙筋と尾骨筋で構成されており、骨盤腔の漏斗形の床を形成している。この吊り紐状の筋肉は尾骨から骨盤前部に、また骨盤の側壁から側壁に広がっている。骨盤底筋は、男性では直腸の終端部、前立腺、尿道を、女性では直腸、膣、尿道を支えている。骨盤底筋のバランスのとれた強さと活性化がコアの安定のもう1つの重要な要素だと考える人もいる。横隔膜と骨盤底筋を同時に収縮させると、内臓が腹腔骨盤腔内に保たれ、腹横筋は脊柱の安定性を増す機能を果たす。研究によれば、骨盤底筋と腹横筋には密接な関係があり、骨盤底筋を収縮させれば腹横筋の収縮を促すことができる。逆もまた同様である。骨盤底筋が十分に強ければ、男女ともに、あるタイプの尿失禁の予防にも効果があると考えられる。

　骨盤底筋を使うことは、ジョーゼフ・ピラーティスのオリジナルのワークでは特に強調されなかったが、現在のピラーティスの流派の中には、骨盤底筋の強化を組み込んだアプローチをとっているものがある。ピラーティスのマットワークでは、さまざまなエクササイズの開始前や実行中に、男女とも腹横筋を作用させながら骨盤底筋を引き締めつつ引き上げるよう言われるくらいで、骨盤底は正式には扱われないことが多い。骨盤底のエクササイズは複雑な骨盤底機能不全を専門的に学んだ医療従事者に任せたほうがよいと考える流派もある。

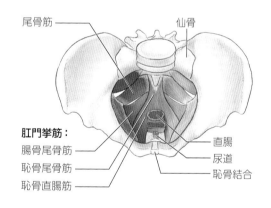

図2.9　肛門挙筋の3つの部分―腸骨尾骨筋・恥骨尾骨筋・恥骨直腸筋―と尾骨筋（骨盤底を上から見たところ）

全身のアライメントの基本

骨盤のアライメントについてはすでに説明したので、同様にポジションに名称をつけるとか、ある部位のアライメントに影響する筋肉を分析するといったことは、ほぼ体のどの部分についてもできるのではないだろうか。この項では、ピラーティスで特に重要な部位をとりあげる。これらの部位が理想的なポジショニングにあれば、健全な関節のしくみを助け、筋肉の使い過ぎや関節に余分なストレスがかかるのを防ぐという関係になることが多い。アライメントの問題にはさまざまな原因があることを理解してほしい。一般的な改善策は提案できても、それが自分にふさわしいかどうかは、必ず医師に確認しなければならない。そうすれば、強さや柔軟性のアンバランス、あるいは関連する筋肉の活性化のパターンが不適切だということ以外の原因がないかどうか把握しやすいだろう。

直立時のアライメント

直立時の理想的なアライメントとは、頭、胸郭、骨盤、足が1列に並んでおり、それぞれのポジションを保つのに筋肉の活動がごくわずかしか必要ないというポジションである。

実際には、この概念は、体を横から見て、鉛直線、つまり殿部から吊るした完全な垂直線になる重りをつけた紐に対して外観の目印がどう位置するかを見るとわかる（Kendall et al. 2005）。ほかの垂直線、たとえば鏡の垂直な継ぎ目も同じ役割を果たす。体の側面を鉛直線もしくは垂直線に向け、線の下端がくるぶしの直前に落ちるように立つ。直立時の理想的な姿勢のアライメントでは、この垂直線上に次の外的な目印が並ぶ（図2.10a 参照）。

- 耳垂（耳たぶ）
- 肩先の中央
- 胸郭の中央
- 大転子（大腿骨側面の突起）
- 膝中央の直前の部位
- くるぶし（外果）の直前の部位

これらの目印が最適な位置にあり、次の基礎的なアライメントの目標も満たされていることが理想だが、必ずしもそうとはかぎらない。

- 足がニュートラル、内側に傾いたり（回内足）、外側に傾いたり（回外足）していない
- 膝がまっすぐ伸びているが、弓形に反るほどではない（膝の過伸展・反張膝）
- 骨盤がニュートラル、前傾も後傾もしていない
- 脊柱のカーブが正常、ゆるくも、きつくもない
- 肩甲骨がニュートラルで肩が前に丸まらずに開いている
- 頭が肩の上にあり、顎が前に突き出ていない

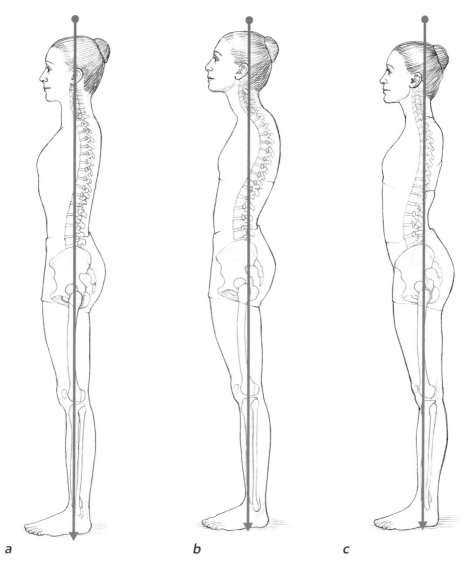

a   b   c

図2.10　直立時の理想的なアライメントとよくあるずれ（横から見たところ）：(a)鉛直線に沿った直立時の理想的なアライメント(b)頸椎前弯と胸椎後弯(c)腰椎前弯過度

よくある脊柱のアライメントのずれ

　アライメントの問題の一般的な原因の1つは、脊柱のある部位の弯曲が過剰であることだ。頸椎のカーブの過剰（頸椎前弯）は、顎が前に突き出し、総じて耳垂が鉛直線と肩より前にある**前方頭位**と呼ばれるアライメントの問題（図2.10b）と関連していることが多い。**胸椎後弯**と呼ばれる胸部のカーブの過剰は、特に高齢者によく見られる。脊柱の伸筋の上部を鍛え、使うようにすれば、少なくとも初期の段階であれば、この状態を改善できる。腰椎前弯過度は、下背部のカーブが過剰であることを言い、たいてい骨盤の前傾を伴う（図2.10c）。このよく見られる姿勢の問題は、下背部に問題が生じるリスクを増やす可能性があり、多くの場合、腹筋を鍛え、使うようにすることに加え、

脊柱の伸筋の下部と腸腰筋の柔軟性を高めるようにすれば改善される。

　こうしたよくある脊柱のアライメントのずれに対処するときは、矯正しすぎて、脊柱の正常なカーブまでなくさないようにしなければならないと理解することが重要だ。そのような行為は、腰椎、時には脊柱のほかの部位の弯曲の度合いが正常以下になるという別の脊柱の問題を引き起こすだろう。この状態は「フラットバック」と呼ばれ、最適な脊柱の機能の障害になると考えられている。そうなれば下背部の椎間板を損傷するリスクを高める恐れがある。

肩甲骨の運動とアライメントのずれ

　上肢帯は鎖骨と肩甲骨で構成される。仙腸関節でしっかりと脊柱に付着している下肢帯とは異なり、肩甲骨は、肩甲骨を脊柱につないでいる筋肉のみで胸郭上をスライドする。厳密に言うと、上肢帯と軸骨格が骨でつながっているのは、鎖骨と胸骨の間の小さな関節、胸鎖関節のみである。このような限定された接続であるため、上肢帯の運動は筋肉に依存しており、筋肉のアンバランスはすぐにアライメントの問題につながる。上肢帯の運動は、図2.11に示すとおり、肩甲骨の運動の用語で簡略に表現される。

　肩甲骨の挙上は肩甲骨を耳のほうに引き上げることであり、肩甲骨の下制はウエストのほうに引き下げることである（図2.11a）。肩甲骨の外転では、肩甲骨が脊柱から遠ざかり、肩甲骨の内転では、肩甲骨が脊柱に近づく（図2.11b）。上方回旋では、肩甲骨の上外側部が上に動くように回転し、下方回旋はその反対の運動である（図2.11c）。

　腕を動かすときは、肩甲骨を動かしても、上腕骨の上部（上腕骨頭）が肩甲骨にある肩関

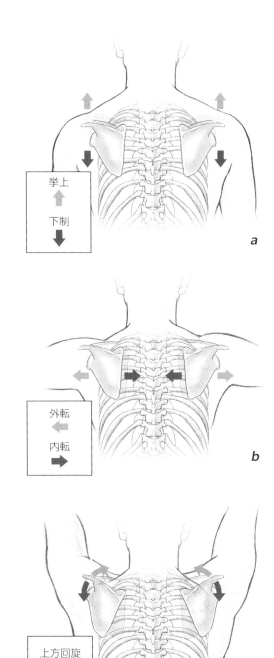

図2.11　肩甲骨の運動（体幹を後ろから見たところ）：（a）挙上と下制（b）外転と内転（c）上方回旋と下方回旋

節（関節窩）で適切な位置を保てるようなコーディネートされた動きにすることが理想的だ。この部位によくあるアライメントの問題の1つは、腕を横や前に上げるときに生じやすい。この運動は、本来ならば肩甲骨のなめらかな上方回旋を伴うが、肩甲骨が上がりすぎてしまうという望ましくない状態になる人が多い。この傾向は、肩甲骨の下制筋、前鋸筋（下部の線維）と僧帽筋下部をコーディネートして使えば抑制できる（図2.12参照）。

　骨盤と同様に、多くの場合、肩甲骨の筋肉の機能は、目に見える動きをつくりだすことよりも、安定性の維持のために姿勢や望ましくない肩甲骨の運動を防ぐことに関係していると考えられる。前者の姿勢の例として猫背がある。この姿勢では、肩が前に丸まり、肩甲骨が離れすぎている。これは、僧帽筋など、肩甲骨の内転筋を鍛え、使えるようにすれば改善されることが多い。後者の安定性の機能は、ピラーティスの体重を腕で支えるエクササイズの多くで作用する。たとえば、座ったポジションから骨盤を持ち上げてマットから離すと（エクササイズ＜レッグ・プル＞（7-4）のスタート・ポジション後半、

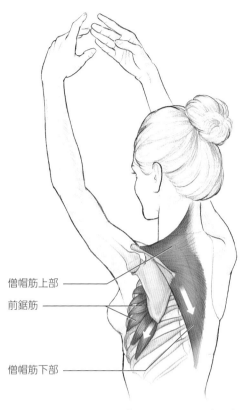

僧帽筋上部
前鋸筋
僧帽筋下部

図2.12　腕を頭上に上げたときに肩甲骨が上がりすぎないようにするには、肩甲骨の下制筋（前鋸筋［下部の線維］と僧帽筋下部）を使う
※前鋸筋のはたらきは前方突出（外転）で、下制は2次的に起こる動き。

「バック・サポート」のポジション）、重力のせいで肩甲骨が著しく挙上してしまう傾向がある。肩甲骨の過剰な挙上を防いで、肩をケガから守り、肩の筋肉が望ましい機能を発揮できるようにするには、前鋸筋（下部の線維）や僧帽筋下部など、肩甲骨の下制筋を強く収縮させることが必要になる。

ピラーティスのマットワークでアライメントを正しくするためのヒント

　本書のピラーティス・エクササイズの多くは、アライメントとコアの安定にとって重要な筋肉を鍛えるようにデザインされている。しかし、筋力だけでは望ましい結果を出せるとはかぎらない。アライメントを速やかに達成するスキルを磨き、アライメントを本書のエクササイズでも日常活動でも生かせるように練習するためには、正しいアライメントとコアの安定を感じとれるようになることも大切だ。研究によれば、動かすべき筋肉を適切な方法で繰り返し活性化すると、次第に体がそれを自動的にもっとうまくやってくれるようになるという。

ピラーティスでは、あるエクササイズで望ましい静的もしくは動的アライメントを達成するために、指導者がよく口にするアドバイスがいろいろある。こうしたヒントや教えは、第1章と本章で説明したさまざまな原則を実際のエクササイズに当てはめるのを助けてくれる実践的な方法である。この項では、本書のエクササイズで使われるアドバイスの一部を紹介しよう。そのほかのアドバイスは、第4章から第9章の導入部かエクササイズごとに説明する。オリジナルのピラーティスの指導法では、こうした教えの多くは誇張されたものであり、腰椎の屈曲と骨盤の後傾が強調されていた。しかし、機能的な動きに実際に必要なことにもっと即した指導方針をつくりたいという願いから、現在のさまざまな指導法では、オリジナルの教えを一部修正したり、厳格さを緩和したりして応用している。こうして機能本位になることが、骨盤や脊柱をニュートラルなポジションにすべきエクササイズでそうできるようにするための新しいアドバイスが発展することにもつながった。

- **へそ、もしくは腹壁を背骨に引き寄せる、スクープする。**これらのアドバイスは、腹筋を動かして、腹部を平らにしようとする、あるいは引っ込めようとするときに腹壁が外側に膨らんでしまうという、よくある誤りを防ぐことを意図している。へそ、もしくは腹壁を背骨に引き寄せるというのは、腹部を内側にスクープする、すなわちえぐるイメージである。この筋肉のコントロールを理解するのが難しいならば、まず、片手の手のひらを下腹部に置き、腹壁を手に押しつけるように押し出して、誤ったポジションを感じ、次に、腹壁を内側に引き寄せてみよう。浜辺で砂にくぼみをつくるように、手が背骨を平らに押しているところ、手が腹部をへこませているところをイメージするのだ。腹壁を内側に引き寄せるというアドバイスは、腹横筋など深層の腹筋を動員するうえでも、引き締まった平らな腹部という審美的な目標を達成するうえでも役に立つ。このアドバイスは、＜ペルビック・カール＞（4-1）のように仰向けで行うエクササイズで使われるのが一般的だが、ほかのポジションで行うエクササイズでもＣカーブをつくりやすくするために使われることがある。

- **Ｃカーブをつくる。**脊柱の屈曲でよく起きる間違いは、胸椎ばかりが屈曲することである。胸椎はもともと後方にカーブを描いているが、静的アライメントですでに丸くなりすぎている（胸椎後弯）人が多い部位なのだ。そうならないように、このアドバイスの意図は腰椎も屈曲させることにある——腰椎はもともと前方にカーブを描いており、しばしば緊張が強く、この部位を屈曲させるのは難しい。下腹の腹壁を引っ込めれば、下背部が丸まり、頭・脊柱・骨盤が正面に対して凹状のＣの字を描くように弯曲をできるだけ脊柱全体に分散しやすくなる。

- **背骨をマットに近づける。**仰向けになり、腹壁をしっかり内側に引き寄せ、腰椎をマットに近づけるか、マットにつける（腰椎の自然なカーブと柔軟性に応じて）。背骨とマットの接触の変化は、コアの安定を保ち、監視するのに役立つ。たとえば、＜ハンドレッド＞（5-4）などのエクササイズで両脚をマットから浮かして保つ場合、腹筋の安定が不十分だと、骨盤が前傾し、腰が反って、マットから離れ、腰椎を痛めてしまうかもしれない。したがって、このようなエクササイズでは、腰椎がマットに近いままか、マットにつけたままでいられて、骨盤が少しもぐらぐらしない高さ（垂直に近いほど、エクササイズが簡単になる）に両脚を保つために、このアドバイスがよく使われる。こう指示すると、腰椎の自然なカーブを意図的に減らすことになり、通常は骨盤がやや後傾するため、腰椎の過伸展の防止になる。

- **ニュートラルな骨盤と腰椎を保つ、ブレーシング。**最初の3つのアドバイスはオリジナルのピラー

ティスの指導法を反映しているのに対し、このアドバイスは、脊柱の屈曲を伴わない日常動作の多くに生かせるようにニュートラル・ポジションで安定を保つトレーニングも重要だと考える指導者によって使われている。このアドバイスは通常、腹筋と脊柱の伸筋の両方を含む多数のコアの筋肉のコーディネートされた共同収縮によって、腰椎の自然なカーブと骨盤のニュートラル・ポジションが達成されることを意図している。この腹筋と脊柱の伸筋のコーディネートされた共同収縮によって骨盤と腰椎をニュートラル・ポジションに保つことは「ブレーシング」とも呼ばれる。仰向けに寝た場合、骨盤前部を腹筋で引き上げながら、同時に骨盤後部を脊柱の伸筋で引き上げて、仙骨をマットに押し当てるか、坐骨を胸郭後部から遠ざけると、この望ましいブレーシングを達成しやすくなる。

● **腹筋を引き上げる。** 腹筋（腹直筋と腹斜筋）の下部を引き上げると骨盤が後傾する。このアドバイスがよく使われるのは、＜ローリング・バック＞（6-2）など、完全に体を丸めることが必要なエクササイズで骨盤の後傾と腰椎の屈曲を促す場合である。また、＜ダブル・キック＞（9-3）など、四肢を動かしたり、背中を反らしたりするエクササイズで骨盤の前傾を防ぐか、制限するためにも、あるいはブレーシングで骨盤をニュートラル・ポジションにするためにも使われる。

● **下背部を引き上げる。** ＜ロッキング＞（9-5）など、完全に背骨を反らすことが必要なエクササイズで、腰椎を伸ばすために脊柱の伸筋の下部を引き上げるように言われることがある。このアドバイスがもっと一般的に使われるのは、座って行うエクササイズで骨盤の後傾と腰椎の過剰な屈曲を防ぐか制限する場合（次の「背筋を伸ばして座る」を参照）、あるいはブレーシングで骨盤をニュートラル・ポジションにする場合である。

● **背筋を伸ばして座る。** 座っているときによくあるアライメントの誤りは、腰椎の屈曲と骨盤の後傾を伴って背骨がぐったりとしてしまうことである。上背部と耳のすぐ後ろの部分を天井に向かって引き上げ、体幹の体重を坐骨の真上に乗せるところをイメージしてみよう。解剖学的には、上背部の伸筋を少し、腹筋とバランスよく使えば、肋骨の先導（胸郭が前に突き出すこと）なしで胸椎が正しく引き上がる。もう1つの効果的な手法は、前項で述べたことに似ているが、骨盤に付着している腹筋下部をやや引き上げながら、同時に骨盤後部の中心を引き上げて、脊柱の伸筋、特に多裂筋を使おうとすることである。この共同収縮によって、脊柱下部の深層が部分的に支えられ、腰椎の自然なカーブの一部が保たれる。

● **平らな背中を保つ。** 「平らな背中」という言葉は、横から見たときに体幹がほぼまっすぐで、肩、胸郭、骨盤の側面が一列に並ぶ姿勢を指す。この言葉は、膝をつく、手と足で体を支える、座る、などさまざまなポジションにおける体幹を表現するのに使われる。「平ら」といっても、文字どおりの意味ではない——脊柱は依然自然な弯曲を保っているが、「背筋を伸ばして座る」で述べたように伸長した感じがするという意味である。この平らな背中をつくるには、腹筋と脊柱の伸筋の高度な同時収縮が必要になる。

● **胸郭を下後方に保つ。** 腹筋や下背部を引き上げようとすると、また平らな背中の姿勢をとろうとすると、よく起きる間違いは、脊柱の伸筋を収縮させてしまい、胸郭が前に突き出すことである（肋骨の先導）。多くのエクササイズで、胸郭に付着している腹筋上部は胸郭前部をやや下後方に引っ張り、この望ましくない肋骨の先導を防ぎ、胸郭を望ましいニュートラルなアライメントに保つはたらきをする。脊柱の屈曲が必要なエクササイズでは、胸郭前下部を下後方に引っ張れ

ば、脊柱が最大限に屈曲し、完全なCカーブをつくりやすくなる。

- **首を長く。**よくあるアライメントの問題は、首のアーチが過剰なために静的アライメントで顎が前に突き出してしまうか（前方頭位姿勢）、動いている間にそうなることである。首の後ろを長くする、あるいはストレッチするようにイメージすると、この傾向を抑制しやすくなる。たとえば、仰向けになったとき、顎をやや引いて、頭はやや前に回転させると、マットと接触する後頭部の位置が上部から中部に移動する。解剖学的に言えば、こうすれば首の屈筋を使うことになり、緊張傾向にある首の伸筋をリラックスさせることに専念できる。

- **顎を胸に近づける。**首を長くするというアドバイスは、顎を胸に近づける（顎を引く）というアドバイスにも関連している。オリジナルのピラーティスのワークでは、首の後ろを長くしながら顎が胸骨に近づくように首を曲げなさい、という教えが、脊柱の屈曲が必要なエクササイズの多くで強調されることがよくあった。頭を胸に近づけると、仰向けで行う腹筋エクササイズの多くで、首の筋肉にかかるストレスを軽減しながら、できるだけ腹筋を使うことに集中しやすくなる。ただし、現在のアプローチの大半は、この教えを控えめにし、頭が胸椎のつくるアーチに沿うようにとアドバイスしている（こぶし1つ分もしくはレモンが顎と胸の間に入るくらい）。

- **椎骨は一度に1つずつ動かす、椎骨を1つ1つなめらかに連続的に動かす。**よくある誤りは、脊柱を堅い棒のようにとらえて大きなかたまりで動かし、ぎくしゃくした動きになってしまうとか、脊柱の一部が弯曲しているのではなく平らに見えてしまうことである。逆に、望ましいのは、動きが脊柱の屈曲、伸展、側屈のどれであっても、椎骨が1つずつ精密に連続的に動いていき、エクササイズに関わる脊柱の分節ごとに完全な動きになるようにすることである。たとえば、＜ロールアップ＞（5-2）の体を起こす段階では、椎骨を一度に1つずつ、上から下にマットから離していき、体を倒す段階では逆の順番で1つずつマットにつけていく。（＊訳注：これを「アーティキュレーション」と呼ぶ。詳細は第6章参照）

- **肩甲骨をニュートラルに下げておく。**このアドバイスは、腕を動かすときに肩甲骨が耳のほうに上がってしまうという、よくあるアライメントの誤りを防ぐために使われる。解剖学的には、腕を上げる前に肩甲骨の下制筋を使って肩甲骨をやや引き下げるところをイメージし、腕を動かすときに下制筋を使えるようにしよう。ただし、目的は肩甲骨を過剰に引き下げたり、決まった場所に固定したりすることではなく、肩甲骨が自然に上方回旋するときに肩甲骨のニュートラルなポジションを確立しやすくすることである。これは、図2.12に示すとおり、肩甲骨を挙上させる僧帽筋上部と肩甲骨を下制させる僧帽筋下部をバランスよく使うことで達成される。僧帽筋上部をあまり強く収縮させず、肩と耳の距離を保つことに注意してもよい。そうすれば、腕を頭上に上げるときに肩甲骨が挙上しすぎるのを防げる。

- **腕や脚をストレッチする、リーチする。**四肢を外へ向かって伸ばすというアドバイスは、多くのピラーティス・エクササイズの望ましい長いラインとダイナミクスを完成させるのに使われる。解剖学的には、四肢の関節は曲がったり、過伸展だったりするのではなく、直線的である。＜ロールアップ＞の開始ポジションなど、両腕を頭上に伸ばし、両脚を長く伸ばして体をまっすぐにする場合、誰かに指先を静かに引っ張られ、別の誰かにつま先を手とは反対方向に静かに引っ張られ、自分は強いコアの安定を保っているところをイメージしよう。

第3章

筋肉、動きの分析、マットワークを始める前に

　あるマット・エクササイズで作用している筋肉を理解すれば、第1章で説明したピラーティスの基本原則と第2章で説明したアライメントの原則を応用しやすくなるだろう。第2章では脊柱に焦点を当てたが、本章では上肢・下肢の主な関節の運動と筋肉を追加する。まず、筋肉がどう作用してアイソレートされた複雑な全身の動きをつくりだすのかという原則を解説し、次にマット・エクササイズの分析に活用できるシンプルな枠組みを提示する。そして最後に、マット・エクササイズの解説ページの構成を紹介し、マットワークを始めるにあたって留意してほしいことの要点をまとめる。

関節とその運動

　第2章で解説した骨（図2.1）どうしの連結部が関節である。骨の連結様式と連結面の形状に基づいて関節の種類が分類される。関節の種類が異なれば、可能な運動も異なり、ある関節で可能な運動を表現するには標準化された用語が使われる。

関節の種類

　関節の種類は主に3つある。すなわち線維性関節、軟骨性関節、滑膜性関節である。線維性関節では、頭蓋骨の縫合などのように、骨と骨が線維組織によって直接結合されている（注：子どもの頃はそうだが大人の縫合は骨性な癒合である）。軟骨性関節では、骨と骨が軟骨で直接結合されている。たとえば、図2.3に示すとおり、脊柱では隣接する椎骨の椎体が椎間板で結合されている。線維性や軟骨性とは対照的に、滑膜性関節では、骨と骨の間に**関節腔**と呼ばれるすき間があり、滑液によって満たされている。滑液は卵の白身に似た濃度であり、関節がより滑らかに動くように摩擦を減らす役目を果たしている。滑膜性関節では、袖のような線維組織の構造（関節包）と強

靭な帯状の線維組織（靭帯）で骨と骨が間接的に連結されている。

滑膜性関節は大きな運動にとって特に重要である。滑膜性関節は、形状に基づく名称をつけて、さらに6種類に細分される。そのうちの2つ——球関節と蝶番関節——が四肢の運動を理解するうえで特に重要である。球関節は1つの骨の丸い頭（関節頭）と隣接する骨の凹窩（関節窩）から構成される。球関節は最も自由に動く関節であり、四肢のつけ根——肩関節と股関節——に見られる。蝶番関節では、糸巻き形の面が凹状の面に組み合わさっている。肘関節、膝関節、足関節はすべて蝶番関節に分類される。

解剖学的肢位と関節運動の用語

滑膜性関節の運動を表現するために標準化された用語が発展してきた。この用語は運動を分析し、ある運動を起こすために重要な筋肉を予測するうえで不可欠である。これら基本的な関節の運動は解剖学的肢位を基準にして定められている。

解剖学的肢位（図3.1）とは、人が直立し、足をそろえるか、かかとをやや離し、つま先を前に向け、上肢は手のひらを前に向けて体側に下げた状態である。これが運動の開始ポジションもしくはゼロ・ポジションとされている。上肢を体側に下げたポジションを0度とすれば、上肢を肩の高さまで前に上げると90度の屈曲となる。

解剖学的肢位を基準にして、6つの基本的な運動があり、その一部もしくは全部が滑膜性関節のほとんどで可能である。この6つの基本的な関節運動は3組の運動に分類される。すなわち、屈曲—伸展（図3.2aとb）、外転—内転（図3.2c）、外旋—内旋（図3.2d）である。各組の構成要素は同一平面だが、反対方向の運動になる。

この基本的な運動に加えて、特殊な関節運動が起きる場合もある。こうした運動は、基本的な関節運動の用語では描写しきれない。脊柱、骨盤、肩甲骨の特殊な運動については、すでに第2章で述べた。それ以外の本書で使われる2組の特殊な関節運動（肩の水平外転—水平内転、足関節の底屈—背屈）については、関連する基本的な運動の解説で後述する。

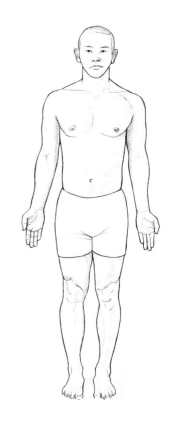

図3.1 解剖学的肢位

屈曲と伸展

屈曲とは、肘関節を曲げるときなどのように隣接する体の部位の前面を近づけるか、膝関節の場合は隣接する部位の後面を近づけて、関節を曲げることを指す。**伸展**とは、肘関節や膝関節を伸ばすときなどのように、隣接する部位どうしを遠ざけて解剖学的肢位に戻して関節をまっすぐにするか、それを超えて動かすことを指す。関節が解剖学的肢位を超えて伸展することは**過伸展**と呼ぶ。

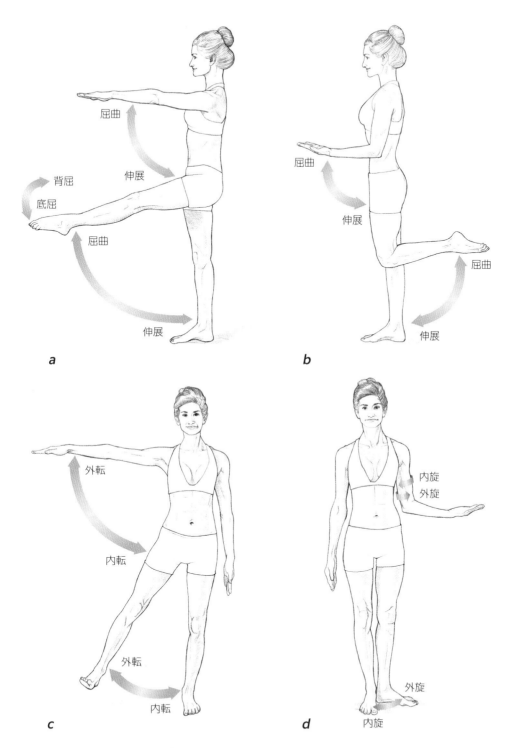

図3.2　四肢の主な関節運動：（a）肩関節と股関節の屈曲—伸展と足関節の底屈—背屈（b）肘関節と膝関節の屈曲—伸展（c）肩関節と股関節の外転—内転（d）肩関節と股関節の外旋—内旋

屈曲と伸展は、解剖学的肢位を基準にして前方向か後方向で起こる。関連する特殊な用語は足関節で使われ、**背屈**とは、足の甲すなわち足背をむこうずね（すね前面）のほうに引き上げて、屈曲する（フレックス）ことを指す。**底屈**とは、足裏すなわち足底をむこうずねから遠ざけて、つま先を伸ばす（ポイント）ことを指す（図3.2a）。

外転と内転

　外転とは、腕を横に上げる（肩関節の外転）、脚を横に上げる（股関節の外転）など、体の正中線から遠ざかる運動を指す。**内転**とは、外転の逆の運動であり、外転の位置から解剖学的肢位に戻すことを指す。図3.2cにこれらの運動を示す。脊柱は正中線に位置するため、脊柱に関しては、同様の運動を表現するのに右側屈や左側屈という特殊な用語が使われる（図2.4参照）。

外旋と内旋

　回旋は、四肢の長さ（縦軸すなわち垂直軸）や脊柱を中心にしてねじることだと考えられる。外旋とは、脚を股関節でターンアウトする（股関節の外旋）など、四肢の前面を外側に、あるいは体の正中線から遠ざかるように動かすことを指す。内旋とは、外旋の逆の運動であり、外旋の位置もしくは解剖学的肢位から、四肢の前面を内側に、あるいは正中線に向かって動かすことを指す。図3.2dにこれらの運動を示す。脊柱は正中線に位置するため、脊柱に関しては、同様の運動を表現するのに右回旋や左回旋という特殊な用語が使われる（図2.4参照）。解剖学的肢位を基準にすると、これらの運動はすべて、垂直軸を中心にしたねじる運動だと考えられる。

　関連する特殊な運動として肩関節の水平外転―水平内転があるが、これは厳密には1つの分類に当てはまらない。今述べてきたほかの運動とは対照的に、この運動は純粋な解剖学的肢位からは起こらず、腕が肩の高さにある状態から起こる。ただし、この場合、腕は床に対して水平に動く。正中線から遠ざかる場合は**肩の水平外転**と呼び、正中線に向かう場合は**肩の水平内転**と言う。

筋肉とその運動

　筋細胞は、収縮する能力、すなわち能動的な緊張をつくりだす能力をもつ唯一の細胞である。筋肉が短くなったり、長くなったりするのは、筋細胞のこのはたらきによることが多い。筋組織には平滑筋、心筋、骨格筋の3種類あるが、ピラーティスを論じる本書では、骨格筋組織のみを扱う。名前からわかるように、骨格筋は骨に付着して、骨と骨をつないでおり、つながれている骨に介在する関節で運動を生じさせる。筋肉の両端で収縮筋細胞は終わるが、その結合組織は続き、直接、あるいは間接的に骨に付着している。間接的な結合には2種類あり、1つは**腱膜**というシート状の結合組織であり、もう1つは、最も多く見られる、**腱**という紐のような構造の結合組織である。

　ある筋肉が介在する関節でどう作用するかは、筋肉の位置を見て、ある骨との付着部が別の骨との付着部のほうに引っ張られるところを想像すれば推測がつく。このように推測すれば一般的な傾向も明らかになり、同じような位置にある筋肉の作用が学びやすくなる。たとえば、股関節、脊柱、

肘関節の筋肉や肩関節の大きな筋肉に関しては、体の前面にある筋肉は概ね屈曲を起こし、体の後面にある筋肉は伸展を起こす。股関節と肩関節の体側にある筋肉は外転の作用をもつ。股関節の筋肉のうちに、体の内側すなわち正中よりにある筋肉は内転の作用をもつ。中間的な位置にある筋肉は両方の位置の機能を兼ねていることが多い。たとえば、大腿筋膜張筋は股関節の前面と側面の間にあり、股関節の屈曲と外転の両方を担う。膝関節はほかの関節とは反対方向に曲がり、よって筋肉も反対の関係を示し、伸筋は体の前面に、屈筋は後面にある。これらの筋肉の多くはほかの作用も担うが、その位置から概ね主要な作用はわかる。

　明快でわかりやすいものにするために、次項からの部位別の説明は、第4章から第9章のマットワークの解説にも出てくる、主要な関節の最も重要な筋肉に絞っている。体の部位別の表では、ある運動を起こすのに関連する筋肉を整理してある。表には、ほとんどの運動の主動筋と補助筋の両方が含まれている。**主動筋**（primary muscle）とは、ある運動を起こすのに特に重要な、あるいは効果的な筋肉という意味である。「原動筋（prime mover）」とも呼ばれる。一方、**補助筋**（secondary muscle）とは、期待する運動を起こすほどの力はない筋肉、あるいはその運動にとってあまり重要ではない筋肉という意味である。関節が一定のポジションにある場合、高速が要求されるとか、大きな力が必要とされる場合など、特殊な状況で動員されることもある。このような補助筋のあまり重要ではない貢献は、ある運動を「補助（assist）する」と表現されることが多く、英語では「assistant mover」とも呼ばれる。

脊柱の筋肉

　脊柱の主要な関節と筋肉はすでに第2章で解説し、図示した。表3.1は脊柱の運動とその運動を起こす筋肉の概要である。

下肢の筋肉

　表3.2に下肢の主要な関節の運動とその運動を起こす筋肉をまとめる。また、表中の筋肉を図3.3に示す。

　股関節は3組の運動——屈曲と伸展・外転と内転・外旋と内旋——がすべて可能な球関節である。股関節の前面に起始する大腿直筋と深層の腸腰筋は、股関節の主要な屈筋としての機能にとって理想的な位置にある。

　大腿内側面の筋群——恥骨筋・長内転筋・短内転筋・大内転筋・薄筋——は、どれも股関節の内転を担うことから、まとめて股関節の内転筋群と呼ばれる。これらの筋肉はすべて、大内転筋を除き、股関節の屈曲も補助する。大内転筋はこの筋群の最深層の筋肉であり、骨盤との付着部は広い。大腿後面を走り坐骨結節に付着しているため、下部の筋線維は股関節の屈曲よりも伸展を補助する。

　股関節の外側に目を向けると、長い、ベルト状の筋肉、縫工筋が大腿前面を斜めに横切って膝関節の下に付着している。縫工筋は股関節の屈曲・外転・外旋の作用を補助する。大腿筋膜張筋は縫工筋よりやや外側にあり、股関節の屈曲・外転・内旋の作用を補助する。

　股関節を後ろから見ると、殿筋がよく目立つ。中殿筋と小殿筋は股関節の外側に位置し、その

表3.1　脊柱の運動と筋肉

関節の運動	主動筋	補助筋
脊柱の屈曲	腹直筋 外腹斜筋 内腹斜筋	なし
脊柱の伸展	脊柱起立筋：棘筋、最長筋、腸肋筋	半棘筋 深層の固有背筋：棘間筋、横突間筋、回旋筋、多裂筋
脊柱の側屈	外腹斜筋(同側) 内腹斜筋(同側) 腰方形筋(同側) 脊柱起立筋(同側)：棘筋、最長筋、腸肋筋	半棘筋(同側) 深層の固有背筋(同側)：横突間筋、回旋筋、多裂筋 腹直筋(同側) 腸腰筋(腰部)(同側)
脊柱の回旋	外腹斜筋(反対側) 内腹斜筋(同側) 脊柱起立筋(同側)：最長筋、腸肋筋	半棘筋(反対側) 深層の固有背筋(反対側)：回旋筋、多裂筋

ため股関節の主要な外転筋として作用するが、前方の線維は股関節を内旋させるはたらきもある。もっと殿部の後面よりにある強靭な大殿筋は、股関節の伸展と外旋の主動筋である。大殿筋より深層には、小さな6つの筋肉から成る深層の外旋筋群があり、骨盤と大腿骨大転子に広がっている。これらは股関節の主要な外旋筋として作用するのに理想的な位置にある。

　ハムストリング(半腱様筋、半膜様筋、大腿二頭筋)は大腿後面を下行し、股関節の主要な伸筋であると同時に膝関節の主要な屈筋でもある。外側よりに位置するハムストリングの筋肉、大腿二頭筋は、膝関節がまっすぐになっているときの股関節の外旋も補助する。内側よりの2つのハムストリングの筋肉、半腱様筋と半膜様筋は、股関節の内旋を補助する。

　膝関節は蝶番関節の変形に分類され、主に屈曲と伸展が可能である。ハムストリングは膝関節の主要な屈筋として機能し、大腿四頭筋は主要な伸筋として機能する。大腿四頭筋は大腿前面の筋量のほとんどを占め、大腿直筋と内側広筋、中間広筋、外側広筋から成る。股関節をまたぐのは大腿直筋のみであり、そのため大腿直筋は膝関節の伸展はもちろん股関節の屈曲の主動筋でもある。主に股関節や足関節で作用する筋肉のいくつかは、膝関節もまたぎ、膝関節の運動を補助する。さらに、下肢後面の深層にある小さな筋肉、膝窩筋も膝関節の屈曲を補助し、深い屈曲や歩行のときに重要な膝の安定をもたらす。

　足関節は、底屈と背屈の運動が可能な蝶番関節である。下腿前面の前脛骨筋と長指伸筋は足関節の主要な背屈筋である。この背屈の作用は足関節前面をまたぐ2つの筋肉、長母指伸筋と第三腓骨筋によって補助される。ふくらはぎの筋肉は、筋腹が2つある腓腹筋、およびヒラメ筋と呼ばれる深層の平らな筋肉である。この2つは足関節の主要な底屈筋である。底屈は、足関節の外側を走る2つの筋肉、長腓骨筋と短腓骨筋、および足関節の内側を走る3つの筋肉、後脛骨筋、長母指屈筋、長指屈筋によって補助される。

表3.2　下肢の主要な関節の運動と筋肉

関節の運動	主動筋	補助筋
股関節の屈曲	腸腰筋 大腿直筋	縫工筋 大腿筋膜張筋 恥骨筋 長内転筋と短内転筋（下部） 薄筋
股関節の伸展	大殿筋 ハムストリング：半腱様筋、半膜様筋、大腿二頭筋	大内転筋（下部の線維）
股関節の外転	中殿筋 小殿筋	大腿筋膜張筋 縫工筋
股関節の内転	長内転筋 短内転筋 大内転筋 薄筋	恥骨筋
股関節の外旋	大殿筋 深層の外旋筋群：梨状筋、内閉鎖筋、外閉鎖筋、下双子筋、上双子筋、大腿方形筋	縫工筋 大腿二頭筋
股関節の内旋	中殿筋（前方の線維） 小殿筋（前方の線維）	大腿筋膜張筋 ハムストリング：半腱様筋、半膜様筋
膝関節の屈曲	ハムストリング：半腱様筋、半膜様筋、大腿二頭筋	膝窩筋 薄筋 縫工筋 腓腹筋
膝関節の伸展	大腿四頭筋：大腿直筋、内側広筋、中間広筋、外側広筋	大腿筋膜張筋（上部）
足関節の背屈	前脛骨筋 長指伸筋	長母指伸筋 第三腓骨筋
足関節の底屈	腓腹筋 ヒラメ筋	後脛骨筋 長母指屈筋 長指屈筋 長腓骨筋 短腓骨筋

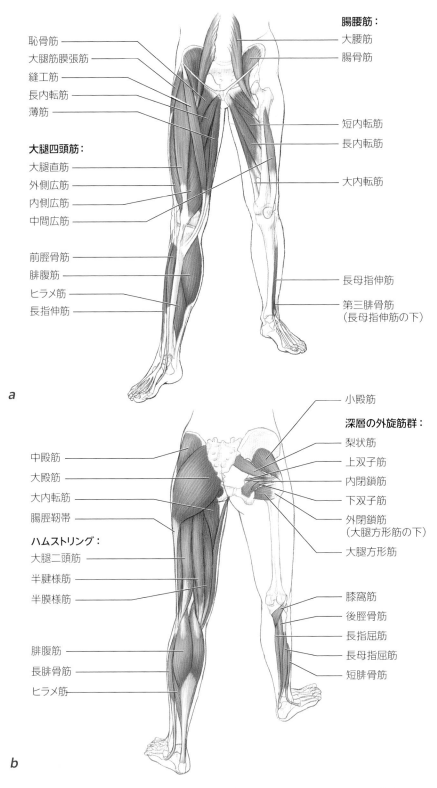

恥骨筋
大腿筋膜張筋
縫工筋
長内転筋
薄筋

大腿四頭筋：
大腿直筋
外側広筋
内側広筋
中間広筋

前脛骨筋
腓腹筋
ヒラメ筋
長指伸筋

腸腰筋：
大腰筋
腸骨筋

短内転筋
長内転筋

大内転筋

長母指伸筋
第三腓骨筋
（長母指伸筋の下）

a

中殿筋
大殿筋
大内転筋
腸脛靭帯

ハムストリング：
大腿二頭筋
半腱様筋
半膜様筋

腓腹筋
長腓骨筋
ヒラメ筋

小殿筋
深層の外旋筋群：
梨状筋
上双子筋
内閉鎖筋
下双子筋
外閉鎖筋
（大腿方形筋の下）
大腿方形筋

膝窩筋
後脛骨筋
長指屈筋
長母指屈筋
短腓骨筋

b

図3.3　下肢の主要な筋肉：（a）前から見たところ（b）後ろから見たところ。深層の筋肉は図aでは体の左側に、図bでは体の右側に示す。

上肢の筋肉

　表3.3に上肢の主要な関節の運動とその運動を起こす筋肉をまとめる。また、表中の筋肉を図3.4に示す。

　肩関節は3組の運動——屈曲と伸展・外転と内転・外旋と内旋——がすべて可能な球関節である。肩関節の大きな運動を主に担う筋肉には、胸を覆う大きな筋肉である大胸筋、丸みのある肩の輪郭をつくる筋肉である三角筋、背部にあり、面積の広い肩関節の筋肉である広背筋が含まれ、大円筋が補助する。

　まず体の前を見ると、三角筋前部と大胸筋上部（鎖骨部）が肩関節の主要な屈筋と水平内転筋としての機能を担うために理想的な位置にある。この2つの筋肉は肩関節の内旋も補助する。これらより深層にある烏口腕筋が肩関節の屈曲と内転を補助し、主要な水平内転筋としても機能する。大胸筋下部（胸肋部）は、肩関節の主要な水平内転筋の上部および肩関節の補助的な内旋筋と作用を分担している。しかし、その位置が肩関節の軸の下にあることにより、腕を前に上げる場合、肩関節の屈筋ではなく、抵抗に対する肩関節の主要な伸筋として作用する。体の側面に移ると、三角筋中部が肩関節の外転の主要な作用を担っている。一定の条件下では三角筋前部と大胸筋（鎖骨部）も肩関節の外転を補助する。

　体の後ろを見ると、強靭な広背筋とその"小さな助っ人"である大円筋が肩関節の主要な伸筋としての機能を担うために適切な位置にあり、三角筋後部は肩関節の伸展を補助する。この3つの筋肉はすべて肩関節の水平外転を起こすこともできる。ただし、三角筋後部は肩関節の外旋も補助するのに対し、広背筋と大円筋は上腕骨前面に付着しており、そのため肩関節の内旋という逆の作用を担う。

　股関節とは異なり、肩関節の内側には内転のための筋群はない。そのかわり、肩関節前面の筋肉と肩関節後面の筋肉が必ず一対で働き、両者の共同収縮の結果、内転が生じる。大胸筋と広背筋は強靭な筋肉の組み合わせであり、よく使われるが、三角筋の前部や後部など内転を補助する筋肉はほかにも多数ある。

　これらの筋肉に加えて、ローテーターカフ（回旋筋腱板）と肩甲骨の筋肉が肩関節の最適な運動に貢献しているが、そのはたらきはたいていあまり目立たない。ローテーターカフは、肩甲骨と上腕骨上部に広がる4つの小さな筋肉で構成される。ローテーターカフの欠くことのできない全体的な機能は肩関節の安定を保つことである。さらに、そのうちの1つ、棘上筋は肩関節の外転の主動筋であり、ほかの3つは肩関節の外旋（小円筋と棘下筋）や内旋（肩甲下筋）の主動筋である。比較的水平な配置の小円筋と棘下筋は、肩関節の主要な水平外転筋としても機能する。ローテーターカフの強さは、肩関節の正しいしくみとケガ予防にとって重要である。ローテーターカフに属する筋肉を独立して鍛えることは正統派のピラーティスのマットワークでは特に強調されていないが、抵抗を加えるためのゴムバンドを利用した現在のマットワーク指導法には、ローテーターカフを鍛えるエクササイズが見られる。さらに言えば、正統派のマットワークでも、＜ツイスト＞（8-6）など、体重を腕で支えることが必要な上級エクササイズの多くは、実際にローテーターカフを使うという方法でその強さと安定にもよい効果をもたらす。

表3.3　上肢の主要な関節の運動と筋肉

関節の運動	主動筋	補助筋
肩関節の屈曲	三角筋前部 大胸筋(鎖骨部)	烏口腕筋 上腕二頭筋
肩関節の伸展	広背筋 大円筋 大胸筋(胸肋部)	三角筋後部 上腕三頭筋(長頭)
肩関節の外転	三角筋中部 棘上筋	三角筋前部 大胸筋(鎖骨部、上部) 上腕二頭筋(肩関節の外旋時)
肩関節の内転	大胸筋 広背筋	三角筋後部 三角筋前部 大円筋 烏口腕筋 上腕二頭筋(短頭) 上腕三頭筋(長頭) 三角筋後部
肩関節の外旋	棘下筋 小円筋	三角筋後部
肩関節の内旋	肩甲下筋 大円筋	三角筋前部 大胸筋 広背筋
肩関節の水平外転	棘下筋 小円筋 三角筋後部	三角筋中部(後部の線維) 大円筋 広背筋
肩関節の水平内転	大胸筋 三角筋前部 烏口腕筋	上腕二頭筋(短頭)(肘関節の伸展時)
肩甲骨の挙上	僧帽筋上部 肩甲挙筋 菱形筋	なし
肩甲骨の下制	僧帽筋下部 前鋸筋(下部の線維)	小胸筋
肩甲骨の外転(広げる)	前鋸筋	小胸筋
肩甲骨の内転(寄せる)	僧帽筋 菱形筋	肩甲挙筋
肩甲骨の上方回旋	前鋸筋 僧帽筋	なし
肩甲骨の下方回旋	菱形筋	肩甲挙筋 小胸筋
肘関節の屈曲	上腕二頭筋 上腕筋	腕橈骨筋 円回内筋
肘関節の伸展	上腕三頭筋	肘筋

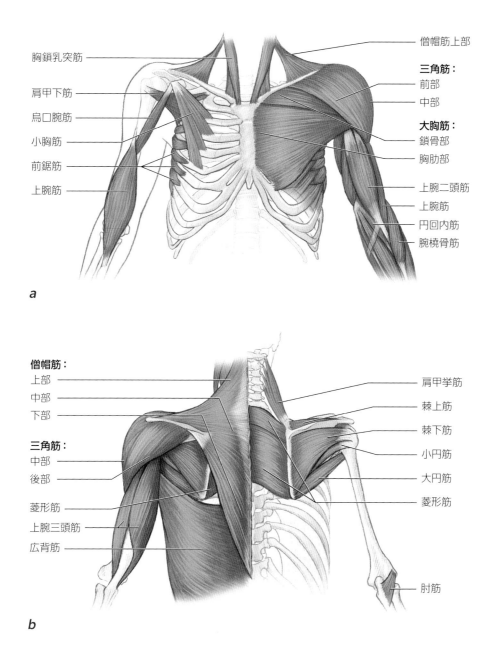

胸鎖乳突筋

肩甲下筋

烏口腕筋

小胸筋

前鋸筋

上腕筋

僧帽筋上部

三角筋：
前部
中部

大胸筋：
鎖骨部
胸肋部

上腕二頭筋
上腕筋
円回内筋
腕橈骨筋

a

僧帽筋：
上部
中部
下部

三角筋：
中部
後部

菱形筋

上腕三頭筋

広背筋

肩甲挙筋

棘上筋

棘下筋

小円筋

大円筋

菱形筋

肘筋

b

図3.4 上肢の主要な筋肉：(a) 前から見たところ(b) 後ろから見たところ。深層の筋肉は体の右側に示す。

肩甲骨の筋肉は、肩甲骨を脊柱、頭蓋骨、胸郭につないでおり、上腕骨には付着していない。したがって、上腕骨ではなく肩甲骨を動かす。しかし、肩甲骨の運動はもちろん上腕骨の肩関節で生じる運動と関連しており、最適な肩関節のしくみを助ける役目を果たす。肩甲骨の運動については第2章で述べた(図2.11)。覚えておくべき一般原則は、背部にある肩甲骨の筋肉、特に僧帽筋と菱形筋は肩甲骨を脊柱のほうに引き寄せるため、肩甲骨を内転させるが、胸部にある肩甲骨の筋肉、前鋸筋と小胸筋は肩甲骨の外転という逆の運動を起こすということだ。筋線維が肩甲骨から上に走り、頸部や上背部に付着する筋肉——肩甲挙筋、僧帽筋上部、菱形筋——は概ね肩甲骨を引き上げて肩甲骨の挙上に作用し、僧帽筋下部、前鋸筋の下部線維、小胸筋は概ね肩甲骨の下制に作用する。回旋の種類は、肩甲骨との付着部を基準にして引っ張る線で決まり、前鋸筋と僧帽筋は上方回旋を、その他、特に菱形筋は下方回旋を起こす。肩甲骨の上方回旋は腕を前または横に上げる場合に常に必要であり、しがたって、肩関節のしくみと機能が円滑であるためには肩甲骨の上方回旋筋の十分な強さと適切な活性化が特に重要である。

肘関節は、屈曲と伸展の運動が可能な蝶番関節である。筋腹が2つある上腕二頭筋と上腕筋(上腕二頭筋より深層にあり、かつ、より下にその筋腹が伸びる)は上腕の前面にあり、肘関節の主要な屈筋である。肘関節の前面をまたぐ別の2つの筋肉であり、前腕の運動を担う腕橈骨筋と円回内筋も肘関節の屈曲を補助する。上腕三頭筋は上腕の後面にあり、最も強靭な肘関節の伸筋である。肘関節の後面をまたぐ小さな筋肉、肘筋が肘関節の伸展を補助する。上腕二頭筋と上腕三頭筋は部分的に肩関節もまたぐため、補助的にさまざまな肩関節の運動に貢献する。

全身運動で作用する筋肉

　歩く、走る、もっと複雑なマット・エクササイズなど、機能的な運動が行われるときは、単独の筋肉が独立して働くことはない。それよりも、このような運動には、きわめて協調して働き、望ましい運動を起こす筋肉のシンフォニーが必要になる。筋収縮の種類、筋肉が果たすことのできる多様な役割、フォースカップル（本章で後述する「フォースカップルとして作用する筋肉」を参照）として協働する筋肉の能力を理解すれば、全身運動をもっと正しく認識できるようになる。

筋収縮の種類

　筋肉の作用を学ぶ標準的な方法は、筋肉が短くなったときに起きる作用を推測することだが、すべての筋収縮が目に見えて筋肉が短くなるわけではない。筋細胞は能動的に緊張をつくりだしているが、収縮している筋肉の力とその反対の抵抗力の比率に応じて、全体としての筋肉は短くなることも、長くなることも、長さに変化のないこともある。この原則を考慮すると、筋収縮は動的収縮か静的収縮に分類される。

動的筋収縮

　動的（従来の用語では**アイソトニック[等張性]**）筋収縮（緊張）は、筋肉の長さが変化し、目に見える関節運動が起きる場合に生じる。動的筋収縮は、コンセントリック（求心性）収縮かエキセントリック（遠心性）収縮のどちらかである。コンセントリック収縮では、筋肉が短くなり、主動筋の作用の方向に関節運動が起きる。重力の抵抗があるときは、重力の作用とは反対方向に関節が動けば、コンセントリック収縮が生じる。たとえば、＜チェスト・リフト＞（4-2）では、腹筋がコンセントリック収縮で作用して、脊柱を屈曲させ、エクササイズの体を起こす段階で上体を引き上げる。

　逆に、エキセントリック収縮では、筋肉が長くなり（つまり、筋肉と骨の付着部どうしの距離が増える）、主動筋の作用とは反対方向に関節運動が起きる。重力の抵抗があるときは、関節が重力の方向に動けば、エキセントリック収縮が生じる。これはエクササイズの体を元に戻す段階で生じることが多い。たとえば、＜チェスト・リフト＞では、腹筋（脊柱の屈筋）がエキセントリック収縮で作用して、エクササイズの体を元に戻す段階で体幹を下げるのをコントロールする。

　これは、動きの分析のためにも、ピラーティスのマットワークを最適なテクニックで行うためにも理解しておくべき重要な概念である。＜チェスト・リフト＞の体を元に戻す段階では、脊柱の伸筋が脊柱を伸展させるのではないかと考えるかもしれない。しかし、もし伸筋を使えば、頭と体幹がマットにドスンと落ちてしまうだろう。そうならないように、体を起こす段階で作用するのと同じ筋肉、脊柱の屈筋、すなわち腹筋をエキセントリック収縮で使って、なめらかに体幹を倒していき、脊柱を少しずつ伸ばしながらニュートラル・ポジションに戻してマットにつけるのだ。エキセントリック収縮は速い運動でもよく生じ、運動の方向を変える前に体の部位を減速させるように作用する。

静的筋収縮

　静的もしくは**アイソメトリック（等尺性）**筋収縮では、筋肉の長さに目に見える変化がないか、目につく関節運動がない。筋肉は緊張しているが、筋収縮の作用が抵抗力の作用とぴったり釣り合っており、結果的に運動が起こらない。ピラーティスでは、部分的な望ましくない動きを防いだり、四肢などの部分的な望ましいラインを完成させたりするために静的筋収縮が頻繁に使われる。たとえば、＜プッシュアップ＞（7-6）では、肩・骨盤・膝の側面が一直線になる関係を保つには、膝関節・股関節・脊柱での静的筋収縮が不可欠である。

筋肉の役割

　筋肉は多くの役割を果たすことができる。この筋肉はこう働くと決まっているのではなく、1つの筋肉が目的の運動に応じて異なる役割を担う。

　アゴニストまたはムーバーとは、ある関節で目的の運動を起こす筋肉である。アゴニストはさらに主動筋と補助筋に分けられる。前述したように、主動筋は望む運動を起こすために特に重要な筋肉であり、補助筋は望む運動を起こすうえで主力となるほどではないが、補助として作用する筋肉である。

　アンタゴニスト（拮抗筋）とは、アゴニストの運動とは正反対の作用をもつ筋肉である。多くの運動で、拮抗筋は作用せず、弛緩している。ある種類の運動では、拮抗筋が発火（活動電位に達すること）しなければ、スキルのレベルが上級である印であり、より効率的な運動が可能になる。ピラーティスのマット・エクササイズの中にはこの分類に当てはまるものがあり、その場合の目的は、適切な時に無駄な力を使わずにアゴニストを発火させ、拮抗筋が運動の停止やコントロールのために要求されないようにすることである。たとえば、＜レッグ・プル・フロント＞（7-5）では、股関節の屈筋は弛緩させ、股関節の伸筋の過不足ない力を使って脚を望ましい高さまで上げると、エクササイズを効率的に行える。ただし、体のある部位を固定したり、減速したりしなければならないとき、あるいは厳密な正確さが要求されるとき、拮抗筋はしばしばアゴニストとともに作用する。このように協調させて同時に使うことを**共同収縮**と言う。第2章の「脊柱の筋肉の共同収縮」で＜バック・エクステンション・プローン＞（4-8）や＜ジャックナイフ＞（6-9）の両脚を天井に向かって上げる段階を例にして述べたように、腹筋と脊柱の伸筋が共同収縮する場合など、共同収縮はピラーティスのマットワークでもよく使われる。

　シナジスト（協力筋）とは、主動筋と同時に作用して、その主動筋の望ましくない二次的な作用を打ち消す筋肉である。一例を挙げると、第2章で述べたように、僧帽筋下部は協力筋として作用し、僧帽筋上部の肩甲骨を上方回旋させる望ましい作用は残しつつ、僧帽筋上部の望ましくない挙上を打ち消す下制の役割を果たす（図2.12）。

　スタビライザー（安定筋）とは、アイソメトリック収縮によって、ある運動で生じる力に逆らって体の部位を支持する、あるいは安定させる筋肉である。第2章で述べたコアの安定を保つための腹筋の収縮は、ピラーティスのマットワークに必須の要素である。ただし、すべての筋肉が安定筋として機能することができ、どの筋肉が望ましい安定をつくる中心になるかは個々の運動によって決まる。たいてい腹筋が真っ先に思い浮かぶ筋群だが、ピラーティスのマットワークに熟達するには、脊柱の

伸筋、ローテーターカフ、肩甲骨の筋肉など腹筋以外のさまざま安定筋の役割を認識することが大切である。

フォースカップルとして作用する筋肉

　フォースカップルとは、関節の軸に対して異なる位置にあるが、一緒に作用して同じ方向の回転や関節運動を起こす筋肉である。ピラーティスのマットワークで特に重要なものは、腹筋―ハムストリングのフォースカップルである（図3.5）。腹筋の下部は骨盤に付着しているため、腹筋が収縮すると、骨盤が後方に回転する。同様に、ハムストリングは骨盤の後下部に付着しているため、やはり骨盤を後方に回転させる。両者は骨盤の反対側に位置していながらも、ともに骨盤を後方に回転させるという同じ運動を起こす作用をするわけだ。時折、＜ペルビック・カール＞（4-1）などのマットワークでは、この作用が骨盤を後傾させるために使われる。しかし、ほかの多くのエクササイズでは、このフォースカップルは望ましくない骨盤の前傾（図3.5a）を防ぎ、ニュートラルな骨盤（図3.5b）を保つために使われる。また、＜ショルダー・ブリッジ＞（7-1）などのように、骨盤の前傾度を制限するためにフォースカップルが使われることもある。「腹筋下部の付着部を引き上げながら、ハムストリングを下に引っ張ることに集中する」などのアドバイスも、このフォースカップルを働かせるためである。

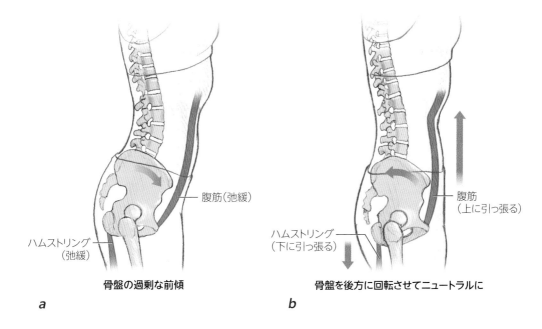

腹筋（弛緩）

ハムストリング（弛緩）

骨盤の過剰な前傾

a

腹筋（上に引っ張る）

ハムストリング（下に引っ張る）

骨盤を後方に回転させてニュートラルに

b

図3.5　腹筋―ハムストリングのフォースカップル（a）腹筋とハムストリングが弛緩しており、フォースカップルが作用していない（b）フォースカプルが作用して、骨盤を後方に回転させ、望ましいニュートラル・ポジションにする。

マットワークの動きの分析

　さて、そろそろ本章の情報をマット・エクササイズの分析に応用してみよう。一般的なアプローチは、運動が生じる主要な関節（1つまたは複数）に注目して運動を考察し、その運動を起こしたり、コントロールしたりするためには、どの筋群が活動すべきか理論づけることだ。ピラーティスのマットワークでは、基本的に重力が外的な抵抗になる。作用している筋肉を論理的に考えるには、エクササイズのさまざまな段階で生じる関節運動、そしてこの運動と重力の段階ごとの関係を見なければならない。重力に逆らう運動ならば、その運動と同じ作用をもつ筋群がコンセントリック収縮で働くことになる。重力と同じ方向の運動ならば、その運動と反対の作用をもつ筋群がエキセントリック収縮で働くことになる。動きを分析する場合、体節や体のポジションではなく、運動の**方向**に基づいて分析すると理解しておくことが大切である。

　<バック・エクステンション・プローン>（4-8）を例に考えてみよう。動きを視覚的に考察すると、脊柱が動作の中心的な部位であること、上体を起こす段階では脊柱の伸展が生じることがわかる。これは重力に逆らって動いている段階なので、運動の方向と同じ動きをする筋肉が働くことになる——つまり、脊柱の伸筋がコンセントリック収縮で働いて脊柱が伸展することになる。上体を下げる段階を視覚的に考察すると、運動の方向は脊柱の屈曲だとわかる。脊柱が伸展して反ったポジションから前方に動いていき、ニュートラルな「フラット」ポジションになってマットに戻るのだ。しかし、この段階では体は重力と同じ方向に動いているので、運動の方向と反対の動きをする筋肉が働いて運動をコントロールする——つまり、脊柱の伸筋がエキセントリック収縮で働いて脊柱の屈曲をコントロールすることになる。脊柱の伸筋の例を挙げると、脊柱起立筋、半棘筋、深層の固有背筋などである。このように単純なアップ・ダウンの動きでは、同じ筋群がアップの段階ではコンセントリック収縮で、ダウンの段階ではエキセントリック収縮で働くわけだ。この動きの分析を簡潔にまとめた表を図3.6に示す。

　単純な動きの分析ならば、機能別の筋群だけが対象になり、筋肉の具体例として主動筋だけか、主動筋と補助筋の両方がリストに挙がることが多い。もっと総合的な動きの分析ならば、安定筋や協力筋など、ムーバー（アゴニスト）以外の役割で作用する主要な筋肉についての情報が含まれることもある。拮抗筋が関節の安定や減速、精密さに重要な役割を果たす場合は、拮抗筋も含まれるだろう。運動範囲が大きいエクササイズでは、拮抗筋がダイナミックにストレッチされるなら、柔軟性の向上に有効であり、拮抗筋に言及することもある。逆に、拮抗筋が運動の終盤で制約となり、特にハムストリングなどの筋肉が硬い人の場合、望ましいフォームを制限してしまうこともある。

　マット・エクササイズの分析には次に述べる原則も役立つだろう。最初の原則は、ある運動を担うムーバー（アゴニスト）を確定するためである。最後の2つの原則では、主要な筋肉の筋力や柔軟性が不十分だとマット・エクササイズを正しく行えない場合があること、それを改善するにはどういう変更を加えればよいかを具体例を挙げて説明する。

● **機能別の筋群　対　特定の筋肉**　動きの分析の手始めとして、考察の対象である関節で作用している機能別の筋群を確定すること。機能別の筋群は、脊柱の屈筋や股関節の伸筋というよう

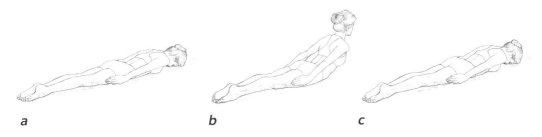

a   b   c

動きの段階	関節の運動	収縮の種類	ムーバー：機能別の筋群（代表的な筋肉）
上体を起こす段階、aからb	脊柱の伸展	コンセントリック	脊柱の伸筋 （起立筋、半棘筋、深層の固有背筋）
上体を下げる段階、bからc	脊柱の屈曲	エキセントリック	脊柱の伸筋 （起立筋、半棘筋、深層の固有背筋）

図3.6 ＜バック・エクステンション・プローン＞（4-8）の解剖学的分析

に関節名と運動を起こすかコントロールしている筋群のはたらきで分類する。次に、表3.1 から表3.3に記載されているような、その筋群に属する具体的な筋肉の例を考える。機能別の筋群で考えれば、自分の立てた論理をチェックしやすくなる。それは使う筋肉を確定する簡単な方法でもある。

● **異なるポジションにおける運動の用語**　運動の用語は解剖学的肢位が基準だが、空間内で体のポジションが変わっても同じ用語が使われる。自分がいる空間に対してではなく、体に対して運動を考えることに注意する。たとえば、腕を体（胸）に対して前方に上げることは、立っていても、座っていても、仰向けに寝ていても肩関節の屈曲と呼ぶ。

● **運動の方向 対 ポジション**　ある運動を視覚的に分析しているときは、ある関節のポジションではなく、その関節の運動の方向に注目する。たとえば、＜ロールアップ＞（5-2）のステップ2で腕を頭上から天井に向けて上げるとき、上腕は胸に対して後方に動いていくので、仮に動きを停止したとすれば、腕が肩関節の屈曲のポジションにあるとしても、肩関節の伸展運動になる。

● **開放運動連鎖と閉鎖運動連鎖**　人間の体において、運動連鎖とは、関節でつながる連続した部位を指す。四肢の運動では、多くの場合、末端部（手や足）は自由に動かせる。たとえば、腕を前に上げたときがそうだ。これは開放運動連鎖（open kinematic chain）と呼ばれる。逆に、腕立て伏せなど、末端部が固定されている運動もある。これは閉鎖運動連鎖（closed kinematic chain）と呼ばれる。2つの運動はまったく異なるように見えるが、動きの分析という目的にとっては、重力に逆らっていくときの体幹に対する四肢の運動の方向に注目することが重要である（この場合は上腕）。どちらの例でも、肩関節の屈筋がムーバー（アゴニスト）である。閉鎖運動連鎖のエクササイズは多くのトレーニング法に組み込まれてきた。なぜなら、複数の関節のコーディネーションが必

要とされ、しばしば日常生活動作（ADL）を改善するのに有効なパターンを再現するからである。

● **重力の影響の変化**　マット・エクササイズの中には複雑なものがあり、重力との関係が変化すれば、機能している筋肉や運動を起こしたり、コントロールしたりするのに必要な筋収縮の種類も変化しなければならない。たとえば、<ロールオーバー・ウィズ・レッグズ・スプレッド>(6-6)では、まず、股関節の屈筋がコンセントリック収縮で作用して脚を引き上げる（図3.7a）。しかし、脚が垂直を通過すると、重力の影響で股関節が伸展よりも屈曲する傾向になるため（柔軟性の制約はないものとして）、股関節の伸筋を使わないと脚がマットに落ちてしまう。股関節の角度が同じままならば、股関節の伸筋のアイソメトリック収縮が利用される（図3.7b）。次に、脚が完全に頭上にくるポジションに到達すると、股関節の伸筋がエキセントリック収縮でコントロールしながら脚をマットのほうに下げる（図3.7c）。最後に、エクササイズの終盤に向けて、骨盤がマットに戻り、脚が再び垂直を通過すると、再び重力の影響で股関節が伸展する傾向になる。ここで、股関節の屈筋がエキセントリック収縮で作用して、脚が下がるのをコントロールする（図3.7d）。したがって、動きの分析の観点からは、どの筋肉が作用しているか理解するには、エクササイズの段階ごとに体の主要な部位と重力の関係に留意することが欠かせない。

● **トルク**　ほとんどの滑膜性関節では、筋肉が収縮すると、関節を貫く軸の回りの部位に回転が

図3.7　脚と重力の関係の変化にともなう筋収縮の変化（a）股関節の屈筋のコンセントリック収縮によって脚を垂直まで引き上げる（b）脊柱が屈曲、肩関節が伸展の状態で股関節の伸筋のアイソメトリック収縮によって股関節の角度を保つ（c）股関節の伸筋のエキセントリック収縮によってコントロールしながら脚をマットのほうに下げる（d）股関節の屈筋のエキセントリック収縮によってコントロールしながら脚を垂直からスタート・ポジションに戻す

生じ、その結果、屈曲、外転、外旋、背屈などの関節運動が起こる。これは**回転運動**と呼ばれ、回転を生み出す力の効果は**トルク**と呼ばれる。トルクは、力の大きさと、力の作用線から回転軸までの垂直距離との積、すなわち力のモーメント（能率）と定義できる。ピラーティスのマットワークでは、エクササイズの効果と安全性の両面から、この原則は重要である。基本的に、四肢の重さが同じでも、四肢を体幹に近づけるか、体幹から遠ざけるかによって、四肢が生成するトルクと必要とされる筋力の大きさは著しく影響を受ける。したがって、＜チェスト・リフト＞（4-2）を行うとき、手を後頭部で組むほうが、腕を脚の横で前に伸ばすより腹筋にかかる負荷が大きくなる。

　トルクの問題は、脚ではなおさら重要である。脚は腕よりはるかに重いからだ。そのため、＜ハンドレッド＞（5-4）を行うとき、脚が垂直から遠ざかるほど（図3.8）、脚の力のモーメントが大きくなり、脚が生み出すトルクも大きくなる。そうなると、この大きなトルクと釣り合うように股関節の屈筋がもっと強く作用しなければならない。必要な筋収縮の力の増大はかなり大きくなる可能性がある。なぜなら、筋肉の力の作用線は関節のかなり近くを走る傾向があり、その結果、力のモーメントが小さくなるからだ。もし、腹筋が十分に働いていなければ、股関節の屈筋、特に腸腰筋の力強い収縮によって骨盤が前傾し、引っ張られた腰椎は過伸展になり、腰を痛めるリスクがある。脚をマットから離して保つエクササイズを行うときは、体をケガから守るためにも、エクササイズから最大限の効果を得るためにも、常に骨盤と腰椎の安定を保てる脚の高さを選ぶことが重要である。

● **多関節筋と柔軟性**　ハムストリングなどの筋肉は、2つ以上の関節にわたってストレッチされるとすぐ柔軟性の限界に達してしまうことがある。ハムストリングの場合、2つの関節にわたる筋肉の伸張が必要なのは股関節の屈曲と膝関節の伸展の組み合わせである。マットワークの多くのエクササイズにこの組み合わせが入っている。たとえば、＜スパイン・ストレッチ＞（6-1）では座り、＜ロールオーバー・ウィズ・レッグズ・スプレッド＞（6-6）では両脚を頭上に上げ、＜ロッカー・ウィズ・オープン・レッグズ＞（6-5）や＜ティーザー＞（5-9）では両脚をマットから離してV字ポジションを保つ。ハムストリングの柔軟性が不十分な人は、初めのうちはエクササイズに変更を加えなければならない。たとえば、膝を少し曲げるとか、＜ロッカー・ウィズ・オープン・レッグズ＞では手の位置を下げて、ボディ・アライメントが崩れすぎないようにし、エクササイズの意図する効果が得られるようにするとよい。

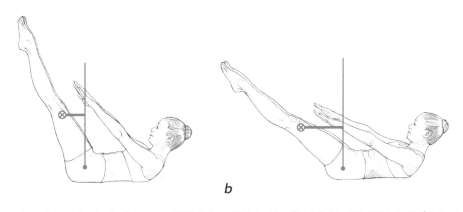

a　　　　　　　　　　　　　　　　　　　*b*

図3.8　脚を垂直に近く上げる（a）から、脚を下げて、垂直から遠ざける（b）に変わるとトルクが大きくなる

マット・エクササイズの解説を理解するために

　ピラーティスの個々のマット・エクササイズは第4章から第9章で解説する。その構成は次のようになっている。

● **エクササイズ名**　可能なかぎり、『Return to Life Through Contrology』に出てくるとおり、ジョーゼフ・ピラーティスが用いたオリジナルのエクササイズ名で表記した。一部の流派でよく使われている別名がある場合は、それを括弧内に併記した。本書のエクササイズの一部は『Return to Life Through Contrology』には含まれていない。それらは巻末の「エクササイズ一覧」で＊をつけて示してある。

● **エクササイズ番号**　エクササイズ名の左上か右上にエクササイズの識別番号を記載してある。最初の数字は章番号、ハイフンの後の数字は章内のエクササイズの通し番号である。たとえば、＜ティーザー＞の右上の5-9は、＜ティーザー＞が第5章の9番目のエクササイズであることを表している。エクササイズの解説ページ以外でエクササイズ名に言及する場合は、解説ページを探しやすいようにエクササイズ名にエクササイズ番号を併記してある。

● **エクササイズ・レベル**　各エクササイズには、複雑さと難易度に基づいて基本・中級・上級のインデックスが付いている。これは、四肢とセンターの距離、必要な筋力や柔軟性、バランスをとるための支持基盤といった全般的な要因を判断基準にしている。ただし、エクササイズの難易度は個人差にも大きく左右される。したがって、自分のエクササイズ経験と身体的な限界に基づいて、自分のレベルを判断することが大切である。

● **エクササイズ・ステップ**　エクササイズを実行するための基本ステップを呼吸パターンとともに示す。解剖学の知識があまりない読者でも望ましい動きの順序が理解しやすいように、ここでの体のポジションと動きの説明は意図的に平易な言葉づかいにしてある。よりはっきりわかるようにイラストも併用した解説となっている。イラストとステップの説明で示されるポジションは概ね『Return to Life Through Contrology』と同じである。ただし、エクササイズの安全性とボディ・アライメントに関して現代科学でわかっていることと矛盾しないように、修正を加えた場合もある。たとえば、『Return to Life Through Contrology』には、＜ハンドレッド＞（5-4）など、両脚をまっすぐ伸ばしたままマットから引き上げることから始まるエクササイズがある。本書では、脚をマットから60度の角度で上げたスタート・ポジションがよく使われるが、これは脚によって生じるトルクを減らし、なるべく腰にストレスがかからないようにするためである。このポジションに入るには、膝を曲げて、曲げた脚を胸に引き寄せてから（片脚ずつでも両脚同時でも）、望ましい角度に脚を伸ばす。

● **ターゲットの筋肉と付随する筋肉**　そのエクササイズを実行するための主要なターゲットの筋肉と付随する筋肉をリストアップしてある。運動を分析するときの慣例により、リストで言及するのはスタート・ポジション以降の運動に関わる筋肉であり、スタート・ポジションをとるために必要な筋肉には原則として言及しない。このリストはムーバー（アゴニスト）が中心だが、しばしば主要な安定筋が、

場合によっては協力筋がリストに含まれる。

　わかりやすさに配慮して、本書は脊柱・股関節・膝関節・足関節・肩関節・肘関節の主要な筋肉に絞った解説となっている。肩関節に関しては、肩関節の屈曲や外転など、基本的な運動のみが含まれている。ただし実際には、多くのマット・エクササイズで、腕を空間で動かせば、わずかにしろ腕の回旋も生じ、固定されたままということはないだろう。同様に、腕が動けば、必ず肩関節での運動に肩甲骨の運動が連動して伴うのが自然であり、それが最適なテクニックを維持するためにも、上腕骨頭が関節窩で適切な位置にあるためにも重要である。原則として、特定のエクササイズでよくあるアライメントの問題を防ぐために特に注意を要する場合を除き、こうした肩甲骨の運動には言及しない。

　ジョーゼフ・ピラーティスはオリジナルのワークで骨盤底筋を強調しなかったので、骨盤底筋に関しては＜ペルビック・カール＞（4-1）でしか触れない。ほかのエクササイズでも骨盤底筋を意識的に働かせることは読者の判断にお任せする。さらに、はっきり言及しなくても、腹横筋や多裂筋など、コアを安定させる深層の筋肉がマット・エクササイズで作用していることが前提である。

　前述したように、主要な筋肉はターゲットの筋肉と付随する筋肉の2つに分類される。メインの解剖図では、ターゲットの筋肉は濃い赤で、付随する筋肉は薄い赤で描かれている。

　ターゲットの筋肉は先に記載し、読者が特に重要な筋肉に留意しやすいようにしてある。ターゲットの筋肉についても、付随する筋肉についても、まず機能別の筋群（股関節の伸筋、脊柱の伸筋など）を太字で記載し、次にその筋群に属する主動筋を太字ではないフォントで記載する。ターゲットになる機能別の筋群に関しては、主動筋と補助筋の両方を記載するが、付随する機能別の筋群に関しては主動筋のみを記載する。また、複数のパートに分かれている筋肉については、ターゲットの主動筋の場合のみ、その構成要素を括弧内に記載するが、ターゲットの補助筋や付随する主動筋の場合は記載しない。たとえば、脊柱の伸筋がターゲットだとすると、主動筋である脊柱起立筋の構成要素（棘筋、最長筋、腸肋筋）は括弧内に記載されるが、補助筋である半棘筋と深層の固有背筋の構成要素は記載されない。別のエクササイズで、脊柱起立筋が付随する筋肉に分類される場合は、その構成要素は記載されない。このような方法をとったのは、そのエクササイズに必須の筋肉をできるだけ詳しくとりあげつつ、主要な筋肉のリストが冗長で煩雑にならないようにするためである。

　こうした主要な筋肉は、表3.1、3.2、3.3にまとめた主動筋と補助筋に概ね一致している。しかし、特殊なケースでは、あるピラーティス・エクササイズが通常は主動筋と見なされている筋肉の効力を制限するポジションをとり、通常は補助筋と見なされている筋肉が主動筋としての役割を果たすことがある。そのような場合、エクササイズの下に記載されている筋肉のリストは表の情報とは若干違うかもしれない。

　さらに言えば、ピラーティスのマット・エクササイズで最も重要な筋肉の選定は、ウェイト・トレーニングなど、ほかのトレーニング・システムよりも多分に主観的で複雑である。ウェイト・トレーニングでは、重いウェイトを持ち上げるために必要な運動を起こす筋群が強化の対象となる筋群である。そ

れとは対照的に、ピラーティスのマットワークは重力以外の外的な抵抗を利用しないため、ピラーティスに多くの筋肉を鍛える効果があるかどうかについては見解が分かれており、しかも、それは実践者の現在のフィットネス・レベル次第である。それよりも、第2章で述べたように、ピラーティスのエクササイズの多くは、精密な動きとコアの安定を重視しており、四肢の動きは、四肢の鍛錬よりも安定性の難易度を高くするのが目的である。このような難しさがあるとはいえ、可能な場合は筋力や筋肉の持久力を基準にして、あるエクササイズで特に鍛える対象となる筋肉を示そうという努力はした。驚くにはあたらないが、脊柱の屈筋（腹筋）が頻出する。

　運動範囲の大きなエクササイズの場合、ハムストリングなどの筋肉や股関節の屈筋などの筋群がダイナミックにストレッチされることがあり、柔軟性を高める効果が期待できる。この潜在的な効果については、原則として「エクササイズ・メモ」で取り上げる。

● **テクニックのアドバイス**　読者が最適なテクニックでエクササイズを実行できるように指南する。ここでは、解剖学的に正確な用語を用い、動いている主要な関節とその運動を受け持つ関連する筋肉を明確にすることに重点を置く。作用している筋群についての具体的な情報を含める目的は、エクササイズの課題に関係する筋肉に対する意識とコントロールを発達させることである。この項では、動きのダイナミクスについての情報にも触れる。また、「イメージ」で締めくくることが多い。これは動きの感覚を養うためのヒントであり、多くの場合、その性質上、文字通りの意味ではないし、科学的でもない。「テクニックのアドバイス」で提供する情報は、第1章で述べたピラーティスの基本原則と第2章で述べたアライメントの原則を実際のエクササイズに適用するために役立ててほしい。

● **エクササイズ・メモ**　たいていは、そのエクササイズで期待できる効果と重要な動きの概念についての考察を述べる。多くの場合、そのエクササイズが似たような目的や課題をもつ別のエクササイズとどう関係するのかという情報も含まれる。リスクの高いエクササイズに対しては注意事項を記すこともある。

● **モディフィケーション**　筋力、柔軟性、コーディネーションが制限要因となることがよくあるエクササイズに関しては、難易度を下げる方法、モディフィケーションを1つ以上提示し、こうした制限に対処できるようにする。たとえば、筋力が問題なら、四肢によって生じるトルクが減るように脚を垂直に近く上げたり、腕を体幹に近づけたりするための変更を紹介する。ハムストリングの柔軟性が問題なら、膝を曲げるという変更が考えられる。コーディネーションが問題なら、まずは同じスキルをねらったもっと簡単なエクササイズをうまくできるようにすることを勧めるだろう。別のケースでは、エクササイズを細分化して、個々の要素ごとに上達することを提案することもある。こうした問題のそれぞれに対して、運動範囲を小さくすること、支えを増やすか、腕で支えるポジション（脚や骨盤を腕で支える、マットに腕をつく）を変更することも適切なアドバイスになるだろう。ピラーティスの基本原則を守るためにも、正しいテクニックの上達のためにも、そしてケガを防ぐためにも、モディフィケーションは効果的なツールになるはずだ。

● **バリエーション**　ジョーゼフ・ピラーティスのオリジナルのワークを努めて尊重し、原則として第4章以降のエクササイズは『Return to Life Through Contrology』に忠実なものになっている。

しかし、現在では多くのバリエーションが一般的になっており、その中から選定したものをここで紹介することがある。バリエーションとしては、基本的なエクササイズの説明とは異なる呼吸パターン、体のポジショニング、ダイナミクス、繰り返しの回数などがある。バリエーションはエクササイズの難易度に影響することもあれば、影響しないこともあるが、たいていは筋肉への意識やエクササイズの感じに微妙に影響する。

● **プログレッション**　エクササイズによっては、難易度を上げるために、1つ以上のプログレッションが提案されている。プログレッションを加えることを検討するのは、そのエクササイズを上級レベルでこなせるまで熟達し、かつ自分の体に適切な場合に限られる。場合によっては、プログレッションはモディフィケーションに書かれている原則を逆方向に用いることと考えることができる。たとえば、難易度を上げるには、四肢をセンターから遠ざけて四肢によって生じるトルクを大きくする、運動範囲を大きくする、脚や骨盤を腕で支えたり、マットに腕をついたりする腕の支えを減らすという方法がある。ほかの難易度を上げる方法も使われる。たとえば、精巧なバランスや筋力を要するとか、はずみをうまく利用しなければならない体のポジションを採用することがある。

自分の体を知ること、安全のために知っておきたいこと

　第1章で述べたように、ピラーティスが重視しているのは、エクササイズをどう行うかというプロセスであって、性急に難易度の高いエクササイズやプログレッションを行うことではない。少しずつ運動スキルを習得することや身体意識の発達を楽しんでほしい。くれぐれもフォームを犠牲にしたり、ケガのせいで急きょトレーニングを中断することになったりしないように。

　場合によっては、最適なテクニックで行っても、筋力や柔軟性、コーディネーションが向上するまで待っても、あるエクササイズがあなたの体にふさわしくないということもある。ピラーティスの歴史を振り返る観点から、またオリジナルのシステムをできるだけ忠実に紹介するためにも、本書には『Return to Life Through Contrology』のマット・エクササイズがすべて含まれている。しかし、中には一般の人には適さない、少なくともリスクが高いエクササイズもあると考える運動の専門家や医療関係者は少なくない。特に注意してほしいのは、＜ティーザー＞（5-9）などの両脚をマットから引き上げるエクササイズ、＜ロッキング＞（9-5）や＜スワン・ダイブ＞（9-6）などの脊柱がきわめて過伸展するエクササイズ、＜コントロール・バランス＞（6-8）や＜ジャックナイフ＞（6-9）などの首で体重を支えるエクササイズである。最後の2つの場合、骨密度の低い人は椎骨を骨折する恐れがある。普通は高齢の女性ほど心配があるが、椎骨を骨折してたいへんなことになりそうになって初めて骨密度が低いことがわかるという女性もいる。さらに、遺伝、エクササイズ歴、摂食障害といった健康上の問題などの要因があれば、一見健康そうな若い人でもリスクがある。

　そこで、本書のプログラムを始める前に、医師の診察を受け、特定のポジション、特に今述べたものを避ける必要があるかどうか確認してほしい。また、自分の体の声にも耳を傾けよう。もし関節

に痛みを感じたら、そのエクササイズを続けてはいけない。痛みが軽いものなら、フォームをチェックして、直せるところは直し、運動範囲を小さくしてエクササイズを行うとか、難易度を下げる方法を試してみる。痛みがもっと深刻なものならば、あるいは難易度を下げても痛みが続くなら、ただちにそのエクササイズをやめ、それがあなたに適したものかどうか医師に相談すること。もし支障がないのなら、そのエクササイズを再び試すにはどこをどう変えるのがベストなのかアドバイスをもらう。ピラーティスのマット・エクササイズは、すべてできないからといって、上達できないとか、大きな効果が得られないというわけではない。何が自分に適切なのかわからないときは、「転ばぬ先の杖」が賢明だ。できるエクササイズを楽しみ、今の自分にできないことをくよくよしないほうがいい。あなたの健康状態が改善し、上達すれば、初めは軽い痛みがあったエクササイズがもはやそうではなくなり、お気に入りのエクササイズになっている、と驚くことになるかもしれない。

Get ready（用意）。開始の準備段階では、自分の体に適したエクササイズを選びやすいように医師の診断を得ておく。第1章の終わりで推奨したマット・エクササイズを学ぶときのアプローチを確認する。心拍数と体内温度が十分に上昇するように、きびきびしたウォーキングなど、大きな筋群を繰り返し使う5分から10分程度の一般的なウォームアップをする。

Get set（位置について）。マットの上で指定のポジションにつき、脊柱や四肢を動かす前に、まずコアを安定させるために筋肉を活性化させることを考える。つまり、ほとんどのエクササイズでは、腹壁を内側に引き寄せ、腹筋の活性化を促すということだ。それ以外のエクササイズならば、腹筋と脊柱の伸筋の調和した共同収縮によって下背部や骨盤がニュートラルな状態を保つように、あるいは望ましいアライメントで動くようにするということだ。コアの安定のために何が必要にせよ、目的は、動きの方向にかかわらず、強いセンターという感覚をもつことである。

Go（スタート）。センターの感覚を保ちながら、エクササイズ・ステップで解説されている動きを実行する。ピラーティスの経験があまりない人は、第4章の基本エクササイズから始め、少しずつ第5章以降の基本エクササイズを追加していくほうがいい。基本パターンを習得したら、第1章で述べたピラーティスの基本原則をより深く、よりはっきりと当てはめることを意識する。胸式呼吸や基本原則を確認するために第1章を繰り返し読んでほしい。さらに、第2章で述べたコアの安定をはじめとするアライメントの原則を少しずつもっと正確に反映させていく。あなたの動きにしっかりとセンターが確立され、より精密なコントロールやフローが見られるようになってきたら、難易度の高いエクササイズを加えていい。そして最後に、第10章に進み、総合的なマットワーク・セッションの組み立て方を学び、個々のニーズや能力に合わせて応用できるサンプル・プログラムを見てみよう。

第4章

マット・セッションの基本

　本章では、マット・セッションの始めに行うエクササイズを解説する。第2章で述べたパワーハウスに重点を置いたものであり、後続のもっと難易度の高いエクササイズの準備としてウォーミングアップの役目をするエクササイズである。また、意識を内面に向け、日常生活のストレスの原因を手放し、心を静かに整える時間となるものでもある。

　簡単そうに見えるが、この基本エクササイズの価値を見落としてはならない。ウォーミングアップの生理学的な原則どおり、本章の基本エクササイズは、第5章以降の正統派のマットワークに比べれば複雑ではないし、バランスや筋力の負荷も低い。しかも、もっとゆっくり行ってかまわないし、難しければ、初めのうちは運動範囲を小さくし、徐々に範囲を大きくしていけばよいので難易度の調節も簡単にできる。したがって、本章の基本エクササイズに取り組めば、エクササイズを行うときのより内面的で精密な要素――ピラーティスとほかの大多数のエクササイズ・システムをはっきり区別する要素――に集中する絶好の機会になる。

　本章で扱うテクニックの要素は、骨盤底筋の活性化、腹横筋の活性化、骨盤のポジショニングのための腹筋とハムストリングの共同収縮、Cカーブをつくるための脊柱のなめらかなアーティキュレーション、腹斜筋の活性化、背中を伸展させる（反らせる）ときの腹筋と背中の伸筋との共同収縮である。目的は、こうした運動スキルを学び、練習して、関連するエクササイズに難なく応用できるようにすることだ。ピラーティスでは、動きをどう行うかが重視されることを忘れないでほしい。質と正確さこそが大切なのだ。ただエクササイズのステップに従うだけでは十分ではない。エクササイズの注釈で述べるテクニックのアドバイスや原則を実際に当てはめてみなければ、各エクササイズから最大の恩恵を得ようとしても無理なのだ。

　本章のエクササイズは『Return to Life Through Contrology』には出てこないし、正統なレパートリーとは見なされていないものの、多くのピラーティスの流派でスタンダードになっており、マットワークのクラスでよく使われている。どれも基本的なものだが、順を追ってだんだん難しくなるように構成してある。したがって、安定した仰臥位で脊柱を屈曲させる腹筋の強化と体幹の安定のためのエクササイズから始まり、不安定な側臥位での側屈に進み、それから脊柱の回旋が加わる。最後に、体幹の筋肉の準備が十分に整ったら、脊柱の伸展を行う。

ワークアウトの序盤にくるエクササイズなので、それぞれゆっくり行い、あまり激しくならないようにしたほうがいい。ここでは、筋力をつけることよりもウォーミングアップと内部のテクニックのつながりを見出すことをめざしてほしい。本章のエクササイズで要求されるスキルを学んでいる間は、ここに出てくるとおりの順番で行うことを勧めるが、十分に上達したら、個人差に応じてエクササイズの順番やポジションを変えたワークアウトにしてもかまわない。

4-1 ペルビック・カール

Pelvic Curl

スタート・ポジションとステップ2

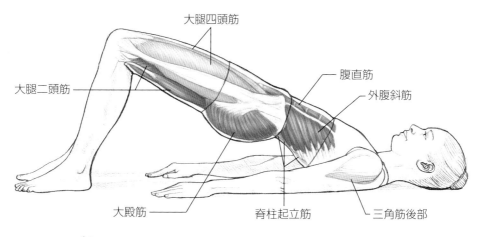

大腿四頭筋

大腿二頭筋

腹直筋

外腹斜筋

大殿筋　　脊柱起立筋　　三角筋後部

ステップ3

エクササイズ・ステップ

1. **スタート・ポジション**　膝を曲げて仰向けになり、足を腰幅に離して足裏全体をマットにつける。腕は手のひらを下にして体の脇に置く。体の内部に集中し、意識的に首・肩・腰の筋肉をリラックスさせながら、ニュートラルな骨盤のポジションを保つ。

2. **息を吐く。**腹壁を内側に引き寄せ、骨盤、下背部、中背部、上背部の順にゆっくりマットから持ち上げる。

3. **息を吸う。**体幹上部をさらに少し持ち上げて、メインの筋肉図のように、体を側面から見て肩・骨盤・膝が一直線になるようにする。

4. **息を吐く。**上背部、中背部、下背部、骨盤の順にゆっくり下げてスタート・ポジションに戻る。以上を10回繰り返す。

（つづく）

ターゲットの筋肉

脊柱の屈筋：腹直筋、外腹斜筋、内腹斜筋

腹部の脊柱安定筋：腹横筋

骨盤底筋：尾骨筋、肛門挙筋（恥骨尾骨筋、恥骨直腸筋、腸骨尾骨筋）

股関節の伸筋：大殿筋、ハムストリング（半腱様筋、半膜様筋、大腿二頭筋）

付随する筋肉

脊柱の伸筋：脊柱起立筋

膝関節の伸筋：大腿四頭筋

肩関節の伸筋：広背筋、大円筋、三角筋後部

テクニックのアドバイス

- ステップ2では、息を吐きはじめるとき、骨盤底筋を引き上げ、腹壁を脊柱に引き寄せる。こうすると、まず腹横筋を使ってから、ほかの腹筋（骨盤を後傾させ、脊柱をマットから持ち上げるときに、脊柱を下から上に連続的に屈曲させる腹筋）を使うことになる。

- 足をマットにしっかり押しつけ、坐骨を膝のほうに軽く引っ張りながら、骨盤底を持ち上げるつもりで、股関節の伸筋、特にハムストリングを重点的に使う。膝関節の伸筋も大腿をスタート・ポジションから持ち上げるのを補助する。

- ステップ3では、肩関節の伸筋が体幹上部を持ち上げるのを補助するように、腕をマットにしっかり押しつける。さらに、脊柱の伸筋の上部を作用させることに集中し、体幹上部が肩および膝と一直線にそろうようにする。

- ステップ4では、腹筋を使ってコントロールしながら体幹を下げる。上背部から下げはじめ、連続的に仙骨まで椎骨を1つずつマットにつけていく（脊柱のアーティキュレーション）。

- エクササイズ中ずっと膝が前を向いているようにする。

- **イメージ**：ステップ2の始まりで、骨盤と脊柱を正しく動かすには、恥骨結合につけた紐を引っ張って骨盤を胸骨に近づけながら、仙骨から上に腰椎の後部を1つずつ順にマットに押しつけるようにイメージしよう。

エクササイズ・メモ

　<ペルビック・カール>は、深層の骨盤底筋と腹横筋を意識的に作用させること、骨盤と脊柱の連続的なアーティキュレーション、パワーハウスの筋肉を正しく共同収縮させることを習得するためのエクササイズである。

　ハムストリングに集中する。 このエクササイズで骨盤と脊柱が望ましいアーティキュレーションを達成するには、ハムストリングの適切な収縮が不可欠である。ハムストリングの3つの筋肉（下図参照）は大腿後面を坐骨から膝関節の下まで走っている。このエクササイズ、およびこれと類似した仰臥位で足をマットにつけて行う閉鎖運動連鎖（第3章参照）のピラーティス・エクササイズでは、ハムストリングが、脚を動かすのではなく骨盤を持ち上げることによって股関節を伸展させる。骨盤上部ではなく骨盤底を持ち上げることに集中すると、この重要なハムストリングを使いやすくなり、下背部（腰）が反るというよくある誤りを防ぐことができる。腹筋—ハムストリングのフォースカップル（第3章参照）と呼ばれるハムストリングと腹筋の調和した収縮も、骨盤上部を後方に回転させるという別の重要な役割を果たす。この作用は、ステップ2で骨盤を持ち上げるために使われ、その後は骨盤をニュートラル・ポジションに保ち、下背部が反らないようにするのを補助する。

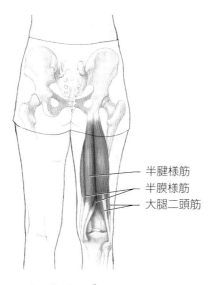

半腱様筋
半膜様筋
大腿二頭筋

ハムストリング

（つづく）

エクササイズのパーソナライズ

モディフィケーション

　オリジナルのエクササイズは骨盤の後傾と下背部の屈曲を重視しているが、このエクササイズは骨盤と腰椎をニュートラル・ポジションに保って行っても有益な効果がある（第2章参照）。その方法で行う場合、ステップ2で、背筋と骨盤前部を均等に引き上げて腹筋と背中の伸筋の共同収縮を促す。腰椎は、ニュートラル・ポジションでは、マットに引き寄せられるのではなく、床からわずかに浮いて反ることになる。骨盤を上げ下げするときは、オリジナル版のように脊柱の連続的なアーティキュレーションに留意するのではなく、股関節を蝶番のように動かしながら、脊柱をニュートラル・ポジションのまま保つことを意識しよう。このモディフィケーションは、脊柱の屈曲が適切ではない腰痛や骨粗しょう症がある人に向いている。また、仰臥位でのブレーシングのスキルを練習するためにも有効である。

プログレッション

　両大腿を平行にそろえたまま片膝を伸ばし、片脚を空中に上げた状態で同じエクササイズを行う。両脚ではなく片脚で体重を上げ下げすることになるため、支持脚の股関節と膝関節の筋肉にかかる負荷が著しく増える。上達したら、このプログレッションを前腕で体を支えて行うと（図参照）、よりいっそう難易度が上がる。

ペルビック・カールのプログレッション

4-2 チェスト・リフト

Chest Lift

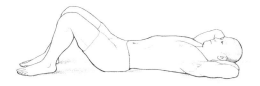

スタート・ポジション

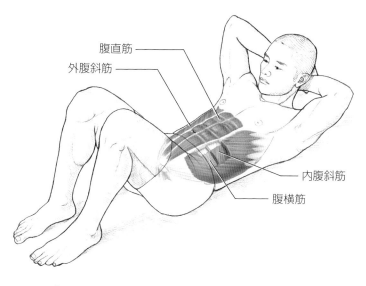

腹直筋
外腹斜筋
内腹斜筋
腹横筋

ステップ2

エクササイズ・ステップ

1. **スタート・ポジション**　膝を曲げて仰向けになり、足を腰幅に離して足裏全体をマットにつける。頭の後ろで手を組み、肘を真横に張る。顎をやや引く。

2. **息を吐く。**メインの筋肉図のように、頭と体幹上部をゆっくり起こし、ウエストラインの後ろはマットにつけたまま肩甲骨がマットから持ち上がるようにする。体幹のカーブをえぐるように腹壁をさらに引っ込める。

3. **息を吸う。**休止。

4. **息を吐く。**体幹と頭をゆっくり下げ、スタート・ポジションに戻る。以上を10回繰り返す。

（つづく）

ターゲットの筋肉

脊柱の屈筋：腹直筋、外腹斜筋、内腹斜筋

付随する筋肉

腹部の脊柱安定筋：腹横筋

テクニックのアドバイス

- ステップ2では、息を吐きはじめるとき、腹壁を脊柱に引き寄せる。こうすると、まず腹横筋を使ってから、ほかの腹筋——骨盤をやや後傾させ、次に脊柱を上から下に連続的に屈曲させる腹直筋、外腹斜筋、内腹斜筋——を使うことになる。

- ステップ2で頭を持ち上げたら、顎と胸の距離を一定に保ち、腹筋を使って、胸郭の前下部を骨盤の前部に近づけることに集中する。

- 腹筋をターゲットにするには、体幹を起こして屈曲させるとき、肘が肩のラインより前に出ないようにする。肘を前に出したり、頭を引っ張ったり、はずみをつけて体幹を起こしたりしないこと。

- ステップ3で休止中は、胸式呼吸（第1章参照）に集中し、息を吸っても腹壁が膨らんだり、体幹の高さが変わったりしないようにする。

- ステップ4では、腹筋を使ってコントロールしながら体幹を下げてスタート・ポジションに戻す。脊柱をぎこちなくまとめて下げるのではなく、脊柱の下から上に、椎骨を1つずつ連続的にマットにつけていく。

- **イメージ**：ステップ2で、脊柱を正しく屈曲させるには、体幹の上部と中部がカーブを描いて、エクササイズ・ボールを抱えているとイメージしよう。脊柱のどこかが突出したカーブではなく全体に均等なカーブである。

エクササイズ・メモ

　この比較的シンプルなエクササイズは、筋力をつけるためにも、もっと難易度の高い腹筋エクササイズをこなすためにも腹筋を効果的に動員する絶好の練習になる。

　Cカーブをつくる。覚えておくべき重要な概念はこれである。腹筋は胸郭と骨盤の間に広がっているので、このエクササイズで腹筋に効果的に負荷をかけるには、首や腰を過剰に屈曲させるのではなく、上背部から下背部の始まりまでを最大限に屈曲することが必要である。腹壁をできるだけへこませたまま、脊柱の望ましい均等な弯曲をつくることは「脊柱のCカーブをつくる」と表現されることがある。以後、同様のエクササイズの解説を簡潔にするときは、この表現を用いる。

エクササイズのパーソナライズ

バリエーション

　体幹を起こして前屈するとき、骨盤をやや後傾させるのではなく、ニュートラル・ポジションに保つ。これには腹筋と脊柱の伸筋の高度な共同収縮が要求される。仰臥位の腹筋エクササイズで骨盤をニュートラル・ポジションに保つことは明らかに有益である（第3章参照）。ただし、このバリエーションを練習するには条件がある。具体的には、腹筋を効果的に活性化できること、ステップ2で下背部がマットに接触すること、体幹を十分に屈曲できることである。

プログレッション

　このプログレッションは、ニュートラルな骨盤という目標を達成するためにも、体幹の前屈を深めるためにも役に立つ。ステップ3で、両手を後頭部から離して大腿の後面に添える。腕を曲げて、胸をもっと高く起こし、骨盤をニュートラル・ポジションにする。次に、この体幹の高さと骨盤のポジションを保ちながら、両手を後頭部に戻し、ステップ4のように体をゆっくり下げる。ステップ3で両手を大腿の後面に添えたら、腕の補助で腹筋を使う。つまり、腕の力で体幹を最適なポジションに起こし、骨盤をニュートラル・ポジションにする。

チェスト・リフトのプログレッション

レッグ・リフト・スーパイン

4-3

Leg Lift Supine ──仰臥位のレッグ・リフト──

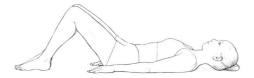

スタート・ポジション

ステップ 2

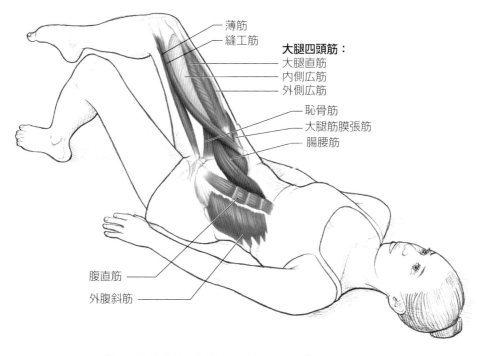

薄筋
縫工筋
大腿四頭筋：
大腿直筋
内側広筋
外側広筋
恥骨筋
大腿筋膜張筋
腸腰筋

腹直筋
外腹斜筋

ステップ 2 の始め（別の角度から見たところ）

エクササイズ・ステップ

1. **スタート・ポジション**　下腿と大腿が約90度の角度をつくるように膝を曲げて仰向けになり、足を腰幅に離して足裏全体をマットにつける。腕は手のひらを下にして体の脇に置く。
2. **息を吐く。**ステップ2の図のように、膝関節の角度を90度に保ったまま、膝が股関節の真上に、大腿がマットに対して垂直になるまで片脚を上げる。
3. **息を吸う。**やはり膝関節の角度を90度に保ったまま、つま先がマットに触れるまで脚を下げる。以上を同じ脚で5回繰り返す。足を完全にマットに下ろす。脚を変えて同じステップを行う。

ターゲットの筋肉

股関節の屈筋：腸腰筋、大腿直筋、縫工筋、恥骨筋、大腿筋膜張筋、薄筋

腹部の脊柱安定筋：腹直筋、外腹斜筋、内腹斜筋、腹横筋

付随する筋肉

膝関節の伸筋：大腿四頭筋

テクニックのアドバイス

- ステップ2で股関節の屈筋によって脚を上げ、次にステップ3でエキセントリック収縮によって脚を下げるときは、骨盤を固定し、体重を骨盤の両側に均等に分散させるように注意する。脚の上げ下げのときに体重が反対側の骨盤に移動しないようにすること。
- ステップ2で脚を上げるときは、膝関節の伸筋を収縮させて膝関節の90度の角度を保ち、下腿が重力のせいで落ちないようにする。
- 股関節の動きをアイソレートすることを意識する。脚を上げ下げしても、膝関節の角度、胸郭や骨盤のアライメントは変化しない。
- **イメージ：**動きを正しくアイソレートするには、股関節がドアの蝶番のように動き、ドア枠には少しも影響を与えずにドアがやすやすと開いたり、閉じたりするところをイメージしよう。苦もなく脚が単独で動かなくてはならない。

（つづく）

エクササイズ・メモ

　このシンプルだが有益なエクササイズは、必要な筋肉、主として腹筋を使って、下肢を動かしながら体幹の安定を保つことがねらいである。

　股関節の屈曲による体幹の安定。このエクササイズでは、腹筋がムーバー（動作筋）ではなく安定筋として働いている。股関節の屈筋の多くは、その上部が脊柱下部の外側や骨盤前部に付着しているため、力強く収縮して脚を引き上げると、腹筋をはじめコアの筋肉によって骨盤と脊柱が十分に安定していないかぎり、腰が反り、骨盤前部が前に引っ張られて前傾しがちである。研究によれば、四肢が動くときの安定には腹横筋（下図参照）が特に重要な役割を果たす。腹横筋の線維はほぼ水平に走っている。したがって、深層の腹壁を脊柱に引き寄せることを意識すると、腹横筋の作用を促して、骨盤を望ましいニュートラルなポジションに保つことができる。腹横筋をはじめ、パワーハウスの筋肉を使って体幹を安定させるスキルを確立することはピラーティスの重要な目的であり、＜ティーザー＞（5-9）など、ピラーティスを代表する高度なエクササイズを正しく行うためにも不可欠である。

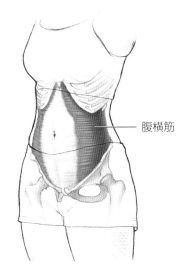

腹横筋

腹横筋

エクササイズのパーソナライズ

モディフィケーション

　オリジナルの基本エクササイズで骨盤を静止させておくのが難しいか、下背部が反ってしまう場合、殿部の下のほうに指を差し込んでみよう。次に、へそから恥骨結合までの腹部をしっかりと均等に内側に引き寄せることを意識し、指に殿部をもう少し押し当てるようにする。この指にかかる均等な圧力を保ちながら、ステップ2で脚を上げ、ステップ3で脚を下げる。骨盤が前傾または後傾して指にかかる圧力が変化したら、すぐに筋肉の使い方を調整して安定を取り戻そう。

プログレッション

　このエクササイズの体幹を安定させるスキルを発展させるには、1回ごとに脚を伸ばす動作を加えてみよう。ステップ3でつま先が床に触れたら、足裏全体を床につけて、足をすべらせながら膝を伸ばす。いったん休止してから、膝を曲げて足をすべらせながらスタート・ポジションに戻す。脚の重さがセンターから遠ざかるため、体幹を安定させるのが難しくなる。さらに安定の難易度を上げるには、胸の上で腕を組む。こうすると腕で床を押して安定を補助できなくなる。これらのプログレッションは、<ワンレッグ・ストレッチ>（5-5）のように、片脚を伸ばし、腕の支えなしで行うエクササイズの準備にもなる。

レッグ・リフト・スーパインのプログレッション

レッグ・リフト・サイド

4-4

Leg Lift Side ——側臥位のレッグ・リフト——

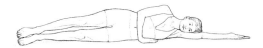

スタート・ポジション

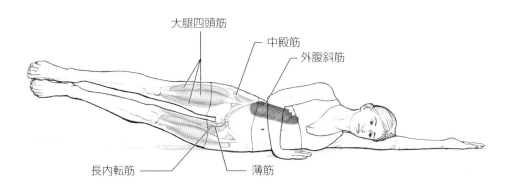

大腿四頭筋

中殿筋

外腹斜筋

長内転筋

薄筋

ステップ 2

エクササイズ・ステップ

1. **スタート・ポジション**　横向きに寝て、下になっている腕と両脚をまっすぐ伸ばし、体幹と一直線になるようにする。頭は伸ばした下の腕にのせる。上の腕は曲げ、体幹の前で手のひらをマットにつけ、指を頭のほうに向ける。

2. **息を吐く。**両脚をそろえたまま天井のほうに上げ、背骨を横に曲げて、さらに両脚を高く上げる。メインの筋肉図参照。

3. **息を吸う。**両脚をマットすれすれまで下げる。以上を10回繰り返す。脚を下ろしてスタート・ポジションに戻る。反対側を下にして同じステップを行う。

ターゲットの筋肉

脊柱下部の側屈筋：外腹斜筋、内腹斜筋、腰方形筋、脊柱起立筋（棘筋、最長筋、腸肋筋）、半棘筋、深層の固有背筋（多裂筋、回旋筋、横突間筋）、腹直筋、腸腰筋

付随する筋肉

股関節の外転筋（上の脚）：中殿筋、小殿筋
股関節の内転筋（下の脚）：長内転筋、短内転筋、大内転筋、薄筋
膝関節の伸筋：大腿四頭筋
足関節の底屈筋：腓腹筋、ヒラメ筋

テクニックのアドバイス

- ステップ2では、下の脚を股関節の内転筋で上の脚を押し上げるように引き上げると同時に、上の脚を股関節の外転筋で引き上げ、両脚を1つのユニットとして動かす。膝関節の伸筋で両膝をまっすぐ伸ばしながら、足関節の底屈筋で両足をポイントにしておく。

- まず、体幹を固定したまま、ウエストをマットから浮かし、股関節で起こる動きに集中する。次に、両脚をさらに高く上げるために、上になっている側の骨盤の側面を胸郭に近づけて、脊柱の側屈筋を作用させることを意識しながら、両脚を天井のほうに伸ばす。この段階では、脊柱が側屈し、骨盤が横に傾くとウエストはマットのほうに下がる。

- ステップ1とステップ2の始めでは、腰は上下がずれずに重なり、上の寛骨（腰骨）と下の寛骨が垂直にそろっていなければならない。脚を動かしても前後にぶれないこと。

- **イメージ：**正しいフォームと動きの質を達成するには、射手の弓がピンと張られているところをイメージしよう。両脚が空に向かって弧を描くと、体幹とともに弓形になる。

（つづく）

エクササイズ・メモ

　このエクササイズは、股関節の内転筋と外転筋の両方を引き締める効果もあるが、主な目的は脊柱の側屈筋を鍛え、コアの安定に必須のスキルを上達させることである。

　脊柱の側屈。理想的には、側屈すれば脊柱が真横に曲がる。この運動には、体の前面にある筋肉（主に腹斜筋と腸腰筋）、側面にある筋肉（主に腰方形筋）、後面にある筋肉（脊柱起立筋、半棘筋、深層の固有背筋に属する筋肉）が精密に協調して同時収縮することが必要になる（下図参照）。最適なフォームならば、腹斜筋が主力となり、背筋が体幹の前屈を防ぐのにちょうどよく発火する。

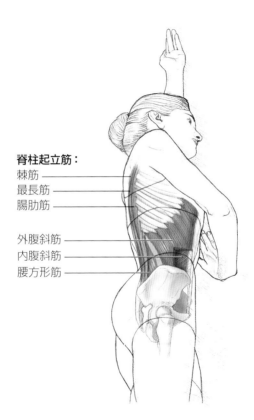

脊柱起立筋：
棘筋
最長筋
腸肋筋

外腹斜筋
内腹斜筋
腰方形筋

脊柱の側屈筋

エクササイズのパーソナライズ

モディフィケーション

　よくある誤りは過剰に背筋を使ってしまうことである。ステップ2で両脚を上げるときやステップ3で両脚を下げるときに下背部が反ってしまうなら、両足を25cmほど骨盤より前に出し、上から見て体がわずかにバナナ形になるようにする。そして腹壁をしっかり内側に引き寄せて、ややCカーブをつくり、このポジションを保ちながら両脚を上げ下げする。上達して筋力がついてきたら、少しずつ足の位置を後ろにして、最終的には骨盤と一直線にそろうようにする。また、前後方向では骨盤と腰椎をニュートラル・ポジションにしながら、前頭（額）面では両者が主に横から横へ動くようにしよう。

プログレッション

　このエクササイズの強度を上げるには、ステップ2で達成したポジションを保ちながら、上の脚を3-5回上げ下げしてから、ステップ3で両脚を下げる。骨盤の横方向の安定と膝のケガ予防にとって重要な筋群、股関節の外転筋を鍛える効果がある。股関節の外転筋は、骨盤の外側と大転子（大腿骨上部の外側にある大きな突起）の間を走行していることに注意しよう（図参照）。筋力が弱いことが多い外転筋を十分に使うには、骨盤を動かさずに上腿の外側を骨盤に近づける。この上の脚の運動は、ターゲットの筋肉、脊柱下部の側屈筋のアイソメトリック収縮と同時に起こる。

中殿筋

小殿筋

大転子

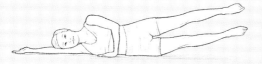

レッグ・リフト・サイドのプログレッション　　主な股関節の外転筋（上から見たところ）

レッグ・プル・サイド

4-5

Leg Pull Side ──側臥位のレッグ・プル──

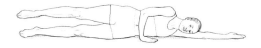

スタート・ポジション

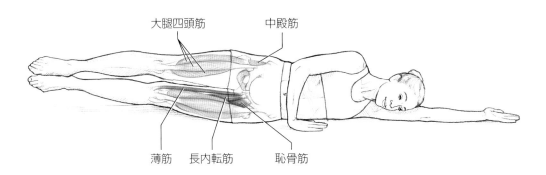

大腿四頭筋　　中殿筋

薄筋　　長内転筋　　恥骨筋

ステップ 2

エクササイズ・ステップ

1. **スタート・ポジション** 横向きに寝て、下になっている腕と両脚をまっすぐ伸ばし、体幹と一直線になるようにする。頭は伸ばした下の腕にのせる。上の腕は曲げ、体幹の前で手のひらをマットにつけ、指を頭のほうに向ける。下の脚はマットに置き、上の脚は腰よりやや高く保つ。両足ともポイントにする。

2. **息を吐く。** 下の脚を上の脚のほうに、できれば上の脚につくまで上げる。メインの筋肉図参照。

3. **息を吸う。** 下の脚をマットに軽く触れるまで下げる。以上を10回繰り返す。10回行ったら、下の脚をマットに下ろす。反対側を下にして同じステップを行う。

ターゲットの筋肉

股関節の内転筋(下の脚):長内転筋、短内転筋、大内転筋、薄筋、恥骨筋

付随する筋肉

外側の脊柱安定筋と脊柱下部の側屈筋:外腹斜筋、内腹斜筋、腰方形筋、脊柱起立筋
股関節の外転筋(上の脚):中殿筋、小殿筋
膝関節の伸筋:大腿四頭筋
足関節の底屈筋:腓腹筋、ヒラメ筋

テクニックのアドバイス

● 股関節の外転筋を使って上の脚を固定することに集中する。ステップ2で下の脚を上げるには股関節の内転筋を使い、ステップ3では同じ筋肉をエキセントリック収縮で使って下の脚を下げる。エクササイズ中ずっと膝関節の伸筋で両膝をまっすぐ伸ばしながら、足関節の底屈筋で両足をポイントにしておく。

● エクササイズ中ずっとウエストをマットから浮かし、骨盤は動かさない。ウエストを浮かしながら、胸郭の底部を骨盤の外側に近づけておくことによって、体側の下部にある脊柱の側屈筋が骨盤の横の傾きを制限するために使われる。このため股関節の内転筋にかかる負荷が大きくなる。

● 腰は上下がずれずに重なったままにする。上の寛骨が前後にぶれないこと。

● **イメージ**:股関節で脚の動きを正しくアイソレートするには、開いた角度計(プロトラクター)を横向きに置いて、角度計の下の腕が上がると角度が小さくなるところをイメージしよう。

(つづく)

エクササイズ・メモ

　このエクササイズの目的は、難しい側臥位で体幹の安定を保ちながら、股関節の内転筋を鍛えることである。体幹の安定を十分に保つことができなくて、背中が反ったり、腰が前後にずれたりするなら、<レッグ・リフト・サイド>で述べたように、両脚をやや前に出してバナナ形にする。

　股関節の内転筋（下図参照）は、長内転筋、短内転筋、大内転筋、薄筋、恥骨筋を含む大きなグループである。これらはすべて、恥骨筋を除いて、股関節の内転の主動筋とされている。その位置から、股関節の内転筋は内腿の筋肉と呼ばれることが多い。このよく知られたエクササイズは内腿を引き締める効果があるため、内腿がたるんでいると歩くときにプルプル揺れがちだが、それを防いでくれる。

　股関節の内転筋は、<レッグ・リフト・サイド>をはじめ、側臥位のエクササイズで下になっている脚をマットから上げるために使われる。また、<ジャックナイフ>（6-9）や<コークスクリュー>（8-7）など、両脚をそろえたまま動かすピラーティス・エクササイズの多くで、両脚を閉じておくためにも使われる。伸ばした両脚を内転筋で閉じておくことは、ピラーティスの美しさにとって必須の長く伸びて、ぴったりそろった両脚のラインを完成させるための重要な要素である。

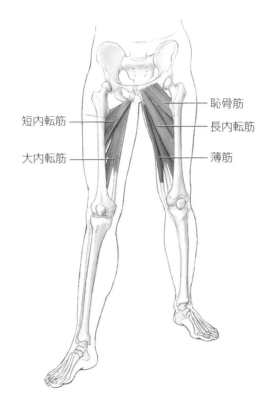

短内転筋
大内転筋
恥骨筋
長内転筋
薄筋

股関節の内転筋

エクササイズのパーソナライズ

モディフィケーション

　上の脚を引き上げておくのではなく、曲げて足裏全体を下の脚の大腿の前につく。上の脚の膝が天井を向き、股関節は外旋する。これでポジションが安定し、上の脚の股関節の外転筋をずっと収縮させておく必要がなくなる。ステップ2と3で下の脚を上げ下げする。今度は下の脚の股関節の内転筋に集中したエクササイズになる。上の脚によって骨盤がより安定したポジションに保たれるため、骨盤のぐらつきが減り、下の脚の股関節の内転筋をしっかり使えるようになる。

レッグ・プル・サイドのモディフィケーション

プログレッション

　オリジナルの<レッグ・プル・サイド>と同じ運動パターンを使う。ステップ1のスタート・ポジションをとり、ステップ2で下の脚を上げる。下の脚をできるかぎり上の脚に近づけ(できれば触れるまで)、足を背屈する(フレックスにする)。そのまま下の脚をこきざみに5-10回上下させる。1回ごとに少し高く上げ、上の脚を押し上げるか、できるかぎり上の脚に近づける。足を底屈してから(ポイントにしてから)脚を下げる。以上を5回反復してから反対側を同様に行う。

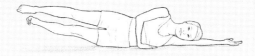

レッグ・プル・サイドのプログレッション

基本

スパイン・ツイスト・スーパイン 4-6

Spine Twist Supine ——仰臥位のスパイン・ツイスト——

スタート・ポジション

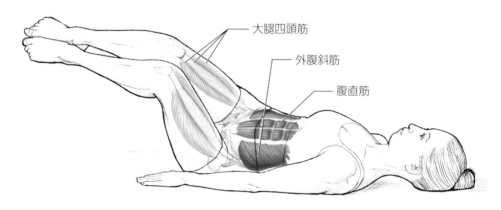

大腿四頭筋

外腹斜筋

腹直筋

ステップ 3

ステップ 5

エクササイズ・ステップ

1. **スタート・ポジション** 仰向けになり、膝が股関節の真上に、下腿がマットと平行になるように股関節と膝の角度を90度にする。足は軽くポイントにする。腕は手のひらを下にして体の脇にまっすぐに伸ばす。

2. **息を吐く。** 腹壁を引っ込め、骨盤をやや後傾させる。内腿を軽く合わせる。

3. **息を吸う。** メインの筋肉図のように、体幹の中部と下部を回旋させ、骨盤と膝を1つのユニットとして片側に動かす。

4. **息を吐く。** センターに戻る。

5. **息を吸う。** 図のように、体幹の中部と下部を反対側に回旋させ、骨盤と膝を1つのユニットとして動かす。

6. **息を吐く。** センターに戻る。以上を各方向5回繰り返す。

ターゲットの筋肉

脊柱の屈筋と回旋筋：腹直筋、外腹斜筋、内腹斜筋、腹横筋

付随する筋肉

脊柱の伸筋と回旋筋：脊柱起立筋

股関節の屈筋：腸腰筋、大腿直筋

股関節の水平内転筋：長内転筋、短内転筋、大内転筋、恥骨筋

膝関節の伸筋：大腿四頭筋

足関節の底屈筋：腓腹筋、ヒラメ筋

テクニックのアドバイス

● ステップ2では、腹横筋を内側に引き寄せ、腹斜筋を使って体幹を回旋させることに集中して、ステップ3で肩は動かずにマットにしっかり接触したまま、骨盤と膝が片側に動くようにする。

● ステップ4では、脊柱下部の屈曲をさらに深めてから、骨盤下部の側面を反対側の胸郭のほうに引き戻す。こうすると、脊柱の伸筋ではなく、腹斜筋をもっとしっかり使って回旋できる。

● 膝を軽く合わせ、股関節の内転筋で下の脚を引き上げながら、脊柱を回旋させる。エクサイズ中ずっと両膝を骨盤の中心にそろえておき、足は足関節の底屈筋でポイントにしておく。

● エクササイズ中ずっと股関節と膝関節の角度を90度に保つ。

● **イメージ：**骨盤と脊柱を正しく動かすには、自動車のハンドルが左右にゆっくり回転するところをイメージしよう。

（つづく）

エクササイズ・メモ

　これは、コアの望ましいアライメントを保ちながら、骨盤と下背部を回旋できるようになるために効果的なエクササイズである。脊柱を回旋させるときによくある誤りは、背中が反りすぎて、腹筋ではなく、主に脊柱の伸筋で動いてしまうことだ。この仰臥位で腹横筋と腹斜筋を使えるようになれば、特にもっと難易度の高いエクササイズやスポーツで脊柱の回旋が入る場合に、脊柱のケガ予防に役立つ。

　テーブルトップ・ポジション。ステップ1の図に示されるテーブルトップ・ポジションは、ピラーティスで使われる基本的な仰臥位の1つである。このポジションでは、股関節の屈筋が股関節の角度を90度に保ち、脚が胸から遠ざからないようにする。膝関節の伸筋は膝関節を90度曲げるのに使われ、下腿がマットのほうに落ちないようにする。

エクササイズのパーソナライズ

バリエーション

　オリジナルのエクササイズで脊柱が回旋し、骨盤が横に傾くときに骨盤をニュートラル・ポジションに保つ。こうすると、腹筋と脊柱の伸筋の複雑な共同収縮にとって望ましい筋肉の動員が変化する。その結果、望ましいニュートラルな骨盤と腰椎のカーブが保たれるが、骨盤の前傾と下背部の反りすぎは回避できる。

プログレッション

　オリジナルのエクササイズのステップ3と5で体幹を回旋させるとき両脚を伸ばし、いったん休止して、膝をまた直角に曲げてから、ステップ4と6でセンターに戻る。両脚を伸ばすと、脚の下のほうの重さがセンターから遠ざかり、骨盤が床のほうに回旋したり、下背部が反ったりしないようにするためにいっそう安定が必要になる。上達したら、胸の上で腕を組んで腕の補助を最小にするとさらに難易度が上がる。今度は、脚を倒す側とは反対の肩が浮かないように床に接触させたまま、骨盤と脊柱下部を反対側に回旋させるために必要な回旋に対抗する力をより強く体感できるはずだ。この重要なスキルは、<コークスクリュー>（8-7）のようなもっと高度なエクササイズで使われる。正しいフォームを保てる小さい運動範囲から練習を始め、スキルが向上するにつれて範囲を大きくしよう。

　このプログレッションは、安全上の理由から、初めのうちはバリエーションではなく、オリジナルのエクササイズでのみ取り入れてほしい。両脚を伸ばして片側に倒すことによって生じる負荷の高い抵抗をかけながら脊柱を回旋させるというのは腰椎を痛めやすい動きだが、オリジナルの骨盤ポジションならば骨盤が前傾し、下背部が反るリスクを防げるからだ。

スパイン・ツイスト・スーパインの
プログレッション

チェスト・リフト・ウィズ・ローテーション 4-7

Chest Lift With Rotation ——回旋を加えたチェスト・リフト——

スタート・ポジション

ステップ 2

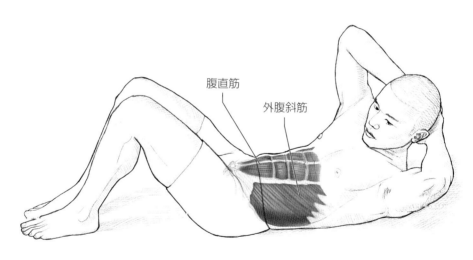

腹直筋

外腹斜筋

ステップ 4

エクササイズ・ステップ

1. **スタート・ポジション**　＜チェスト・リフト＞（4-2）と同じポジションで始める。膝を曲げて仰向けになり、足を腰幅に離して足裏全体をマットにつける。頭の後ろで手を組み、肘を真横に張る。顎をやや引く。

2. **息を吐く**。図のように、頭と体幹上部をゆっくり起こし、ウエストラインの後ろはマットにつけたまま肩甲骨がマットから持ち上がるようにする。

3. **息を吸う**。休止。

4. **息を吐く**。体幹上部を片側に回旋させる。メインの筋肉図参照。

5. **息を吸う**。センターに戻る。

6. **息を吐く**。体幹上部を反対側に回旋させる。

7. **息を吸う**。センターに戻る。頭と体幹上部をマットから持ち上げたまま左右交互に10回続ける（各5回）。10回繰り返したら、センターで休止し、腹壁をさらに引っ込めて、ゆっくり息を吐きながら、体幹と頭を下げ、スタート・ポジションに戻る。

ターゲットの筋肉

脊柱の屈筋と回旋筋：腹直筋、外腹斜筋、内腹斜筋、腹横筋

テクニックのアドバイス

- 体幹上部を左右に回旋させている間は、腹筋を使って、骨盤のわずかな後傾、脊柱のCカーブ、マットから離した体幹の望ましい高さを保つ。

- ステップ2で頭を持ち上げたら、首の屈曲の角度を一定に保ち、肘を真横に張ると、ステップ4から7で骨盤を固定したまま体幹上部を回旋させるときに腹斜筋を重点的に使うことができる。

- 肘を前に出しすぎない、頭を引っ張らない、顎を胸に押しつけたり、前に突き出したりしない。

- ステップ7の終わりでは、腹筋のエキセントリック収縮でなめらかに連続的に体幹と頭を下げてスタート・ポジションに戻る。

- **イメージ**：体幹を正しく回旋させるには、波のうねりのように、体幹が回旋しながら伸び上がるところをイメージしよう。体幹の両側を長く保ち、体幹が横に曲がらないように（側屈しないように）する。

（つづく）

エクササイズ・メモ

　この基本エクササイズは、腹部の輪郭をつくり、腹部を引き締めるために重要な筋肉、腹斜筋を鍛えるために効果的である。腹斜筋は体幹の安定と下背部のケガ予防にも重要な役割を果たし、ほとんどのスポーツできわめて重要だとされている筋肉である。

　腹斜筋をねらう。回旋を起こす筋肉はいろいろあるため、回旋のときに脊柱を平らにしておくよりも屈曲させてCカーブを保つと、腹斜筋に負荷がかかる。さらに、外腹斜筋の上部は胸郭の外側から、**白線**と呼ばれる中央の腱に向かって斜め下に走っていることに注目してほしい（下図参照）。対照的に、内腹斜筋は斜め上に走り、白線と胸郭の底面に付着する。そのため、体幹上部を左に回旋させるときは、胸郭の右側を中央に、中央を反対側の腰骨（左のASIS［上前腸骨棘］）に近づけることを意識すると、右の外腹斜筋と左の内腹斜筋を作用させることができる。体幹上部を回旋させると腹部の両側が激しく働いているのを感じるはずだ。胸郭下部と骨盤の左右との距離を一定に保とう。

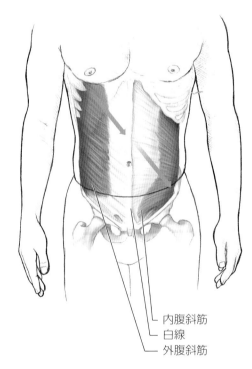

内腹斜筋
白線
外腹斜筋

腹斜筋

エクササイズのパーソナライズ

モディフィケーション

　<チェスト・リフト・ウィズ・ローテーション>は、ぜひ習得しておきたい重要なエクササイズ。脊柱を屈曲しながら回旋する、さらに要求水準の高いエクササイズの基礎になり、しかも、そういうエクササイズはたくさんあるからだ。この動きは、さまざまな日常活動やスポーツでよく見られる運動パターンでもある。車のトランクから食料品を持ち上げて出す、テニスボールを打つ、ゴルフクラブをスイングする、バレーボールをサーブする、スタンドアップパドルボードを漕ぐ、ほかにも例はいくらでもある。エクササイズをやや簡単にし、回旋をもっとはっきりさせるには、後頭部で手を組まずに、両腕を前に伸ばして行う。こうすると、腕の重さによる負荷が減り、したがってエクササイズの強度が低くなる。ステップ4から6で左右に回旋するとき、体幹の屈曲を最大限に保ち、両腕をまっすぐ平行に伸ばしておく。この腕のポジションを保つには、ボールなど、何かエクササイズ用具を持つのも有効だろう。そうすれば、腕を肩の延長に伸ばしたまま、正しい体幹の回旋に集中しやすくなる。

チェスト・リフト・ウィズ・ローテーションのモディフィケーション

バリエーション

　<チェスト・リフト>（4-2）のように、体を起こして前屈させるとき、骨盤をやや後傾させるのではなくニュートラル・ポジションに保つ。

バック・エクステンション・プローン　4-8

Back Extension Prone ──伏臥位のバック・エクステンション──

スタート・ポジション

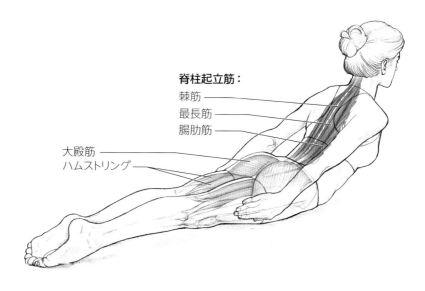

脊柱起立筋：
棘筋
最長筋
腸肋筋

大殿筋
ハムストリング

ステップ2

エクササイズ・ステップ

1. **スタート・ポジション** うつ伏せに寝て、額をマットにつけ、腕は肘を伸ばして体側に沿わせ、手のひらを大腿の側面に押し当てる。足を軽くポイントにして両脚を閉じること。
2. **息を吐く。** 両脚を閉じて、手のひらを大腿の側面に押し当てた状態のまま、頭、体幹上部、体幹中部をマットから起こす。メインの筋肉図参照。
3. **息を吸う。** ゆっくり体幹と頭を下げて、スタート・ポジションに戻る。以上を10回繰り返す。

ターゲットの筋肉

脊柱の伸筋：脊柱起立筋（棘筋、最長筋、腸肋筋）、半棘筋、深層の固有背筋

付随する筋肉

腹部の脊柱安定筋：腹横筋、内腹斜筋、外腹斜筋、腹直筋
股関節の伸筋：大殿筋、ハムストリング
肩関節の内転筋：広背筋、大胸筋
肘関節の伸筋：上腕三頭筋

テクニックのアドバイス

- ステップ2では、腹筋のサポートを保ち、両脚を閉じてマットにつけたまま、脊柱の伸筋で体幹上部を起こす。
- 特に上・中背部の脊柱の伸筋を意識し、椎骨を上から順に1つずつマットから起こして、背中を伸展させることに集中する。頭は上背部の延長線上に伸ばしつづける。
- 肩関節の内転筋、特に広背筋と大胸筋を使って、腕を体側に押し当てつづける。この2つの筋肉は肩関節の下制も補助するため、指先を足のほうに軽く伸ばしながら、肘関節の伸筋で肘をまっすぐ伸ばしておくと、どちらの筋肉も作用させることができる。広背筋は体幹の安定の柱となる筋肉なので動員されることが望ましい。
- ステップ3では、脊柱の伸筋のエキセントリック収縮で、今度は下から上の順に体幹を下げるのをコントロールする。同時に腹筋のサポートも続いている。
- **イメージ**：体が伸びる正しい感覚をつかむには、平泳ぎをイメージしよう。頭と上背部を空に向かって伸び上がらせるように水面から顔を出し、深く息を吸うイメージだ。

（つづく）

エクササイズ・メモ

　このエクササイズの目的は、脊柱の伸筋、特に脊柱起立筋を鍛えながら、脊柱の伸展と同時に腹筋を使って下背部を守る能力を発達させることである。

　腹筋で脊柱の伸展をサポートする。 下背部、すなわち腰部のカーブは前弯（背面が凹）しているが、上背部、すなわち胸部のカーブは後弯（正面が凹）しているため、このエクササイズや類似の脊柱を伸展させるエクササイズを行うと下背部が反ってしまう傾向がある。下背部が反るのは、一般的に骨盤の上部が前に傾いて骨盤が前傾することにも関連している（下図の上を参照）。そのせいで腰椎の下部が前にすべる可能性が高くなり、そうなると弱い部位である下背部にかかるストレスが大きくなる。

　しかし、腹筋下部の付着部を引き上げると、骨盤が反対方向に回転し、後傾する（下図の下を参照）。骨盤の前傾を制限し、下背部にかかるストレスを軽減するには、恥骨を軽くマットに押し当て、腹筋の下部を引き上げつつ、脊柱に引き寄せることを意識しよう。このように下背部を安定させると、猫背予防に重要な上背部の筋肉を鍛えることにも集中しやすくなる。股関節の伸筋も、骨盤を安定させ、骨盤が前傾しすぎるのを防ぐことがある。＜ダブル・キック＞（9-3）や＜スイミング＞（9-4）など、もっと難易度の高い脊柱を伸展させるタイプのエクササイズを正しく行うためには、この基本エクササイズで下背部を安定させる腹筋の使い方を習得しておくことが欠かせない。

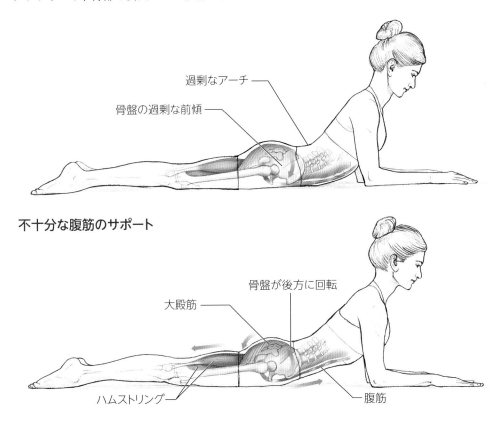

過剰なアーチ

骨盤の過剰な前傾

不十分な腹筋のサポート

骨盤が後方に回転

大殿筋

ハムストリング

腹筋

理想的な腹筋—ハムストリングのサポート

エクササイズのパーソナライズ

モディフィケーション

　このエクササイズを行って下背部に痛みがあるか、下背部に脊柱の伸展が適切ではない症状がある場合、前述した腹筋でサポートするテクニックは大げさなくらい重視したほうがよい。そうすれば腰椎の伸展がさらに抑えられるか、ほぼなくなり、伸展は上背部に限定されるからだ。この方法をとる場合、指先を骨盤のASIS（上前腸骨棘）の下に添え、恥骨は床に押し当てたままASISを浮かしておき、頭と上背部だけを起こす。胸骨の下部をマットに押し当て、それより上だけを反らすことを意識すると、望ましいアイソレーション（分離）になる。

プログレッション

　ステップ2の体幹を起こしたポジションから、腕を真横に広げる。このとき体幹が下がらないようにする。いったん休止し、腕を体側に戻してから、ステップ3で体幹を下げる。腕を下背部から遠ざけることでエクササイズの強度が増す。体幹をさらに起こすつもりで腕を真横に広げると、体幹が下がってしまうというよくある誤りが防げられる。腕を真横に広げても体幹が下がらないようになったら、弧を描くように肩の高さを通り越して頭上に腕を伸ばすと、さらに強度が増す。

バック・エクステンション・プローンのプログレッション

第5章

動きと安定のための腹筋ワーク

　第2章で述べたように、腹筋はピラーティスのパワーハウスの概念にとってきわめて重要である。また、より新しい、パワーハウスにも通ずる概念、コアの安定においても鍵を握る要素である。コアの安定は、リハビリテーションの分野でもスポーツ競技のパフォーマンス向上の領域でも広く知られている。ピラーティス・エクササイズのほとんどは腹筋を使うようにできているが、本章のエクササイズは、脊柱を屈曲させる作用で腹筋を鍛えること、またコアの安定のために腹筋を使うスキルを上達させることを特に目的としている。6章以降のさまざまなエクササイズでは、ここで鍛錬した強さとスキルをもっと難しい腹筋の作用や脊柱の精密なアーティキュレーション、より複雑な順序の動きが必要なエクササイズに応用していく。

　十分な筋力がつき、望ましい動きのパターンも上達するように、テクニックと正確に動くことには細心の注意を払ってほしい。ここが肝心なところだ。おろそかに行うと、期待する効果が出ないばかりか、体を痛めてしまうかもしれない。さらに念を押しておくが、エクササイズの中には万人向けではないものもある。医師やヘルスケアの専門家に相談して、自分に何がふさわしいか確認し、必要ならば難易度を下げるアレンジをしよう。慎重に自分に合ったレベルからスタートし、少しずつレベルを上げていけば、ピラーティス・ワークアウトのパフォーマンスを向上させ、日常生活のさまざまな動作やスポーツ競技にも役に立つ筋力とスキルを獲得できるだろう。筋力とスキルがあれば、背中のケガ予防にもなることをぜひとも知っておいてほしい。

　本章のエクササイズではバラエティに富んだモードで腹筋を使う。＜ワンレッグ・サークル＞（5-1）は、片脚を多方向に動かしながら、腹筋を使って骨盤の動きを慎重にコントロールすることが目的である。きちんとまっすぐに寝て行う＜ロールアップ＞（5-2）と＜ネック・プル＞（5-3）では、脊柱を屈曲させる主動筋としても、脚をマットにまっすぐ伸ばしておく安定筋としても腹筋を使う。関連するエクササイズの次のグループでは、腹筋は主に安定筋として使われる。腹筋のアイソメトリック収縮によって脊柱が屈曲したポジションを保ちながら、脚をマットから浮かして空中でまっすぐ伸ばしておく（＜ハンドレッド＞（5-4））、あるいは動かす（＜ワンレッグ・ストレッチ＞（5-5）、＜シングル・ストレートレッグ・ストレッチ＞（5-6）、＜ダブルレッグ・ストレッチ＞（5-7））ことになる。＜ハンドレッド＞と＜ダブルレッグ・ストレッチ＞では、脊柱を屈曲させたまま、センターから遠ざけて両脚を同時に持ち上げておく、あるいは動かすため、さらに安定の難しさが加わる。＜クリスクロス＞（5-8）は、脊柱を屈曲させながら体幹のひねりを加えることで＜ワンレッグ・ストレッチ＞をさらに高度にしたエクササイズであ

る。＜ティーザー＞（5-9）は最も複雑なエクササイズである。両脚を同時に伸ばすことに加え、腹筋を使って体幹上部を空中で静止させておくのではなく、上げ下げする。

　本章のエクササイズの多くは密接に関連し合っている。求められる腹筋力と安定のスキルを向上させようとするとき、類似点と相違点を知っておくことには意味がある。このような関係を把握しておけば、本章で重点的に扱っているスキルを今後の章の関連するエクササイズに応用する場合にも、第10章で述べるピラーティスの総合プログラムを組み立てる場合にも役に立つ。

5-1　ワンレッグ・サークル（レッグ・サークル）

One-Leg Circle (Leg Circle)

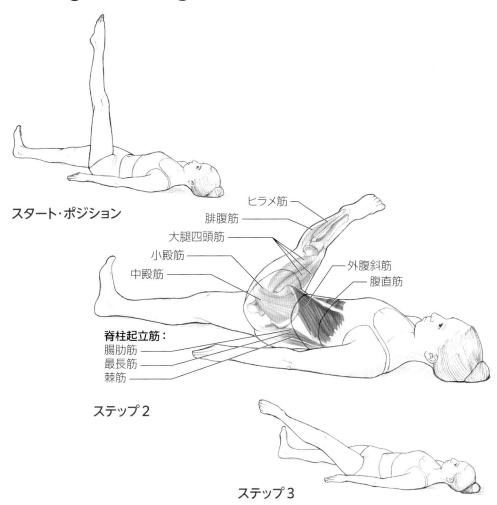

スタート・ポジション

ヒラメ筋
腓腹筋
大腿四頭筋
小殿筋
中殿筋
外腹斜筋
腹直筋
脊柱起立筋：
腸肋筋
最長筋
棘筋

ステップ2

ステップ3

エクササイズ・ステップ

1. **スタート・ポジション**　仰向けになり、腕は手のひらを下にして体の脇に置き、脚をマットの上で伸ばす。片膝を曲げて胸に近づけ、その脚を天井のほうに伸ばし、床に対して垂直になるようにする。足は軽くポイントにする。マット上の足はフレックス（足関節の背屈）にする。

2. **息を吐く。**上げた脚を体の正中線を越えて回す。骨盤の片側がマットから持ち上がってよい。メインの筋肉図参照。そのまま脚を下に回していき、マットに伸ばした脚をまたぐ。このとき骨盤の後ろがまた均等にマットにつく。

3. **息を吸う。**そのまま最初に脚を上げた側に脚を外回ししていき、スタート・ポジションに戻る。脚を変えて同じパターンを繰り返す。1周ごとに脚を変える。各脚5周。

（つづく）

ターゲットの筋肉

腹部の脊柱回旋筋および安定筋：腹直筋、外腹斜筋、内腹斜筋、腹横筋

背部の脊柱回旋筋および安定筋：脊柱起立筋（腸肋筋、最長筋、棘筋）、半棘筋、深層の固有背筋

付随する筋肉

股関節の屈筋：腸腰筋、大腿直筋

股関節の伸筋：大殿筋、ハムストリング

股関節の外転筋：中殿筋、小殿筋

股関節の内転筋：長内転筋、短内転筋、大内転筋、薄筋

膝関節の伸筋：大腿四頭筋

足関節の底屈筋：腓腹筋、ヒラメ筋

足関節の背屈筋：前脛骨筋、長指伸筋

テクニックのアドバイス

- ステップ1では、骨盤の前と後ろを同時に引き上げる、つまり、腹筋と脊柱の伸筋を共同収縮させることを意識する。そうすると、骨盤の過剰な前傾もしくは後傾を制限しながら、脊柱の回旋筋によって骨盤を慎重に左右に回旋させて、脚の回転運動を補完することができる。

- 回している脚は、膝関節の伸筋で膝をまっすぐに、足関節の底屈筋で足をポイント・ポジションにし、長いラインを保つようにする。マット上の足は足関節の背屈筋でフレックス・ポジションを保つ。

- 股関節の筋肉の精密なコーディネーションによって、なめらかに脚を回すことに集中する。たとえば、ステップ2では、まず股関節の内転筋で脚を正中線の反対側に運び、次に股関節の伸筋で脚を下に回す。このとき即座に股関節の外転筋と屈筋が活動に入り、脚がマットのほうに落ちすぎないようにする。ステップ3では、股関節の屈筋が主力となって脚を上に回すが、初めに脚を横に運ぶ段階では股関節の外転筋も作用する。

- なめらかな動きを保ちながら、1周の終わりで脚が垂直ポジションに戻るごとに、一瞬動きを止めてアクセントをつける。

- **イメージ**：糸あやつり人形のように、天井から吊るした紐が脚の円運動を誘導するところをイメージしよう。同時に、骨盤と脊柱が振り子のようにセンターから横に転がり、また戻る。この横の振り子運動と脚の円運動の完璧なコーディネーションによって、なめらかで途切れのない動きのフローが生まれる。

エクササイズ・メモ

　＜ワンレッグ・サークル＞では、さまざまな股関節の筋肉が使われるが、これらの筋肉の筋力をつける効果を大きくするには、負荷をかけるだけでは不十分である。むしろ、このエクササイズには、ハムストリングのダイナミックなストレッチを含め、股関節の可動性をよくする効果がある。場合によっては、股関節と下背部の筋肉の硬直、すなわち筋スパズムを軽減する効果がある。さらに、このエクササイズは、脚を多方向に動かしながら、それに伴う骨盤の動きをコントロールするという複雑なスキルの練習になる。たとえば、脚が下に動くと、骨盤が前傾し、腰が反る傾向がある。この傾向に対抗するには、骨盤を後傾させるほど腹筋をしっかり収縮させなければならない。同様に、脚が正中線を越えるとき、あるいは外回りして横に動くとき、まず脊柱の回旋筋が収縮して骨盤の回旋を起こすが、次は逆に骨盤を反転させるかのように働いて、回している脚のほうに骨盤が回旋しすぎないようにしなければならない。最後に、脚が垂直に戻ると、たいていは骨盤が後傾しないように背中の伸筋と腹筋が同時に少し収縮することが必要になる。

（つづく）

エクササイズのパーソナライズ

バリエーション

　よくあるバリエーションは、片脚を一方向に5-10周、次に逆方向に5-10周回してから、脚を変える方法である。腕を肩の高さで広げ（T字ポジション）、手のひらを上にして行う方法もある。このバリエーションだと安定感が増し、肩が丸まっている姿勢の人に効果的でもある。また、足のポジションを逆にして、上げているほうの足をフレックス（足関節の背屈）にすると、回している脚のハムストリングがいちだんとダイナミックにストレッチされる。さらに、骨盤と脊柱をできるだけ動かさないようにすると、骨盤─脊柱の安定という面で難易度が高くなる。最後にもう1つバリエーションを挙げると、呼吸を長くするために、息を吸いながら1周し、息を吐きながら1周するという方法がある。

プログレッション

　このエクササイズの難易度を上げるには、両腕を頭上に伸ばし、腕の後面を床につけ（柔軟性が許せば）、肘を曲げて指先を合わせ、三角形をつくる。こうすると、脚を回すときに腕の補助で体を安定させることがほとんどできなくなる。この腕のポジションは、肩にとってよいストレッチになり、肩の外旋を強めながらも腕で最小限の安定の補助はできるため、特に有益である。

　さらに難易度を上げるには、肘を伸ばし、手のひらを上向きにしたまま、腕の後面を床につけるか（柔軟性が許せば）、その腕を床から少し浮かしておく。こうすると腕による安定の補助がさらに最小限になり、肩もいっそうストレッチされる。

ワンレッグ・サークルのプログレッション

5-2 ロールアップ

Roll-Up

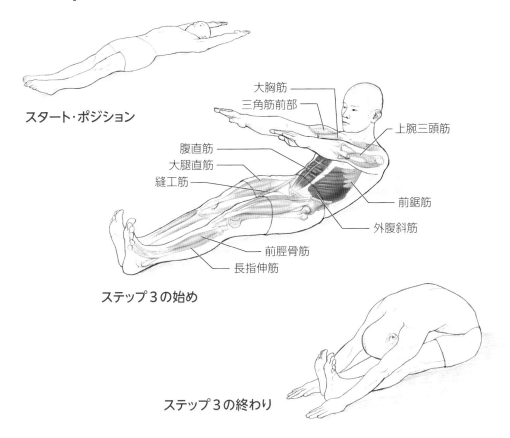

スタート・ポジション

大胸筋
三角筋前部
上腕三頭筋
腹直筋
大腿直筋
縫工筋
前鋸筋
外腹斜筋
前脛骨筋
長指伸筋

ステップ3の始め

ステップ3の終わり

エクササイズ・ステップ

1. **スタート・ポジション**　仰向けになり、脚を閉じて伸ばし、足は軽くポイントにする。腕は肩幅で手のひらを上にして頭上にまっすぐ伸ばす。

2. **息を吸う。**腹壁を背骨に引き寄せてから、顎を引いて、腕を天井のほうに上げながら、頭と肩甲骨をマットから持ち上げる。同時に足をフレックス（足関節の背屈）にする。

3. **息を吐く。**そのまま上体を起こしていき（メインの筋肉図参照）、座ったポジション（座位）を通過し、上体が脚の上にくるまでロールアップ、指をつま先のほうにリーチする（伸ばす）。体が柔軟ならば、手のひらで足の側面に触れるか、図のように手のひらをマットにつける。

4. **息を吸う。**ロールダウンしていき、仙骨の後ろがマットにつきはじめる。

5. **息を吐く。**最後までロールダウンしてから、腕を頭上に伸ばし、スタート・ポジションに戻る。以上を10回繰り返す。

（つづく）

ターゲットの筋肉

脊柱の屈筋：腹直筋、外腹斜筋、内腹斜筋

付随する筋肉

腹部の脊柱安定筋：腹横筋

脊柱の伸筋：脊柱起立筋

股関節の屈筋：腸腰筋、大腿直筋、縫工筋

股関節の伸筋：大殿筋、ハムストリング

足関節の背屈筋：前脛骨筋、長指伸筋

肩関節の屈筋：三角筋前部、大胸筋（鎖骨部）

肩関節の伸筋：広背筋、大円筋、大胸筋（胸肋部）

肩甲骨の下制筋：僧帽筋下部、前鋸筋（下部の線維）

肘関節の伸筋：上腕三頭筋

テクニックのアドバイス

● ステップ2と3で椎骨が1つずつマットから持ち上がり、ステップ3と4では1つずつマットについていくように、すべての椎骨をなめらかに連続的に動かすことに集中する。

● ステップ3の終わりでは、意識的に腹筋の下部を引っ込ませつつ、股関節の伸筋と脊柱の伸筋でなめらかにコントロールしながら体幹を前に倒し、頭・手・踵をセンターから遠ざけるようにリーチする。頭を両腕の間に保ち、踵がマットから離れないようにしながら、指をつま先のほうにリーチすること。

● 肘関節の伸筋で肘をまっすぐ伸ばし、肩甲骨の下制筋で肩甲骨が耳のほうに上がりすぎないようにして、腕が長いラインを描くように注意する。腕が肩関節で動くときも、この腕のポジショニングは崩さない。腕の動きは、まずステップ2で肩関節の伸筋が腕を前に運び、次にステップ3と4で重力に負けて腕がマットのほうに落ちるのを肩関節の屈筋が防ぎ、そしてステップ5で肩関節の屈筋が腕を頭上に運びはじめる、という順序になる。

● **イメージ：** ステップ3で体幹をだんだん高く起こすときは、胸郭の下部を下後方に引っ張りながら、大きなエクササイズ・ボールに体幹を沿わせて丸まり、椎骨の棘突起どうしの距離が広がっていくイメージで。

エクササイズ・メモ

　＜ロールアップ＞は、強い腹筋が要求され、脊柱のアーティキュレーションを改善するエクササイズであり、脚を曲げるのではなくまっすぐ伸ばして行う。仰臥位からロールアップするときは、理想的には骨盤の後傾と脊柱下部の屈曲を伴うが、脚をまっすぐ伸ばしたポジションにすると、それが難しくなる人もいる。脚をまっすぐ伸ばしたポジションは、ハムストリングや下背部の柔軟性を改善する効果も期待できる。

（つづく）

エクササイズのパーソナライズ

モディフィケーション

　ステップ3でロールアップするとき、ぎくしゃくした動きになるか、下背部が丸くならずに平らになってしまうなら、モディフィケーションをお勧めする。こうした正しくない動きの要因としては、まず腹筋の強さや活性化が不十分ということがある。もしそうなら、両足首に1Kgのアンクルウェイトをつけて体幹の重さとのバランスをとりやすくする。ロールアップして、股関節の屈筋が活発に働くようになったら、腹壁を内側に引き寄せながら、胸骨を恥骨結合に近づけて脊柱の屈曲を深めることに集中する。

　もう1つの要因としては、ハムストリングや下背部が硬いことが考えられる。こうした制約があるなら、ロールアップの難しい段階で少し膝を曲げてハムストリングをゆるめ、手を使って（大腿の後面に添える）脊柱の屈曲を深め、体幹上部を持ち上げやすくする。腰椎の屈曲を深めると、硬いことが多い下背部の動的柔軟性の助けになる。また、体幹上部の重さがセンターに近づくため、ロールアップするのが楽になり、体幹に対抗してバランスをとる下半身の力が少なくて済む。

ロールアップのモディフィケーション

バリエーション

　このエクササイズは足を軽くポイントにして、手のひらを合わせて行うこともある。ステップ3の前屈していく動きを早めにやめて、図のように、肩が股関節の上にきた時点でCカーブをつくる。

ロールアップのバリエーション

プログレッション

　難易度を上げるには、なめらかに連続した正しいロールアップの動きが保たれるかぎり、長く両腕を頭上に伸ばしておく。この腕のポジションは、より効果的な抵抗になり、筋力を鍛える効果が高いだけでなく、＜ネック・プル＞（5-3）の準備にもなる。

5-3　ネック・プル

Neck Pull

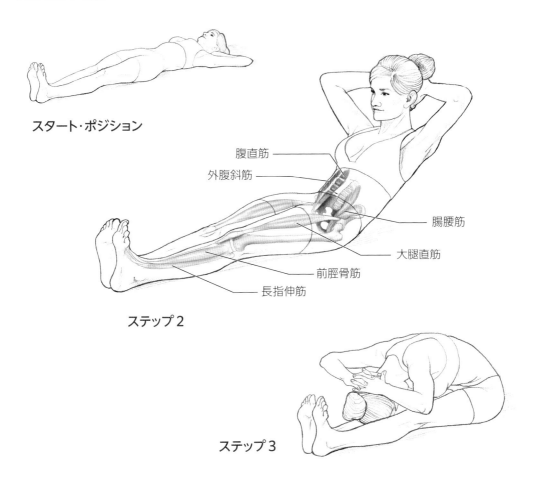

スタート・ポジション

腹直筋

外腹斜筋

腸腰筋

大腿直筋

前脛骨筋

長指伸筋

ステップ2

ステップ3

エクササイズ・ステップ

1. **スタート・ポジション**　仰向けになり、脚を閉じて伸ばし、足はフレックス（足関節の背屈）にする。肘を曲げ、頭の後ろで手を組んで真横に張る。

2. **息を吸う**。腹壁を背骨に引き寄せてから、顎を引いて、頭と体幹上部をマットから持ち上げる。メインの筋肉図参照。

3. **息を吐く**。そのままロールアップしていき、座ったポジションを通過し、図のように上体を脚の上で丸く倒す。

4. **息を吸う**。ロールダウンしはじめ、丸いCカーブ・ポジションになる。

5. **息を吐く**。最後までロールダウンし、スタート・ポジションに戻る。以上を10回繰り返す。

（つづく）

ターゲットの筋肉

脊柱の屈筋：腹直筋、外腹斜筋、内腹斜筋

付随する筋肉

腹部の脊柱安定筋：腹横筋

脊柱の伸筋：脊柱起立筋

股関節の屈筋：腸腰筋、大腿直筋

股関節の伸筋：大殿筋、ハムストリング

足関節の背屈筋：前脛骨筋、長指伸筋

テクニックのアドバイス

- ロールアップおよびロールダウンするときは、腹筋を使って椎骨1つ1つのなめらかで連続的な動きをつくることに集中する。

- ステップ3で股関節の屈筋が活発に働くようになると、腰が平らになったり、反ったりしがちである。これを防ぐには、腹筋を使って胸郭下部の前面をやや下後方、恥骨結合のほうに引っ張るつもりで、脊柱の屈曲を最大にしてロールアップする。

- ステップ3の終わりで上体を前に倒すときは、股関節の伸筋と背中の伸筋のエキセントリック収縮によって、なめらかでコントロールされた動きをつくり、つづいてステップ4の始めでは、同じ筋肉のコンセントリック収縮で体幹を起こす。

- ステップ5では、腹筋をさらにしっかり収縮させて脊柱のCカーブをできるだけ長く保ちながら、腹筋のコントロールを効かせて体幹を下げる。

- エクササイズ中ずっと、肘をできるだけ真横に張りつづける。ロールアップのとき、肘を前に寄せる勢いを助けにしないこと。エクササイズ名には反して、頭と首を引っ張らないようにする。

- **イメージ：**望ましい動きの質を達成するには、ステップ1から3で体幹をロールアップするときは波が立ち、うねり、砕けはじめ、ステップ4では水の噴射が背骨を持ち上げ、ステップ5で体幹を下げるときは潮の流れで海に引き戻される、というイメージで。

エクササイズ・メモ

　効果は＜ロールアップ＞（5-2）とほぼ共通しているが、第3章で述べたように、手を後頭部に置くと抵抗（トルク）が大きくなるため、＜ネック・プル＞ではさらに強い腹筋が要求される。このより難しい腕のポジションで下背部の精密なアーティキュレーションのスキルを上達させることにも意義がある。脊柱のこの部位は緊張して、コントロールしにくく、痛めやすいことが多いからだ。この腕のポジションをとることによって、ステップ3の終わりでハムストリングと脊柱の伸筋がさらに強くダイナミックにストレッチされることにもなる。

エクササイズのパーソナライズ

モディフィケーション

　＜ネック・プル＞の難易度は体つきによってかなり左右されることがある。特に体幹に対して脚が短く、上半身のほうが重い人には難しい。このタイプの体の場合、体の重心がすでに比較的上のほうにある。そのうえ手を後頭部に置くという負荷の高い抵抗を加えると、結果的に難しいエクササイズになる。このエクササイズで最も難しい点は、ステップ2でマットから体幹を起こすときだ。この障害を乗り越える補助として、一瞬だけ両腕を前に伸ばす。体幹上部がマットから離れたらすぐ、手を後頭部に戻して、エクササイズを続行する。

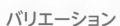

ネック・プルのモディフィケーション

バリエーション

　エクササイズの最初の部分は解説のとおりに行う。ただし、体幹を脚の上に倒したところからロールダウンしてCカーブ・ポジションに戻るのではなく、まず背中を直立させて座るところまでロールアップする。そのまま体幹を後ろに倒していき、平らな背中を保てなくなったら、体幹を丸めてスタート・ポジションまでロールダウンする。また、足を軽くポイントにして行うこともある。

ハンドレッド

中級

Hundred

スタート・ポジション

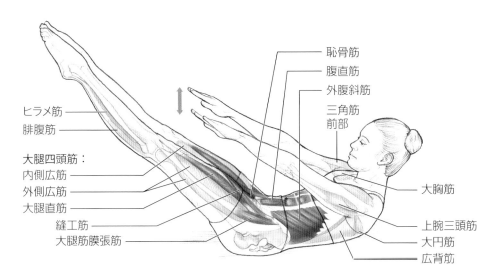

恥骨筋
腹直筋
外腹斜筋
三角筋
前部

ヒラメ筋
腓腹筋

大腿四頭筋：
内側広筋
外側広筋
大腿直筋
縫工筋
大腿筋膜張筋

大胸筋

上腕三頭筋
大円筋
広背筋

ステップ 3

エクササイズ・ステップ

1. **スタート・ポジション** 仰向けになり、脚を伸ばして60度くらいに上げる。骨盤が安定しないときは60度以上でもよい。足は軽くポイントにする。腕は体の脇で手のひらを下にしてマットに置く。

2. **息を吐く。**腹壁を引っ込め、体幹上部を持ち上げて＜チェスト・リフト＞（4-2）のポジションになる。腕を大腿の上15-20cmに上げる。手のひらは下。

3. **息を吸う。**第1章の「能動呼吸」で述べた能動呼吸をしながら、1カウントで腕を少し下げて、上げる動きを5カウント繰り返す。メインの筋肉図参照。

4. **息を吐く。**能動呼吸をしながら、ステップ3と同じ小刻みな腕の上下運動を5カウント繰り返す。よいフォームを保てるかぎり、このサイクルを最大10回繰り返す（合計100回の上下運動）。体幹を下げて、腕を下ろし、スタート・ポジションに戻る。

ターゲットの筋肉

脊柱の屈筋：腹直筋、外腹斜筋、内腹斜筋

股関節の屈筋：腸腰筋、大腿直筋、縫工筋、大腿筋膜張筋、恥骨筋

付随する筋肉

腹部の脊柱安定筋：腹横筋

股関節の内転筋：長内転筋、短内転筋、大内転筋、薄筋

膝関節の伸筋：大腿四頭筋

足関節の底屈筋：腓腹筋、ヒラメ筋

肩関節の伸筋：大胸筋（胸肋部）、広背筋、大円筋

肩関節の屈筋：大胸筋（鎖骨部）、三角筋前部

肘関節の伸筋：上腕三頭筋

テクニックのアドバイス

- ステップ2で息を吐きはじめるときは、腹壁を脊柱に引き寄せて、腹横筋を働かせてから、ほかの腹筋を使って脊柱を屈曲させる。この運動の開始と同時に肩関節の屈筋が腕を引き上げる。

- ステップ2で望ましいポジションを完成させるには、下背部がマットから浮かず、骨盤を安定させておけるように腹筋をしっかり収縮させておくことに集中する。股関節の屈筋が上げた脚を保ち、膝関節の伸筋がまっすぐ伸ばした膝を保ち、足関節の底屈筋がポイントにした足を保つ。さらに、内腿どうしを軽くくっつけるようにして股関節の内転筋を働かせながら、脚を遠くにリーチして長い、矢のようなラインをつくることを意識する。

- ステップ3と4で腕を上下させるときは、体幹がぐらつかずに深いCカーブを保つようにする。

（つづく）

- 肘関節の伸筋を使って肘をまっすぐ保ち、指先を前方にリーチする。
- 腕の動きに肩関節が連動しないよう動きのアイソレーションに注意する。そのためには、肩関節の伸筋と屈筋が一緒に働いて腕のすばやい上下運動を起こすときに、腋窩（わきの下）のすぐ下を走る筋肉をできるだけ使うようにして、大きな広背筋と大胸筋が機能するようにする。
- **イメージ**：腕でトランポリンを押し下げ、5cmくらい押し返されるイメージで。

エクササイズ・メモ

　<ハンドレッド>は、ピラーティスのレパートリーのトレードマーク的な腹筋エクササイズである。コアの安定にとっては特に難易度の高いエクササイズだ。というのも、脊柱を屈曲したポジションを保ちながら、膝を伸ばして両脚をマットから上げつづけ、同時に腕を繰り返し活発に動かさなくてはならないからだ。このような課題があるために、<ハンドレッド>は筋力とスキルが十分にある人にとっては有益なものだが、筋力やスキルが不十分な人には不向きであり、リスクが高いものになる心配がある。このエクササイズを初めから脚をマットに近い高さに保ってこなせる人はそうはいない。初めのうちは、脚を上げる角度を垂直に近くし、徐々に脚の高さを下げていこう。

　<ハンドレッド>では、股関節の屈筋の収縮によって脚を重力に逆らってマットから引き上げておく。<レッグ・リフト・スーパイン>（4-3）で述べたように、股関節の屈筋（特に腸腰筋と大腿直筋）は脊柱や骨盤の前部に付着しているため、収縮すると、同時に腹筋を十分に安定させないかぎり、腰が反って、骨盤が前傾しがちである（下図参照）。<ハンドレッド>では、両脚をマットから上げて、膝をまっすぐ伸ばす。したがって、第3章で述べたように、脚が生み出すトルクは相当大きくなる。そのため、脚をマットから上げておくには股関節の屈筋もそれだけ強く収縮することが必要になり、腹筋にとってはコアを安定させ、腰が反らないようにすることがいっそう難しくなる。脚がマットに近づくほど、脚の重さに対抗できるだけの強い筋力が必要になるのだ。

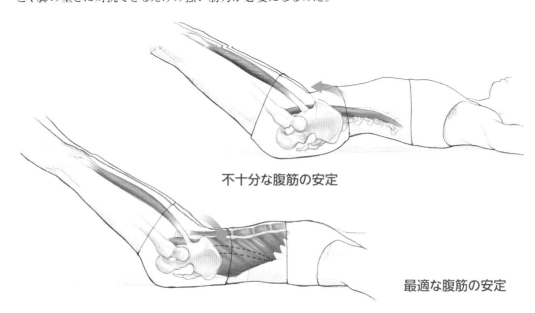

不十分な腹筋の安定

最適な腹筋の安定

エクササイズのパーソナライズ

モディフィケーション

　骨盤と下背部が安定するまで脚の高さを垂直に近づける。ハムストリングが硬い場合は、ハムストリングに緊張を感じる寸前まで脚を伸ばす。上達してきたら、徐々に脚を下げる。

　今述べたモディフィケーションでもまだコアの安定を保つのが難しいなら、図のように肘をついて、人差し指を左右のASIS（上前腸骨棘）に当てる。まず、脚を垂直に近く上げ、ハムストリングの柔軟性が許すかぎり脚を伸ばす。次に、腹筋で恥骨結合を引き上げ、ASISを後ろに引くことを意識しながら、少しずつ脚を下げていく。指先でASISが前傾せず後ろにあるかチェックし、仙骨の同じ部位がマットに接触しているようにする。脚は、腹筋に負荷がかかるが、骨盤の安定は保たれる位置まで下げる。このポジションを10カウント保持し、少しずつ10サイクル保持できるようにしていく。最初の10カウントの間、骨盤がしっかり安定するようになり、筋力とスキルが向上したら、腕を前に伸ばして補助をなくす。最終的にはオリジナルの腕の上下運動を追加する。

ハンドレッドのモディフィケーション

バリエーション

　より安全に腹筋の持久力を高めるバリエーションは、脚をテーブルトップ・ポジション（4-6の＜スパイン・ツイスト・スーパイン＞参照）にすることだ。このポジションにすると、ぎりぎり骨盤を安定させながら、体幹を起こしたまま、腕の小刻みな上下運動ができるところまで抵抗が軽減される。脚をテーブルトップ・ポジションにして腕の上下運動を1、2セット行ったら、正しいフォームを崩さずに保てる高さで脚を伸ばす。このパターンを何回か繰り返し、脚を伸ばしたポジションで少しずつ腕の運動のセット回数を増やしていく。

　一部の指導法で採用されている呼吸パターンに変化をつけるには、ステップ3で息を吸ったら休止し、息を吐きながら腕の上下運動を開始する。息を吐いたほうが、腹壁をもう少し引き締めるのが容易になり、腕の上下運動を5カウント行うときに骨盤をしっかり安定させられるだろう。安定したら、次の息を吸いながら行う5カウントのときも、10サイクルの残りを行う間もずっとそのポジションを崩さないよう努力しよう。

ワンレッグ・ストレッチ（シングルレッグ・ストレッチ） 5-5

One-Leg Stretch (Single-Leg Stretch)

スタート・ポジション

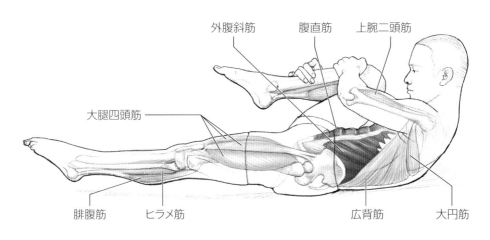

外腹斜筋　　腹直筋　　上腕二頭筋

大腿四頭筋

腓腹筋　　ヒラメ筋　　広背筋　　大円筋

ステップ 3

エクササイズ・ステップ

1. **スタート・ポジション**　仰向けになり、頭と肩甲骨をマットから持ち上げて<チェスト・リフト>（4-2）のポジションになり、片膝を胸に引き寄せる。曲げた膝側の手を足首の上に添えてすねをつかみ、反対側の腕は曲げて手を膝に置く。まっすぐ伸ばした脚は、下背部がマットから浮かない高さに上げる。両足とも軽くポイントにする。

2. **息を吸う。**伸ばした脚を曲げ、曲げた脚を伸ばしはじめる。

3. **息を吐く。**脚の入れ替えを完了する。息を吐きながら脚を完全に伸ばし、手を別の膝に添える。メインの筋肉図参照。曲げた膝側の手を足首の上に添えてすねをつかみ、反対側の手は胸に引き寄せる膝をつかむ。以上を各脚5回、合計10回繰り返す。毎回脚を入れ替える。

ターゲットの筋肉

脊柱の屈筋：腹直筋、外腹斜筋、内腹斜筋

付随する筋肉

腹部の脊柱安定筋：腹横筋
股関節の屈筋：腸腰筋、大腿直筋
股関節の伸筋：大殿筋、ハムストリング
膝関節の伸筋：大腿四頭筋
足関節の底屈筋：腓腹筋、ヒラメ筋
肩関節の屈筋：三角筋前部、大胸筋（鎖骨部）
肩関節の伸筋：広背筋、大円筋、大胸筋（胸肋部）
肘関節の屈筋：上腕二頭筋、上腕筋
肘関節の伸筋：上腕三頭筋

テクニックのアドバイス

- ステップ1では、腹壁を脊柱にしっかり引き寄せる。ステップ2と3で股関節の屈筋と伸筋を使って脚を入れ替えるときは、下背部と仙骨をマットに密着させ、ASIS（上前腸骨棘）の元の位置が動かないようにする。

- 腹筋をしっかり収縮させて体幹上部を常に上前方に引き上げてマットから起こしておき、脚を入れ替えるたびに体幹が下がるのではなく、高さが変わらないよう意識する。

- このコアの安定を保ちながら、片脚を空中でリーチする。膝をまっすぐ伸ばす膝関節の伸筋と足をポイントにする足関節の底屈筋が望ましい長いラインをつくる。

- 入れ替える脚をつかむときに腕がマットのほうに落ちないように肩関節の屈筋が働くが、この

（つづく）

とき肩甲骨をニュートラルに保ち、耳のほうに上げないようにする。足首をつかもうとする腕を肘関節の伸筋がまっすぐ伸ばし、反対側の膝に運ぶ腕を肘関節の屈筋が曲げる。両腕の肘関節の屈筋を使って膝を胸に引き寄せるのを補助する。このとき手が下腿を押しても膝はぐらつかないようにし、肩関節の伸筋が体幹をマットから持ち上げておくのを補助するよう肘をマットのほうに下げる。

● **イメージ**：脚がエンジンのピストンのように正確に動いているところをイメージしよう。一方、エンジンそのもの、すなわちパワーハウスはできるかぎり静止させておく。

エクササイズ・メモ

　＜ワンレッグ・ストレッチ＞は、腹筋に重点を置いたコアの安定に効果的なエクササイズである。体幹を持ち上げておく、下背部とマットを接触させておく、腹壁を引き締めておく、などと腹筋が複数の役割を果たす。この腹筋の作用は、脚の活発な動きによって妨げられやすい骨盤と脊柱の安定を保つのに必要である。

エクササイズのパーソナライズ

バリエーション

　曲げた脚の大腿を胸に引き寄せるのではなく、ほぼ垂直にして行う場合もある。両手をその膝に置き、曲げた脚の下腿をマットと平行にする。体幹を丸くすることを強調するために体幹を高く起こすポジションは、腰椎と骨盤のニュートラル・ポジションを保つ練習をするのと同じくらい腹筋にとってチャレンジ的なエクササイズである。

プログレッション

ワンレッグ・ストレッチのバリエーション

　上記のバリエーションを行うが、脚をつかむのではなく、手を後頭部に添えて肘を真横に張る。頭を楽にして手にあずけてよい。そうすれば、頭を支えるのに首の筋肉だけに頼るのではなく、手で頭の重さをかなり支えることができる。このプログレッションは、手を脚ではなく後頭部に置くことによって抵抗を大きくし、筋肉の活動と負荷の点で＜ワンレッグ・ストレッチ＞の難易度を上げる方法である。さらに、曲げた脚をつかむことによって得られる補助もなくなる。それでも、手で頭を支えているため、よくある過度の筋緊張による首のつらさは緩和される。

ワンレッグ・ストレッチのプログレッション

5-6 シングル・ストレートレッグ・ストレッチ
（ハムストリング・プル）

Single Straight-Leg Stretch (HamstringPull)

スタート・ポジション

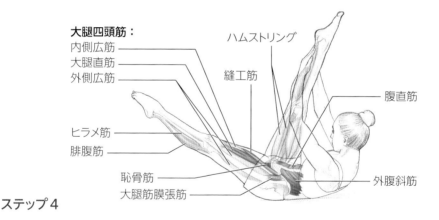

大腿四頭筋：
内側広筋
大腿直筋
外側広筋

ハムストリング

縫工筋

腹直筋

ヒラメ筋
腓腹筋

恥骨筋
大腿筋膜張筋

外腹斜筋

ステップ4

エクササイズ・ステップ

1. **スタート・ポジション**　仰向けになり、頭と肩甲骨をマットから持ち上げて＜チェスト・リフト＞（4-2）のポジションになる。両手で片脚の足首のあたりをつかみ、その脚を額のほうに引き上げる。反対側の脚は下背部がマットから浮かない高さに上げる。両脚とも膝をまっすぐ伸ばし、足を軽くポイントにする。

2. **息を吐く。**腹壁を背骨にやや引き寄せながら、パーカッシブ・ブリージングで2回吐くのに合わせて2回軽くはずみをつけて上の脚を額のほうに引き寄せる。

3. **息を吸う。**まっすぐ伸ばしたまま脚を入れ替え、手を反対側の脚の足首に移す。

4. **息を吐く。**メインの筋肉図のように、再びパーカッシブ・ブリージングで2回吐くのに合わせて2回軽くはずみをつけて上の脚を額のほうに引き寄せる。以上を各脚5回、合計10回繰り返す。毎回、息を吸って脚を入れ替えてから、パーカッシブ・ブリージングの呼気2回で上の脚を2回額のほうに引き寄せる。10回終えたら、スタート・ポジションに戻る。

（つづく）

ターゲットの筋肉

脊柱の屈筋：腹直筋、外腹斜筋、内腹斜筋

股関節の屈筋：腸腰筋、大腿直筋、縫工筋、大腿筋膜張筋、恥骨筋

付随する筋肉

腹部の脊柱安定筋：腹横筋

股関節の伸筋：大殿筋、ハムストリング

膝関節の伸筋：大腿四頭筋

足関節の底屈筋：腓腹筋、ヒラメ筋

肩関節の屈筋：三角筋前部、大胸筋（鎖骨部）

テクニックのアドバイス

- ステップ1では、腹壁を脊柱にしっかり引き寄せ、持ち上げた体幹と骨盤の安定を腹筋の強いアイソメトリック収縮で保ちながら、エクササイズ中ずっと、特に脚を入れ替えるときに下背部がマットから浮かないようにする。

- コアの安定を保ちながら、両脚を空中でリーチする。膝をまっすぐ伸ばす膝関節の伸筋と足をポイントにする足関節の底屈筋が望ましい長いラインをつくる。

- ステップ3の始めでは、長い脚のラインを保ったまま股関節の屈筋を使って下の脚を上げ、股関節の伸筋を使って上の脚を下げる。上の脚が垂直を通過したら、股関節の屈筋が主力となって、上の脚が下がるのをコントロールし、重力のままに脚がマットに落ちないようにする。

- ステップ4では、上になった脚を軽く額のほうに引き寄せても、下になった脚を一定の高さに保つよう注意する。これでハムストリングがダイナミックにストレッチされる。肘を外に向け肩関節の屈筋を使って上の脚を引き寄せる。

- 肩甲骨をニュートラルに保ち、肩甲骨が前にすべって肩が丸まったり、肩甲骨が上がったりしないように注意する。

- **イメージ**：脚の入れ替えは、はさみが開いたり、閉じたりするように、きびきびとシャープなダイナミクスで。股関節だけを動かし、骨盤と体幹はできるかぎり静止させておくのが望ましい。

エクササイズ・メモ

　名前のとおり、＜シングル・ストレートレッグ・ストレッチ＞は、＜ワンレッグ・ストレッチ＞（5-5）とよく似たエクササイズであり、＜シングル・ストレートレッグ・ストレッチ＞では両脚ともまっすぐ伸ばすだけの違いである。上の脚をまっすぐ伸ばしたまま胸に近づけると、硬いことが多いハムストリングを柔軟にする効果のあるダイナミックなストレッチが加わる。また、まっすぐ伸ばした脚を下げるということは、腹筋がいちだんと激しく収縮して骨盤と下背部の安定を保つことが必要になる。

エクササイズのパーソナライズ

モディフィケーション

ハムストリングが硬いならば、もっと下の位置で脚を持つか、上の脚を額に近づけるとき少し膝を曲げる。

バリエーション

このエクササイズは、図のように、下の脚をマットにつくまで下げて行う場合もある。このポジションにすると、骨盤の後傾が制限され、上の脚のハムストリングはさらにストレッチされる。同時に、上の脚を額のほうに引き寄せつづけると、骨盤がさらに後傾することもある。脚をマットに押しつけると、下の脚の股関節の屈筋がダイナミックにストレッチされることもある（個々の柔軟性による）。ハムストリングのストレッチと股関節の屈筋のストレッチとの相互関係は、骨盤のポジションによって観察し、調整することができる。骨盤の後傾が大きくなれば、下の脚の股関節の屈筋がよりストレッチされると感じるだろう。骨盤がニュートラル・ポジションに近づけば、上の脚のハムストリングがよりストレッチされると感じるだろう。

ハムストリング：
半膜様筋
半腱様筋
大腿二頭筋

シングル・ストレートレッグ・ストレッチのバリエーション

プログレッション

オリジナルの＜シングル・ストレートレッグ・ストレッチ＞か、上記のバリエーションを行う。＜ワンレッグ・ストレッチ＞（5-5）のプログレッションのように、脚をつかむのではなく、手を後頭部に添えて肘を真横に張る。頭を楽にして手にあずけてよい。そうすれば、手で頭の重さを支えることができ、頭を支えるのに首の筋肉を過度に使う必要がない。手を脚ではなく後頭部に置くことによって抵抗が大きくなる。さらに、上の脚をつかむことによって得られる補助もなくなる。この2つの要因からエクササイズの難易度が上がる。同時に、手で頭を支えているため、よくある首のつらさは緩和される。

シングル・ストレートレッグ・ストレッチのプログレッション

ダブルレッグ・ストレッチ

5-7

Double-Leg Stretch

スタート・ポジション

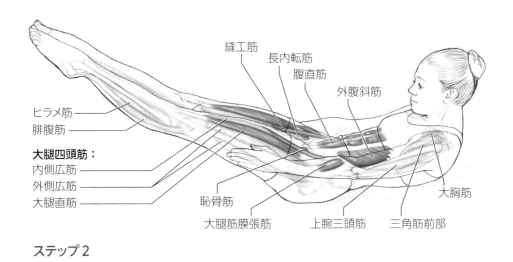

縫工筋
長内転筋
腹直筋
外腹斜筋
ヒラメ筋
腓腹筋
大腿四頭筋：
内側広筋
外側広筋
大腿直筋
恥骨筋
大腿筋膜張筋
上腕三頭筋
三角筋前部
大胸筋

ステップ 2

エクササイズ・ステップ

1. **スタート・ポジション**　仰向けになり、頭と肩甲骨をマットから持ち上げて＜チェスト・リフト＞（4-2）のポジションになる。両膝を曲げて胸に引き寄せ、手ですねを持つ。

2. **息を吸う。**腕を下ろして脚の脇に沿わせ、同時に両脚を下背部がマットから浮かない高さに伸ばす。メインの筋肉図参照。

3. **息を吐く。**再び脚を曲げて胸に引き寄せながら、腕をスタート・ポジションに戻し、手ですねを持つ。以上を10回繰り返す。

ターゲットの筋肉

脊柱の屈筋：腹直筋、外腹斜筋、内腹斜筋
股関節の屈筋：腸腰筋、大腿直筋、縫工筋、大腿筋膜張筋、恥骨筋

付随する筋肉

腹部の脊柱安定筋：腹横筋
股関節の伸筋：大殿筋、ハムストリング
股関節の内転筋：長内転筋、短内転筋、大内転筋、薄筋
膝関節の伸筋：大腿四頭筋
足関節の底屈筋：腓腹筋、ヒラメ筋
膝関節の屈筋：ハムストリング
肩関節の屈筋：三角筋前部、大胸筋（鎖骨部）
肘関節の屈筋：上腕二頭筋、上腕筋
肘関節の伸筋：上腕三頭筋

テクニックのアドバイス

- ステップ1では、腹筋下部の骨盤との付着部と上部の胸郭との付着部を合わせるよう、そして腹壁を引っ込め、わずかにCカーブをつくるよう意識する。エクササイズ中ずっと下背部がマットから浮かないようにする。

- 体幹を丸めて静止させたまま、両脚をリーチする。まず、股関節の伸筋を使って大腿を胸から遠ざけはじめる。次に、股関節の屈筋が主力となって脚の重さを支え、重力のせいで脚が下がりすぎないようにする。ステップ3で股関節の屈筋と膝関節の屈筋が脚を胸に引き寄せる前に、ステップ2で長い脚のラインを完成させるが、望ましい脚のラインをつくるには、股関節の内転筋で両脚を軽く閉じながら、膝関節の伸筋で脚をまっすぐ伸ばし、足関節の底屈筋で足をポイントにするとよい。

- 腕の動きについては、ステップ2で肘関節の伸筋が肘をまっすぐ伸ばすときに腕を足のほうにリーチすることを意識する。ステップ3では、肘関節の屈筋が肘を曲げる。また、エクササイズ中ずっと、肩関節の屈筋が作用して重力のせいで腕がマットのほうに下がらないようにしている。

- **イメージ**：ダイナミックな「リーチとギャザー」という質をもった動きにする。四肢がバネだとすれば、リーチの段階で伸ばされ、ギャザーの段階で反発して縮む、というように。

（つづく）

115

エクササイズ・メモ

　＜ダブルレッグ・ストレッチ＞は、＜ワンレッグ・ストレッチ＞（5-5）より一気に難しくなる。ストレッチするとき、両脚が運動の軸から遠く離れているため、腹筋の強さとコアの安定を正しく保つスキルが要求される。一部の人にとっては意義のある難しい課題だが、＜ハンドレッド＞（5-4）で述べたことと同様に、万人向きのエクササイズではない。必要であれば難易度を下げて行おう。

エクササイズのパーソナライズ

モディフィケーション

　骨盤が安定し、腰が反らないところまで脚を伸ばす角度を垂直に近づける。ハムストリングの硬さが制約になっている場合は、脚は部分的にまっすぐにするだけでもよい。

　今述べたモディフィケーションでもコアの安定を保てなければ、殿部の下のほうに左右から指を差し込む（手のひら下向き）。手で補助し、腹筋で恥骨結合を引き上げて、骨盤をやや後傾させる。次に、ステップ2と3の解説のとおり、骨盤をできるかぎり静止させたまま両脚のストレッチと引き寄せを練習する。手にかかる圧力で骨盤の変化を確認し、必要ならばすぐに調整しよう。上達したら、殿部の下から手を引き抜いて、腕を動かさずに前に伸ばしたまま脚を動かす。正しいフォームを保てるようになったら、ステップ2と3のように、脚の動きにオリジナルの腕の運動パターンを加える。

ダブルレッグ・ストレッチのモディフィケーション

バリエーション

　オリジナルのエクササイズの難易度を上げるには、脚を伸ばすと同時に腕を頭上に伸ばして抵抗を大きくし（図参照）、脚を胸に引き寄せると同時に腕を大きく回してスタート・ポジションに戻す。これよりもっと腹筋に負荷をかける練習をするには、＜ワンレッグ・ストレッチ＞（5-5）のバリエーションで述べたように、膝を曲げるときに大腿をほぼ垂直にし、体幹をより高く起こす。

ダブルレッグ・ストレッチのバリエーション

5-8

クリスクロス

Crisscross

（＊訳注：Crisscrossは「十字形交差」という意味）

スタート・ポジション

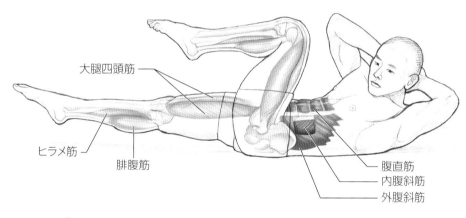

大腿四頭筋

ヒラメ筋

腓腹筋

腹直筋
内腹斜筋
外腹斜筋

ステップ2

エクササイズ・ステップ

1. **スタート・ポジション**　仰向けになり、頭と肩甲骨をマットから持ち上げて＜チェスト・リフト＞（4-2）のポジションになる。脚はテーブルトップ・ポジションにするが、膝はやや胸に近づけ、両足とも軽くポイントにする。腕を曲げて肘を張り、後頭部で手を組む。

2. **息を吐く。**メインの筋肉図のように、片脚を伸ばすと同時に反対側の曲げた膝のほうに体幹をひねる。

3. **息を吸う。**曲げた脚を伸ばし、伸ばした脚を曲げはじめながら、体幹上部をセンターに戻す。

4. **息を吐く。**脚を入れ替えながら、体幹を反対側にひねる。片脚を完全に伸ばし、反対側の脚を胸に引き寄せる。以上を各脚5回、合計10回繰り返す。脚を入れ替えて、体幹上部をひねるたびにパーカッシブ・ブリージングで1回息を吐く。

（つづく）

ターゲットの筋肉

脊柱の屈筋と回旋筋：腹直筋、外腹斜筋、内腹斜筋、腹横筋

付随する筋肉

股関節の屈筋：腸腰筋、大腿直筋

股関節の伸筋：大殿筋、ハムストリング

膝関節の伸筋：大腿四頭筋

足関節の底屈筋：腓腹筋、ヒラメ筋

テクニックのアドバイス

- よく似たエクササイズの＜ワンレッグ・ストレッチ＞（5-5）で述べたように、ステップ1では、腹壁を脊柱にしっかり引き寄せ、エクササイズ中ずっと下背部と仙骨をマットに密着させておく。

- 腹斜筋、および潜在的には腹横筋が体幹上部を回旋させるとき、骨盤の反対側がそれについてこないように保ち、骨盤が回旋の方向に揺れるのを最小限にする。骨盤ができるかぎり均等にマットに接触していること。

- 腹筋を使ってCカーブを保ち、体幹上部が回旋のときに下がらないようにする。

- コアの安定を保ちながら、片脚をダイナミックにリーチする。このとき、まず股関節の伸筋が作用して大腿を胸から引き離す。膝をまっすぐ伸ばす膝関節の伸筋と足をポイントにする足関節の底屈筋を正しく使って望ましい長い脚のラインをつくる。

- 肩甲骨をニュートラルに保ち、耳のほうに上げないようにする。

- **イメージ**：つま先に紐がついているかのように脚を空中でリーチするイメージで。股関節の屈筋は、まず脚が重力のせいでマットに落ちないように保ち、次はステップ3と4で脚を入れ替えるときに伸ばした脚を胸に引き寄せはじめる。

エクササイズ・メモ

　＜クリスクロス＞は、＜ワンレッグ・ストレッチ＞（5-5）によく似ているが、手を後頭部で組むという難易度の高いポジションで行うため、より大きな負荷が腹筋にかかる可能性がある。さらに、回旋が入ることで、複数の平面の安定という難しさが加わり、腹斜筋や腹横筋もより働かせなくてはならない。腹斜筋や腹横筋は、物を持ち上げるなどの四肢の運動の前に、あるいは走る、ジャンプなどの動作で衝撃を受ける前に脊柱を安定させる重要な筋肉である。

　腹斜筋や腹横筋の動員にはきめ細やかなテクニックが要求される。＜チェスト・リフト・ウィズ・ローテーション＞（4-7）で述べたように、Cカーブを保ちながら胸郭の片側を反対側の腰骨に近づけるようにすると、腹斜筋や腹横筋が正しく動きやすい。また、よくある誤りとして、胸郭が中心軸に対して片側にずれてしまうとか、骨盤の片側のほうに曲がる（脊柱の側屈）ということがあるが、そうならないように、なるべく中心軸を中心にして回旋するようにする。

（つづく）

中
級

エクササイズのパーソナライズ

モディフィケーション

　<クリスクロス>は要求水準の高い、難しいエクササイズであると同時に、腹斜筋に重点を置いて腹筋を鍛えるのに最も効果的なエクササイズの１つである。どのエクササイズもそうだが、精密さが大切になる。少しポジションが崩れても、効果が大きく損なわれ、下背部に過度の負担がかかり、その結果、安全面で背中を危険にさらすリスクがある。ここで述べるガイドラインに慎重に正確に従ってほしい。正しいポジションを達成するには、また、重要なこととして体幹の高さを一定に保つには、曲げた脚の大腿の後面を両手でつかみ、体幹を膝のほうにひねる。体幹上部を左にひねるなら、左手は左の大腿の外側から、右手は内側から回して大腿の後面で両手を重ねる（右にひねるなら、右の大腿の後面をつかむ）。

クリスクロスのモディフィケーション

プログレッション

　このすでに難易度の高いエクササイズの強度を上げるには、両足を同じ水平面（高さ）に保ち、脚を曲げるときに<ワンレッグ・ストレッチ>（5-5）のバリエーションで述べた大腿が垂直になるポジションにする。両手を後頭部に添え、体幹を片側にひねって、ひねったまま休止する。反対側の手を曲げた脚の大腿の後面に置く（左にひねるなら、右手を左の大腿の後面に置く。逆も同様）。手の補助を使い、腕をやや曲げて体幹を引き上げ、屈曲を深める（さらにひねらなくてもよい）。手を離して後頭部に戻したとき、体幹の高さが変わらないようにする。今度は反対側にひねって同様に反復する。片側2-3回。

クリスクロスのプログレッション

5-9

ティーザー

Teaser

（＊訳注：Teaserは「難問」「いじめっ子」という意味）

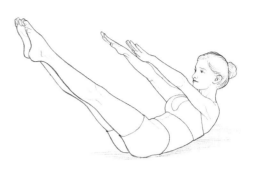

スタート・ポジション

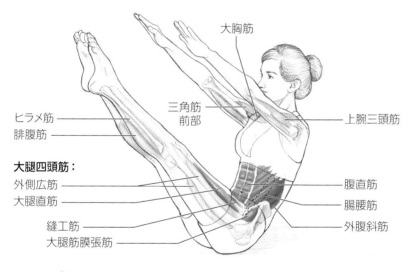

大胸筋

三角筋前部

上腕三頭筋

ヒラメ筋
腓腹筋

大腿四頭筋：
外側広筋
大腿直筋
縫工筋
大腿筋膜張筋

腹直筋
腸腰筋
外腹斜筋

ステップ2

エクササイズ・ステップ

1. **スタート・ポジション**　仰向けになり、頭と肩甲骨をマットから持ち上げ、腹壁を背骨に引き寄せる。脚を閉じて、マットから60度くらいの角度で持ち上げ、安定を保てるならば、膝をまっすぐ伸ばし、足をポイントにする。手のひらを下にして腕を前に伸ばし、腕と脚が平行になるようにする。

2. **息を吸う。** メインの筋肉図のように、殿部でバランスがとれるまで体幹上部をロールアップする。腕と脚は平行のまま。

3. **息を吐く。** 体幹をロールダウンしてスタート・ポジションに戻る。以上を5回繰り返す。

（つづく）

ターゲットの筋肉

脊柱の屈筋：腹直筋、外腹斜筋、内腹斜筋

股関節の屈筋：腸腰筋、大腿直筋、縫工筋、大腿筋膜張筋、恥骨筋

付随する筋肉

腹部の脊柱安定筋：腹横筋

股関節の内転筋：長内転筋、短内転筋、大内転筋、薄筋

膝関節の伸筋：大腿四頭筋

足関節の底屈筋：腓腹筋、ヒラメ筋

肩関節の屈筋：三角筋前部、大胸筋（鎖骨部）

肘関節の伸筋：上腕三頭筋

テクニックのアドバイス

- 腹壁をしっかり脊柱に引き寄せて、股関節の屈筋、中でも腸腰筋が強く収縮して脚を空中で保つときに腰が反ったり、骨盤が前傾したりしないように注意する。特にステップ2と3の上体の運動範囲で股関節の屈筋がロールアップとロールダウンを補助しているときには気をつける。

- エクササイズ中ずっと脚は静止させておく。股関節の内転筋を使って脚を軽く閉じて空中でリーチする。このとき膝関節の伸筋が膝をまっすぐに、足関節の底屈筋が足をポイントに保つ。

- 腹筋を使って脊柱のなめらかで連続的な動きをつくることに集中する。ステップ2では脊柱の上から下に椎骨を1つずつマットから持ち上げ、ステップ3では脊柱の下から上に椎骨を下げていく。ヒップを支点にした蝶番のような動きにならないこと。そうなるのは、股関節の屈筋ばかり使っている証拠である。

- 肘関節の伸筋を使って肘をまっすぐに保ち、長い腕のラインをつくるよう注意する。同時に、肩関節の屈筋が作用して体の前で腕を正しい位置に保つとき、肩甲骨の下制筋を使って肩甲骨を耳のほうに上げないようにする。

- 常に平行な関係になるように腕を脚に合わせて動かす。

- **イメージ**：体幹を上下させるときは、足の第2指につけた紐が脚の重さを支えるのを補助しているイメージで、脚はできるかぎり静止させておく。

エクササイズ・メモ

　<ティーザー>は、腹筋と股関節の屈筋の強さと持久力を鍛えると同時に、巧みな脊柱のアーティキュレーションと鋭いバランスも組み込んだピラーティスの代表的エクササイズである。<ロールアップ>（5-2）で使われる脊柱の精密なアーティキュレーションに、<ハンドレッド>（5-4）や<ダブルレッグ・ストレッチ>（5-7）の脚をマットから持ち上げる練習が組み合わされている。また、次章で紹介する<ロッカー・ウィズ・オープン・レッグズ>（6-5）は、要求されるバランスを練習するうえで役に立つ。現在のハムストリングの柔軟性に対して高すぎる位置に体幹を起こすと、体が前に倒れがちである。また、現在のハムストリングの柔軟性と腹筋の強さに対して高すぎる位置に脚を上げると、体が後ろに倒れがちである。この<ティーザー>のフォームを正しく行うには、身体各部の巧みな釣り合い、そして腹筋と股関節の屈筋の調和のある共同作用が必須である。

　<ティーザー>を本章の最後にしたのは、先に紹介したエクササイズで練習するスキルのさまざまな要素を総合することが必要だからだ。筋力やスキルが不十分なために正しいフォームで行えないなら、必要な要素が上達するまで難易度を下げて練習しよう。脚の重さというのはかなりのもので、骨盤や下背部の安定が不十分だと下背部を痛める心配がある。さらに言い添えておくが、医学界にはこのエクササイズをリスクが高いものだと見なす声があり、背中に異常がある場合、あるいはどんな理由にしろ禁止されている場合は行うべきではない。

（つづく）

エクササイズのパーソナライズ

モディフィケーション

　なめらかにロールアップして高いV字ポジションになるのが難しい場合は、ステップ2と3の体幹のロールアップとロールダウンで軽く膝を曲げておく。こうするとハムストリングの緊張がゆるみ、体幹をより高く起こせるようになる。また、脚がやや骨盤に近づくので脚の重さの影響が少なくなり(トルクが小さくなる)、股関節の屈筋にかかる負荷も小さくなる。ただし、脚を引き寄せすぎると体幹とのバランスがとれなくなるから、自分にとってベストなポジションを見つけよう。それでもなめらかにロールアップできなければ、難しいポイントで両手を大腿の後面に添えて、体幹を起こすのを一瞬だけ補助してもよい。あるいは、ロールアップしたポジション(ステップ2の終わり、ただし膝は軽く曲げる)から始め、途中までロールダウンするか、ロールアップしたポジションになめらかに戻れる位置までロールダウンする。筋力とスキルの向上につれて、正しいフォームでフルレンジのエクササイズができるまで少しずつロールダウンの位置を下げていく。最終的には脚を伸ばして練習する。

バリエーション

　ピラーティスの多くの流派が、最後のV字ポジションで、脊柱を屈曲させず、上背部を伸展させる方法を採用している。これは、猫背の姿勢(脊柱後弯)にとって有効な策であり、また腹筋と脊柱の伸筋との共同収縮によって望ましくない腰椎の過伸展を伴わずに正しく胸椎を伸展させる練習にもなる。筋力とハムストリングの柔軟性が十分ある人は、上背部だけでなく、脊柱全体を伸展させることを目標にする。その場合、仙骨上部から背中全体を引き上げながら、骨盤前部の腹筋の付着部も引き上げてフラットバック・ポジションになり、骨盤はニュートラル・ポジションにして坐骨でバランスをとる。これは、股関節の屈筋が激しく働いて両脚の高さを保っているときのブレーシングを練習するための高度だが有益な方法である。

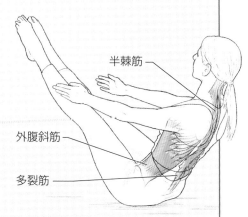

ティーザーのモディフィケーション

半棘筋

外腹斜筋

多裂筋

腹筋と脊柱の伸筋の共同収縮

このバリエーションでは、図のようにV字ポジションのときや、ステップ3でロールダウンしてスタート・ポジションに戻ったときに腕を頭上に上げることもある。V字ポジションで腕を頭上に上げると、このバリエーションの背中が丸くなってしまう誤りを防いで、望ましい引き上がった姿勢をつくりやすくなる。

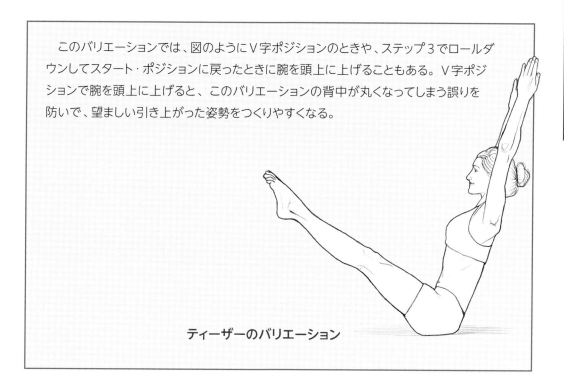

ティーザーのバリエーション

柔軟な脊柱 のための精密な アーティキュレーション

第6章

　脊柱の運動は複雑なプロセスである。第2章で述べたように、脊柱は首(頸椎)・上背部(胸椎)・下背部(腰椎)の24個の可動性の椎骨でできており、これら椎骨は椎体で軟骨性の円板(椎間板)によって、椎弓で小さな平面関節によって接合されている。また、おびただしい数の靭帯や筋肉が椎骨を連結している。仙骨の5個の椎骨(仙椎)は、第5腰椎に対してユニットとして動き、通常は30歳くらいまでに癒合する。

　ピラーティスの目標は、椎骨それぞれが次の椎骨に対して正確に連続的に動くようにすることである。この望ましい正確な動きは**脊柱のアーティキュレーション**と呼ばれる。解剖学では、アーティキュレーション(articulation)は単に関節を意味する。ほかの意味もある。たとえば、辞書には「結合もしくは相互関連」とも定義されているし、HSC Danceのウェブサイトでは「体の動きが明確に調和しながらも分化していること」と表現されている。これらのほうが、ピラーティスで使うアーティキュレーションの意味に近い。「精密なアーティキュレーション」という表現は、本章のエクササイズの目的の1つが精密にコーディネートされた脊柱の動きを上達させることだということを明らかにしている。

　脊柱は多方向に動く。だから、ピラーティスの目標も脊柱をあらゆる方向に精密にコーディネートして動かせるようにすることである。特に重要なのは、本章のテーマ、脊柱の屈曲である。下背部(腰)に柔軟性がなく、正常な運動ができなくなっている人が多い。下背部はもともと前にカーブしている(背面に対して凹状)ため、脊柱を屈曲するとこのカーブがゆるくなる傾向があり、健全な柔軟性を取り戻す効果を期待できる。柔軟性は十分にあっても精密なコントロールに欠けている人もいる。

　腹筋は脊柱の屈筋であるため、第5章と本章のエクササイズは似ているところが多く、効果もほぼ共通している。第5章のエクササイズが筋力と持久力をより重視していたのに対し、本章のエクササイズは脊柱の可動性とアーティキュレーションに重点を置いている。スパイン・ストレッチ(6-1)では、座ったポジションから正確に脊柱を屈曲させる。次の4つのエクササイズでは、精密なアーティキュレーションで屈曲した脊柱のポジションを固定したまま転がることが要求される。ローリング・バッ

ク(6-2)は基礎的なスキルの上達が目的だが、シール(6-3)はすばやい脚の動きが加わることで難しくなる。クラブ(6-4)はさらに高度になり、より大きな前に転がる、起き上がる、膝立ちになるという動きが加わる。ロッカー・ウィズ・オープン・レッグズ(6-5)では、両脚をV字ポジションに保ったまま転がることが要求される。次の4つのエクササイズは、ハムストリングと下背部の強いストレッチになる。まずロールオーバー・ウィズ・レッグズ・スプレッド(6-6)で基礎的なスキルを導入し、次に脊柱を屈曲したポジションからコントロール・バランス(6-8)では片脚を、ジャックナイフ(6-9)では両脚を持ち上げる動きが加わる。ブーメラン(6-7)は、ロールオーバー・ウィズ・レッグズ・スプレッドのスキルにティーザー(5-9)のバランスの課題を組み合わせたものだ。

　本章には、脊柱を極端に屈曲するため肩や首に体重がかかるものなど、ピラーティス・エクササイズの中でも特に論争の的になっているものが含まれている。実践者からは、こうしたエクササイズの効果を支持する声が多く聞かれるが、リスクを警告する医療関係者も少なくない。たとえば、骨密度の低い人がこのタイプのピラーティスやヨガのエクササイズを行って、1つ以上の椎骨を骨折したケースが報告されている。残念ながら、骨密度が危険なまでに低いことに気づかず、骨折して初めて知るという人もいる。だから、こうしたエクササイズに関しては格別の注意を払ってほしい。医師に相談して、こうしたエクササイズが(難易度を下げた場合も含めて)自分に適切かどうか確認しておこう。エクササイズの前に十分にウォームアップし、基本的なエクササイズをマスターするまでは上級レベルのものには進まないこと。医療関係者は一般的に、首に体重がかかるエクササイズは妊娠中の女性、閉経前後の女性、骨粗しょう症の人や首に問題のある人は行わないよう勧めている。下背部の問題の種類によっては屈曲で悪化する場合もある。それを除けば、屈曲でよくなることはあっても悪くなることはないだろう。

6-1　スパイン・ストレッチ（スパイン・ストレッチ・フォワード）

Spine Stretch (Spine Stretch Forward)

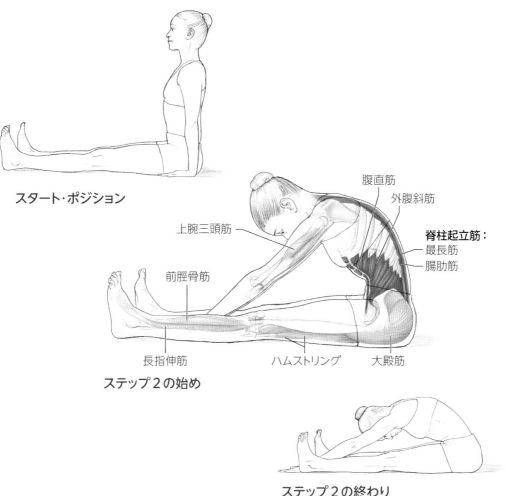

スタート・ポジション

腹直筋
外腹斜筋
上腕三頭筋
脊柱起立筋：
最長筋
腸肋筋
前脛骨筋
長指伸筋
ハムストリング
大殿筋

ステップ2の始め

ステップ2の終わり

エクササイズ・ステップ

1. **スタート・ポジション**　体幹をまっすぐ立てて座る。脚は肩幅より少し開き、膝を伸ばして、足をフレックス（足関節の背屈）にする。腕は体側に沿ってまっすぐ伸ばし、手のひらをマットにつける。

2. **息を吐く。**腹壁を引っ込めたまま、頭と背骨の上部をロールダウンし、腕を前に伸ばす。メインの筋肉図参照。図のように手をマットから脚の内側にすべらせる。

3. **息を吸う。**脊骨をロールアップし、スタート・ポジションに戻る。以上を5回繰り返す。

（つづく）

ターゲットの筋肉

脊柱の伸筋：脊柱起立筋（棘筋、最長筋、腸肋筋）、半棘筋、深層の固有背筋
脊柱の屈筋：腹直筋、外腹斜筋、内腹斜筋

付随する筋肉

腹部の脊柱安定筋：腹横筋
股関節の伸筋：大殿筋、ハムストリング
足関節の背屈筋：前脛骨筋、長指伸筋
肩関節の屈筋：三角筋前部、大胸筋（鎖骨部）
肘関節の伸筋：上腕三頭筋

テクニックのアドバイス

- ステップ2の始めでは、頭を体幹に近づけたままロールダウンする。腹筋を使って、腹壁を内側に引き寄せつつ、胸郭の前部を下後方に引っ張り、座位での脊柱の屈曲を最大にする。この望ましい体幹下部のスクープされた形を腹筋でつくりながら、重力に引っ張られて下がる体幹上部を脊柱の伸筋でなめらかにコントロールする。椎骨を1つずつ動かして脊柱を連続的にロールダウンすること。
- まず骨盤を垂直に保つことに集中する。ロールダウンで前にリーチしはじめても、股関節の伸筋のアイソメトリック収縮で骨盤の上部が大腿より前に出ないようにする（つまり股関節を屈曲させない）こと。
- ステップ2の終わりでは、骨盤の上部をわずかに前に傾け、腕を遠くにリーチして、ハムストリングを最大限にストレッチする。
- 足関節の背屈筋を使って足をフレックスにし、しっかりと脚を伸ばす。踵をマットにつけたまま前に伸ばすことに注意する。
- 腕を正しくリーチするには、肩甲骨をニュートラル・ポジションに保ちながら、肩関節の屈筋で腕を前方にスライドさせ、肘関節の伸筋で肘をまっすぐにして長く伸びた感じにする。
- ステップ3のロールアップでは、腹筋を使って腹壁を引っ込める。同時に、脊柱の伸筋が脊柱を垂直に戻すときに椎骨を1つずつ、今度は腰椎から上へという順番で、仙骨に積み上げていくことを意識する。
- **イメージ：**ロールダウンとロールアップのときは、ウエストに巻いた紐が後ろから引っ張られて、スクープしたセンターをさらにえぐり、腕と脚は前にリーチする、というイメージで。

エクササイズ・メモ

　<スパイン・ストレッチ>は、安定した座位から、2つの重要な脊柱のポジション、まっすぐな姿勢と丸めた姿勢を使って、脊柱の緻密なアーティキュレーションを練習するのに格好のエクササイズである。ピラーティスで脊柱を屈曲させる場合の共通の目的は、上背部だけでなく、下背部を重点的に丸めることである。上背部（胸椎）はもともと後方にカーブしているため、脊柱のこの部分は何もしなくても前に丸くなりすぎるくらいである。このエクササイズでは、下背部を十分に丸めることに集中できる。また、ハムストリングと脊柱の伸筋の下部がダイナミックにストレッチされる。

エクササイズのパーソナライズ

モディフィケーション

　ハムストリングが硬くて、スタート・ポジションで股関節の屈筋が体幹を直立させるのを妨げていると感じるなら、あるいはステップ2でロールダウンするとき体幹上部の重さがなかなか股関節より前に落ちないなら、踵はマットにつけたまま両膝を軽く曲げてみよう。背骨をなめらかに前に丸めることができ、指先を膝より前につけるまで膝を曲げる。

バリエーション

スパイン・ストレッチのモディフィケーション

　ステップ2の終わりでフラットバック・ポジションを加えると、さらに腰椎のアーティキュレーションの練習になり、背中を平らにする姿勢や丸くする姿勢をつくりやすくなる。骨盤上部をやや前に傾けて、腕を前にリーチした後、ゆっくりと連続的に下背部の下から上背部へ、さらに首へと背骨を伸ばす。次に、ステップ3でオリジナルのエクササイズ同様に背骨を連続的にロールアップする。背骨を連続的に伸ばしたり、曲げたりするのに必要な感覚の違いとコントロールを意識しよう。

131

ローリング・バック
（ローリング・ライク・ア・ボール）

6-2

Rolling Back (Rolling Like a Ball)

スタート・ポジションの終わり

ステップ2

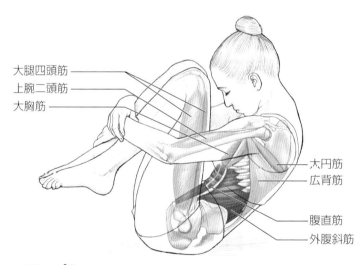

大腿四頭筋
上腕二頭筋
大胸筋

大円筋
広背筋

腹直筋
外腹斜筋

ステップ3

エクササイズ・ステップ

1. **スタート・ポジション**　膝を胸に引き寄せて座り、脚を閉じて、体をボールのように丸める。足はマットにつける。頭をできるだけ膝に近づける。下腿をしっかりつかむ。後ろに体重を移動して坐骨でバランスをとり、足が少しマットから浮くようにする。

2. **息を吸う。**図のように後ろに転がって仰向けになる。

3. **息を吐く。**前に転がって（メインの筋肉図参照）スタート・ポジションの終わりに戻る。以上を10回繰り返す。

ターゲットの筋肉

脊柱の屈筋と腹部の脊柱安定筋：腹直筋、外腹斜筋、内腹斜筋、腹横筋

付随する筋肉

股関節の屈筋：腸腰筋、大腿直筋

股関節の伸筋：大殿筋、ハムストリング

股関節の内転筋：長内転筋、短内転筋、大内転筋、薄筋

膝関節の伸筋：大腿四頭筋

肩関節の伸筋：広背筋、大円筋、大胸筋（胸肋部）

肘関節の屈筋：上腕二頭筋、上腕筋

テクニックのアドバイス

● ステップ1では、腹壁をスクープし、頭から尾骨までの深いCカーブをつくる。股関節の屈筋が脚をマットから浮かせておくのを補助する。

● ステップ2の始めでは、腹壁の下部をさらに引っ込め、ASIS（上前腸骨棘）と体幹がロールバックするように。はずみをつけすぎず、なめらかに転がって仰向けになる。

● ステップ3で運動の方向を逆転させるには、股関節の伸筋を使って大腿を胸から遠ざけ、肩関節の伸筋を使って足を引き下ろすつもりで（腕で押さえているので実際には股関節の角度は変化しない）。同時に、腹筋を使って腰椎の屈曲を深くし、体幹上部を引き上げて正しく前に転がる。

● エクササイズ中ずっと、股関節・膝・肘の角度の変化を最小限にとどめることに注意する。体が一体のまま転がる意識で。この一定の形をつくるには、腕と脚のアイソメトリック収縮を釣り合わせて、引っ張り合いを保つが、目に見える動きは起きないようにする。股関節の伸筋を使って膝を体からやや遠ざけ、膝関節の伸筋を使って膝をやや伸展させるが、肘関節の屈筋が下腿を殿部のほうに引き寄せて対抗するので、実際には動きが生じない。

● 股関節の内転筋を使って脚を閉じたまま転がる。

● **イメージ：**エクササイズ・ボールの内側に座り、ボールの丸みにもたれて脊柱のカーブを一定に保ったまま、ボールごとなめらかに前後に転がるイメージで。

（つづく）

基本

エクササイズ・メモ

　<ローリング・バック>は脊柱のアーティキュレーションを別の方法で応用したものだ。ここでの目的は、脊柱を屈曲した形を変えないこと、後ろに転がってから、前に転がるとき椎骨を1つずつ連続的にマットにつけていくことである。そのためには、作用させる筋肉やバランスをよく計算して切り替えなければならない。この難易度の高いスキルは、本章と次章以降のほかのさまざまなエクササイズでも使われる。

エクササイズのパーソナライズ

モディフィケーション

　下背部や股関節が硬い、スタート・ポジションに戻るのが難しい、下腿を動かす反動を使ってしまう、いずれかのときは、手を膝上の位置で大腿の後面に当てて（左右それぞれに）練習することから始めよう。

バリエーション

　手を足首のすぐ上に置き（左右それぞれに）、肘を外に向け、背骨をもっとゆるやかなCカーブにする。このとき腰部を重点的に屈曲させ、上背部はあまり屈曲させない。

プログレッション

　バリエーションをさらに難しくするには、スタート・ポジションの背骨と同じポジションを保つ。ただし、手で脚をつかむのではなく、両腕をまっすぐ前に伸ばす。肘を伸ばして腕を床と平行にし、手のひらを向かい合わせる。腕はもちろん、全身の各部のポジションをできるかぎり変えずに後転し、また前転する。このプログレッションでは、オリジナルの<ローリング・バック>で説明したアイソメトリック収縮に腕の補助を使えなくなる。このアイソメトリック収縮は、特に前に転がってスタート・ポジションに戻るときに、体の望ましいポジションを保つうえで大きな助けになっている。

**ローリング・バックの
プログレッション**

6-3 シール（シール・パピー）

Seal (Seal Puppy) （＊訳注：Sealはアザラシ、Seal Puppyはアザラシの赤ちゃん）

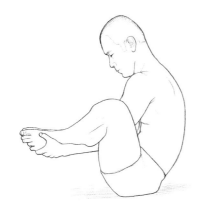

スタート・ポジション　　　　　　　　ステップ2

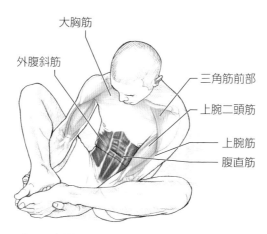

大胸筋
外腹斜筋
三角筋前部
上腕二頭筋
上腕筋
腹直筋

ステップ3の中間

エクササイズ・ステップ

1. **スタート・ポジション**　座って膝を曲げて胸に引き寄せ、肩幅より少し開き、踵を合わせる。脊骨はCカーブに。腕を大腿の間から下腿の下にくぐらせて、左右それぞれに手で足の外側をつかむ。足をマットから浮かせ、膝が肩より外側に張るようにする。後ろに体重を移動して坐骨でバランスをとる。

2. **息を吸う。** 図のように後ろに転がって仰向けになる。

3. **息を吐く。** メインの筋肉図のように前に転がってスタート・ポジションに戻る。足を2回打ち合わせる。以上を10回繰り返す。

（つづく）

ターゲットの筋肉

脊柱の屈筋と腹部の脊柱安定筋：腹直筋、外腹斜筋、内腹斜筋、腹横筋

付随する筋肉

股関節の屈筋：腸腰筋、大腿直筋
股関節の外転筋：中殿筋、小殿筋
股関節の内転筋：長内転筋、短内転筋、大内転筋、薄筋
膝関節の伸筋：大腿四頭筋
肩関節の屈筋：三角筋前部、大胸筋（鎖骨部）
肘関節の屈筋：上腕二頭筋、上腕筋

テクニックのアドバイス

- ステップ1では、腹筋を使って骨盤を後傾させ、頭から尾骨までのCカーブをつくる。同時に、腹壁を引っ込めて体幹の前面を脊柱のほうにスクープする。股関節の屈筋を使って脚をマットから浮かせ、大腿を胸に近づけておく。肩関節の屈筋と肘関節の屈筋も腕で脚を肩に近づけ、股関節を外旋させておくのを補助する。

- ステップ2の始めでは、腹壁の下部をさらに引っ込めて、ASIS（上前腸骨棘）が後ろに回転し、体がなめらかにロールバックして仰向けになるようにする。

- ステップ3で運動の方向を逆転させるには、股関節の伸筋を使って大腿を胸から遠ざけ、手で足を引き下ろすつもりで（腕で押さえているので実際には股関節の角度は変化しない）。同時に、腹筋を使って腰椎の屈曲を深くし、体幹上部を引き上げて前に転がる。体が一体のまま転がるのが望ましい。

- 体を転がすときは、本項と＜ローリング・バック＞（6-2）で述べた説明を参考にして、なるべく一定のCカーブを保つ。

- スタート・ポジションに戻ってバランスをとったら、足を軽く2回打ち合わせる。股関節の外転筋を使って脚を開き、股関節の内転筋を使って脚を閉じることになる。脚を閉じるときは、すばやく、シャープな動きにすること。

- **イメージ**：なめらかに体を転がすには、脊柱がボールの丸み、車輪、フープなどのように転がってもカーブを失わないものだとイメージしよう。

エクササイズ・メモ

　「シール」という名前は、足を打ち合わせるところが、アザラシがヒレを打ち合わせるところに似ていることに由来する。＜シール＞は、効果と難しさの両面で＜ローリング・バック＞（6-2）と共通しているところが多い。たとえば、脊柱の伸筋のダイナミックなストレッチ、転がりながら腹筋もコーディネートさせて脊柱のCカーブを保つ、はずみをつけすぎずにうまく利用する、体重を後ろに移動して坐骨でバランスをとる、などが挙げられる。起き上がったときに、＜シール＞では足を打ち合わせるという課題が加わる。そのため勢いが途絶え、バランスやCカーブが崩れやすくなる。

エクササイズのパーソナライズ

モディフィケーション

　バランスがとれなかったり、股関節や下背部が硬かったりしてうまくできないときは、図のように、膝を肩から遠ざけ、腕を大腿の外側から回し、膝上の位置で大腿の後面をつかんで練習することから始めよう。ステップ2と3で後転・前転するとき肘の屈曲の角度、大腿と胸の距離が変わらないように気をつける。上達してきたら、まず、すねをつかみ、その後、手の位置を足首のほうに下げていき、だんだん膝を胸に近づける。このとき腕はまだ大腿の外側から回してよい。

シールのモディフィケーション

プログレッション

　難易度を上げるには、膝を肩に近づけ、踵を殿部に引き寄せてオリジナルのエクササイズを行う。この股関節と膝関節を深く屈曲したタイトなポジションを後転・前転のときも崩さないようにする。特に後転・前転のときに下腿を殿部から離してはいけない。さらに転がるはずみを利用できなくするには、仰向けになったときも、起き上がったときも、足を3回打ち合わせて休止してから転がるようにする。

クラブ

上級

Crab （＊訳注：Crabはカニ）

スタート・ポジション

ステップ 2

大腿四頭筋

大円筋

広背筋

腹直筋

外腹斜筋

ハムストリング

大殿筋

ステップ 3 の中間

ステップ 3 の終わり

エクササイズ・ステップ

1. **スタート・ポジション** 膝を曲げて座り、足首を交差させる。脊骨はCカーブに。腕を大腿に回し、足を反対側の手でつかむ（左足は右手で、右足は左手で）。肘を外に向けて、やや曲げる。親指を足の内側に当て、残りの指で土踏まずをくるむように足をつかむ。足をマットから浮かせ、膝を肩の内側に引き上げる。後ろに体重を移動して坐骨でバランスをとる。

2. **息を吸う。** 図のように後ろに転がって仰向けになる。

3. **息を吐く。** 前に転がってスタート・ポジションを通過し（メインの筋肉図参照）、図のように頭をマットにつける。後ろに転がって再びスタート・ポジションに戻る。以上を6回繰り返す。6回目が終わったら、スタート・ポジションに戻ってバランスをとる。

ターゲットの筋肉

脊柱の屈筋と腹部の脊柱安定筋：腹直筋、外腹斜筋、内腹斜筋、腹横筋

付随する筋肉

股関節の屈筋：腸腰筋、大腿直筋

股関節の伸筋：大殿筋、ハムストリング

股関節の外旋筋：大殿筋、深層の外旋筋群

膝関節の伸筋：大腿四頭筋

肩関節の伸筋：広背筋、大円筋、大胸筋（胸肋部）

肘関節の屈筋：上腕二頭筋、上腕筋

テクニックのアドバイス

- ステップ1では、腹筋を使って骨盤を後傾させ、頭から尾骨までのCカーブをつくる。同時に、腹壁を引っ込めて体幹の前面を脊柱のほうにスクープする。股関節の屈筋を使って脚をマットから浮かせ、大腿を胸に近づけておく。股関節がやや外旋し、膝が肩の内側に入る。

- ステップ2の始めでは、腹壁の下部をさらに引っ込めて、ASIS（上前腸骨棘）が後ろに回転し、体がなめらかにロールバックして仰向けになるようにする。脊柱のCカーブと股関節および膝関節の屈曲の角度はなるべく変えないようにする。

- ステップ3の始めで運動の方向を逆転させるには、股関節の伸筋を使って大腿を胸から遠ざけ、肩関節の伸筋を使って足を殿部に引き寄せるつもりで。＜ローリング・バック＞（6-2）で述べたように、膝関節の伸筋と肘関節の屈筋が協調して同時に収縮すれば、関節の角度の変化が最小限になり、体が一体のまま前に転がる。転がりはじめるときは腹筋を使って腰椎の屈曲を深くし、回転運動の終わりでは腹筋を使って体幹上部を引き上げる（ステップ3の中間）。

（つづく）

- ステップ3の終わりで体重が膝に移動するときは、股関節の伸筋、膝関節の伸筋、腹筋の収縮を結集して骨盤を膝の上に引き上げるようにする。ここで膝の屈曲の角度が減少するので体幹が前に進み、頭がマットにつくが、股関節の外旋筋の作用で膝は外向きのままである。

- ステップ3で頭をマットにつけるときは、前進運動の力とスピードを慎重にコントロールし、小さい骨である頸椎にかかる力を最小限にとどめるようにする。

- スタート・ポジションに戻るときは、コントロールしながら骨盤を下げ、膝を保護するために膝関節の伸筋と股関節の伸筋を絶妙なエキセントリック収縮で使うことが重要である。

- **イメージ**：膝で起きて頭をマットにつける難しい段階では、パートナーがいて、あなたのジーンズのベルトループを引き上げて前に引っ張り、骨盤を持ち上げてくれるところをイメージしよう。ロールバックするときもこれと同じイメージで。なめらかで軽やかな、引き上がった感じの動きをつくりやすくなるだろう。

エクササイズ・メモ

　「クラブ」という名前は、このエクササイズで使われる脚の形——膝が横を向き、足が中心に集まる——とカニのはさみのある前脚の形が似ていることに由来する。<クラブ>は、ピラーティス学習者の中でもスキルを十二分に習得した人だけが、<ローリング・バック>（6-2）と<シール>（6-3）をきれいなフォームでできるようになってからに限りトライすべき上級者向けエクササイズである。その効果はこの2つのエクササイズとほぼ共通している。たとえば、脊柱の伸筋のダイナミックなストレッチ、転がるときに腹筋その他の筋肉をコーディネートさせて体をボール状に保つ、はずみをつけすぎずにうまく利用する、小さい支持基盤（坐骨や膝）の上で巧みにバランスをとる、などが挙げられる。

　ただし、<クラブ>では新しい課題が——膝を痛めやすいポジションにして、すなわち体重を支えている膝を深く屈曲して体を前に動かす——加わる。これに加え、膝がまっすぐ前ではなく、いくらか外向きになるため、フォームが正しくないと、膝をひねるという問題が生じる可能性がある。さらに、終わりのポジションの首のストレッチはコントロールしなければ危険である。したがって、膝や首に問題がある人、ケガのリスクが高くなりそうな健康状態の人は、やらないほうがよい。

エクササイズのパーソナライズ

モディフィケーション

　＜クラブ＞の体勢は、体幹を深く屈曲するため難しい。足をつかんだまま運動することによって、それがさらに難しくなる。特に腕が短い人にはハードルが高い。足をつかむかわりに、手を膝に置いて練習しよう。このとき、＜ローリング・バック＞(6-2)で説明したように、肩関節の伸筋、肘関節の屈筋、股関節の伸筋がアイソメトリック収縮している。膝に手を置いたまま後転し、前転するとき手を膝から離し、骨盤のすぐ後ろでマットに手をついてマットを押し、起き上がって前転するのを補助する。骨盤を引き上げて膝立ちになったら、肩の真下で手をマットにつく。頭をマットにつけたとき手で体を支えることになる。スタート・ポジションに戻ったら、骨盤の後ろで手をマットについて、骨盤をマットに戻し、また手を膝に置いて反復する。

クラブのモディフィケーション

バリエーション

　ロールバックしたポジションで交差した脚をほどいて、また交差する。膝は曲げたままか、図のようにまっすぐ伸ばしてから、また曲げる。このバリエーションにすると、＜クラブ＞に楽しいチャレンジが加わる。脚と腕をすばやく動かすには、たくさんの関連する筋肉をコーディネートさせて使い、コアの安定や動きのフローを崩さないようにしなければならない。このバリエーションでは、手のポジションも少々異なる。人によってはこのほうがよりニュートラルな足のポジションを保ちやすいかもしれない。最も難しい体を起こす段階で息を止めずに落ち着いて新しい要素を加えるには、呼吸パターンを調整する。ロールバックで息を吐き、脚の入れ替えで息を吸い、ロールアップで息を吐き、首の軽いストレッチで息を吸う。

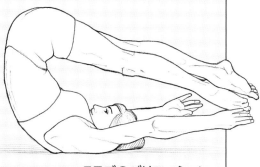

クラブのバリエーション

ロッカー・ウィズ・オープン・レッグズ
（オープンレッグ・ロッカー）

中級

Rocker With Open Legs (Open-Leg Rocker)

スタート・ポジション

ステップ2

ヒラメ筋
腓腹筋

大腿四頭筋：

外側広筋

大腿直筋

縫工筋

大腿筋膜張筋

中殿筋

上腕三頭筋

腹直筋

外腹斜筋

ステップ3

エクササイズ・ステップ

1. **スタート・ポジション** 後ろに体重をかけて坐骨でバランスをとり、膝を胸に引き寄せて、肩幅くらいに開く。下背部はCカーブに。手で足首のすぐ上をつかむ。両膝を伸ばして体全体でV字をつくる。

2. **息を吸う。** 図のように後ろに転がって仰向けになる。

3. **息を吐く。** 前に転がってV字ポジションに戻る。メインの筋肉図参照。以上を5回繰り返す。

ターゲットの筋肉

脊柱の屈筋と腹部の脊柱安定筋:腹直筋、外腹斜筋、内腹斜筋、腹横筋

股関節の屈筋:腸腰筋、大腿直筋、縫工筋、大腿筋膜張筋、恥骨筋

付随する筋肉

脊柱の伸筋:脊柱起立筋

股関節の伸筋:大殿筋、ハムストリング

股関節の外転筋:中殿筋、小殿筋

膝関節の伸筋:大腿四頭筋

足関節の底屈筋:腓腹筋、ヒラメ筋

肩関節の屈筋:三角筋前部、大胸筋(鎖骨部)

肘関節の伸筋:上腕三頭筋

テクニックのアドバイス

● ステップ1では、腹筋を収縮させて骨盤をやや後傾させる。また、股関節の屈筋が収縮して脚を支えるとき、特に膝関節の伸筋が脚をまっすぐ伸ばす段階で腰が反らないようにする。股関節の外転筋がV字ポジションで脚を開いた状態を保つ一方、腕が脚の開きすぎを防ぎ、肩関節の屈筋が脚をマットから引き上げておく股関節の屈筋を補助する。

● ステップ2の始めでは、腹壁の下部をさらに引っ込めて、ASIS (上前腸骨棘)が後ろに回転し、体がなめらかにロールバックして仰向けになるようにする。

● ロールバックするときは、肘が曲がらないようにする。また、股関節の伸筋を使って脚が胸のほうに落ちてこないようにする。

● ステップ3の始めでは、股関節の伸筋を使って脚を胸から遠ざけようとすると望む方向に転がりやすい。ただし、腕で押さえているので実際には股関節の角度は変化しない。この後、前に転がるときは、Cカーブを深くするつもりで。それとともに腹筋を使って胸郭の前部を引き下げると、うまく体幹上部をロールアップしてV字バランスをとれる。

(つづく)

143

- エクササイズ中ずっと、長い脚のラインを保つ。そのためには膝関節の伸筋で膝をまっすぐに、足関節の底屈筋で足を軽くポイントにしておく。脚を空中で遠くにリーチするつもりで。
- 肩甲骨をニュートラル・ポジションに保つよう注意する。肩が耳のほうに上がってはいけない。特にV字ポジションになったときに注意。
- **イメージ**：エクササイズ名のとおり、背骨がロッキングチェアのようになめらかに前後に転がるイメージで。

エクササイズ・メモ

　＜ロッカー・ウィズ・オープン・レッグズ＞もまたピラーティスのトレードマーク的なエクササイズだ。見る者を納得させるような美しく、難しそうなポーズであることから、よく写真でも見かける。＜ローリング・バック＞（6-2）で練習するスキルの多くが使われているが、脚をまっすぐ伸ばすのでかなり難しくなる。この脚をまっすぐ伸ばしたポジションにすると、たいていの人に必要なハムストリングのストレッチになるという効果があり、またバランスをとるのが格段に難しくなる。このエクササイズで使われるV字ポジションは＜ティーザー＞（5-9）に必須の要素でもある。

エクササイズのパーソナライズ

モディフィケーション

　ハムストリングが硬い人は、足首ではなく、ふくらはぎを持ってみよう。それでもまだ難しいなら、少し膝を曲げて大腿の後面を持ってもよい。逆にハムストリングがとても柔軟なら、Ｖ字を少し狭くしてみよう。さらに、肘が曲がらないように気をつけ、脚をやや押し下げる意識で脚が胸に近づかないようにする。特にステップ２でロールバックするときに注意。

バリエーション

　このエクササイズは、図のように背中を平らにして行う場合もある。このバリエーションでは、ステップ３のロールアップの終わりに、背骨を天井に向けて斜め上に伸ばしながら、腹筋を使って骨盤をニュートラル・ポジションに保つことに細心の注意を払うこと。そうすれば、このバランスと脚の支持という両面で要求の厳しいポジションで、骨盤を前傾させすぎずに脊柱の伸筋を使って背中をまっすぐにするという大切なスキルが上達する。

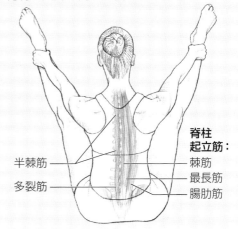

脊柱
起立筋：

半棘筋 ——　　　　—— 棘筋
　　　　　　　　　　—— 最長筋
多裂筋 ——　　　　—— 腸肋筋

脊柱の伸展を重視したロッカー・ウィズ・オープン・レッグズのバリエーション

プログレッション

　スタート・ポジションで、右手で左足首の内側をつかみ、左腕は左足首の外側で前に伸ばす。なるべく体幹がねじれないようにし骨盤は正面に向けておく。ステップ２で、骨盤、下背部、中背部の中心を軸にロールバックする。ただし、ステップ３のロールアップで背骨をマットから起こしたらすぐ、左脚のほうに体幹をねじりながら、図のように左腕を頭上に伸ばし、腹斜筋とバランスにより負荷をかける。このポジションで休止して、左腕を右腕と同じ高さに下ろし、体幹をほぼ正面を向くように戻す。これを３回繰り返してから、左手で右足首の内側をつかみ、反対側も同様に行う。

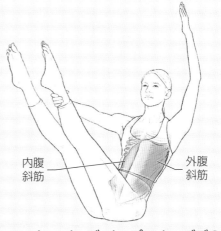

内腹
斜筋　　　　　　　　外腹
　　　　　　　　　　斜筋

**ロッカー・ウィズ・オープン・レッグズの
プログレッション**

ロールオーバー・ウィズ・レッグズ・スプレッド（ロールオーバー） 6-6

Rollover With Legs Spread (Rollover)

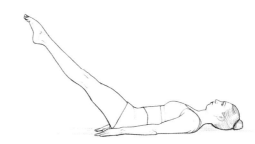

スタート・ポジション

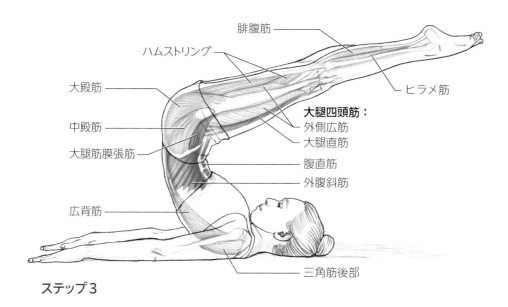

腓腹筋

ハムストリング

大殿筋

中殿筋

大腿筋膜張筋

広背筋

ヒラメ筋

大腿四頭筋：
外側広筋
大腿直筋

腹直筋

外腹斜筋

三角筋後部

ステップ3

ステップ4

エクササイズ・ステップ

1. **スタート・ポジション**　仰向けになり、腕は手のひらを下にして体の脇に置く。マットに対して60度くらいの角度で脚をまっすぐ伸ばす。60度では骨盤が安定しないなら、もっと脚を高くしてよい。

2. **息を吸う。**脚を垂直まで上げる（股関節の90度屈曲）。

3. **息を吐く。**背骨を丸め、骨盤をマットから浮かして肩のほうに持ち上げ、メインの筋肉図のように脚を頭上に運ぶ。

4. **息を吸う。**図のように足をマットのほうに下げ、できればマットにつけてから、脚を肩幅に開く。

5. **息を吐く。**背骨をゆっくりロールダウンしてマットに戻していく。骨盤がマットに完全に接触したら、脚をさらに下げ、開いた脚を再び閉じてスタート・ポジションに戻る。

6. 以上のステップを繰り返すが、今度はステップ1で脚を開いてスタートし、ステップ4で頭上にきたら脚を閉じる。脚を閉じたままロールダウンし、ステップ5で脚を開いて、エクササイズを繰り返す用意をする。

7. ステップ1で脚を閉じてスタートするのを3回、脚を開いてスタートするのを3回繰り返す。

ターゲットの筋肉

脊柱の屈筋：腹直筋、外腹斜筋、内腹斜筋

股関節の屈筋：腸腰筋、大腿直筋、縫工筋、大腿筋膜張筋、恥骨筋

付随する筋肉

腹部の脊柱安定筋：腹横筋

脊柱の伸筋：脊柱起立筋

股関節の伸筋：大殿筋、ハムストリング

股関節の外転筋：中殿筋、小殿筋

股関節の内転筋：長内転筋、短内転筋、大内転筋、薄筋

膝関節の伸筋：大腿四頭筋

足関節の底屈筋：腓腹筋、ヒラメ筋

肩関節の伸筋：広背筋、大円筋、三角筋後部

テクニックのアドバイス

● ステップ1と2では、腹壁を脊柱に引き寄せて骨盤を安定させ、下背部が反らないようにしながら、股関節の屈筋で脚を伸ばし、次に垂直まで上げる。

（つづく）

- ステップ3の始めでは、腹筋を使って骨盤を後傾させ、脊柱を連続的に丸める。脊柱の下から丸めはじめ、ロールオーバーの段階で腰椎の屈曲を最大にする。脊柱が柔軟な人は、中背部と上背部がつぶれて屈曲しすぎないように、同時に脊柱の伸筋をやや収縮させて、望ましいCカーブをつくる必要があるかもしれない。

- 股関節の伸筋を使って、ステップ3では脚をマットから上げておき、ステップ4では脚がマットまで下がるのをコントロールする。股関節の外転筋を使って脚を少し開く。

- ステップ5で腹筋を使ってコントロールしながら脊柱を連続的にマットにつけていくときは、脚を胸に近づけておき、体幹下部をできるだけ長く丸くしておくことに注意する。体幹が完全にマットに接触してからは、腹筋を使って骨盤と下背部を安定させておくことに注意して、股関節の屈筋でコントロールしながら脚を下げ、股関節の内転筋で再び脚を閉じる。

- エクササイズ中ずっと、長い脚のラインを保つ。そのためには膝関節の伸筋で膝をまっすぐに、足関節の底屈筋で足を軽くポイントにしておく。脚が移動していくどの方向にも脚を空中でリーチするつもりで。

- ステップ3で骨盤をマットから持ち上げるときは、腕をマットに押しつけ、肩関節の伸筋を使って体幹上部を前に動かす（※訳注：仰臥位を基準にすれば、持ち上げるということ）。ステップ5でマットまで体幹を下げていくときにも腕をマットに押しつけると、肩関節の伸筋がエキセントリック収縮で作用し、この難しい段階の補助になる。

- **イメージ**：骨盤を持ち上げる段階では骨盤でボールを抱えるように丸め、骨盤を下げはじめるときは、ボールを足のほうにすくうイメージで。

エクササイズ・メモ

　＜ロールオーバー・ウィズ・レッグズ・スプレッド＞は、＜ロールアップ＞（5-2）の動きを逆にしたものだと考えてほしい。胸郭を骨盤のほうにではなく、骨盤を胸郭のほうにもっていくことが重要である。動きを骨盤から始めることに集中することは、下背部の脊柱のアーティキュレーション、つまり腰椎を1つずつ動かして屈曲させるスキルを上達させるうえで意義がある。また、腹筋を使って骨盤を後傾させるスキルを上達させるためにも役に立つ。後者は、骨盤が前傾する傾向に対抗するために必須のスキルである。骨盤の前傾は、＜ハンドレッド＞（5-4）や＜ティーザー＞（5-9）など、脚をセンターから離して動かす運動で生じやすい、よくある姿勢の問題だ。骨盤を後傾させると、下腹部の筋線維をより多く活動させることもわかっており、したがって、そうしたエクササイズはコアの安定を向上させるうえで重要である。最後にもう1つ付け加えると、このエクササイズでは、大半の人にとってきついことだが、ハムストリングと脊柱の伸筋がダイナミックにストレッチされる。

　＜ロールオーバー・ウィズ・レッグズ・スプレッド＞にはさまざまな効果を期待できるものの、脚を頭上に運ぶ運動では体重がかかったまま上背部や首が屈曲することになり、それはほとんどの人にとって適切ではない。必ず首や背中に痛みを感じない範囲のワークにとどめてほしい。医師に相談し、指示があったら、このエクササイズはやらないようにするか、必要に応じて変更を加えよう。

エクササイズのパーソナライズ

モディフィケーション

　ステップ3と4でロールバックして脚を下げるとき、首ではなく、ほぼ肩と上背部で体重が支えられていると感じるところまでにする。こうすれば首にかかるストレスを軽減できる。ハムストリングが硬い場合、無理にマットにつけなくてよいので、脚がマットと平行になるところまでロールバックすることから始める。ハムストリングが硬くてこれも難しいときは、脚を頭上に運ぶときに膝を少し曲げてよい。ロールオーバーの段階で、骨盤を肩の上に持ち上げられないのが背骨や肩の硬さのためならば、<コントロール・バランス>(6-8)のモディフィケーションの図のように、肘を曲げ、手で骨盤を支えながら脚を頭上にリーチする。

バリエーション

　ハムストリングのダイナミックなストレッチをねらって脚を頭上に伸ばしたポジションで足をフレックス(足関節の背屈)にし、スタート・ポジションに戻ったらまたポイントにするというバリエーションもある。

プログレッション

　オリジナルのエクササイズでは、腕、特に肩関節の伸筋が中心的な役割を果たす。ロールオーバー段階で背骨をマットから持ち上げるとき、ロールダウン段階で背骨をマットに下ろすとき、この両方向で腕は背骨のアーティキュレーションを補助している。したがって、腕の補助を減らすと、格段に難易度が上がる。腕の補助を減らす程度は、少々難しい〜かなり難しいまで調整できる。まず、シンプルに前腕を回外して手のひらを上に向けるオプションがある。こうすると肩がわずかに外旋することになり、姿勢を改善するという観点からもメリットがあるだろう。次に、マット上で手のひらを上にして腕を頭上に伸ばすオプションがある。最後に、最も難しいのは、手ひらを上に向けて腕を真横に開く(T字ポジション)オプションである。どのオプションでも、脚の勢いを利用するのは最小限にしながら背骨をマットから持ち上げること。

ロールオーバー・ウィズ・レッグズ・
スプレッドのプログレッション

ブーメラン

上級

Boomerang

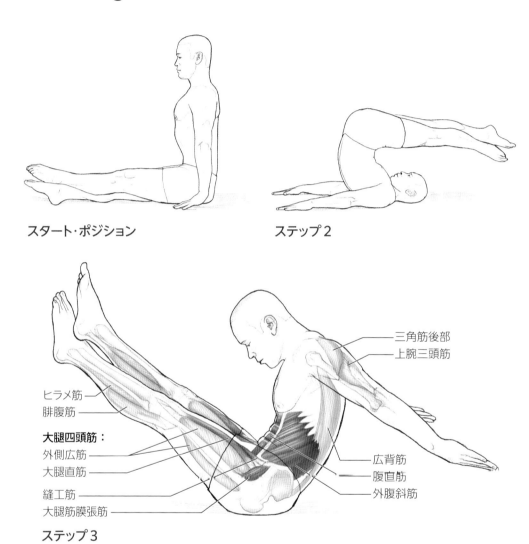

スタート・ポジション

ステップ 2

三角筋後部
上腕三頭筋

ヒラメ筋
腓腹筋

大腿四頭筋：
外側広筋
大腿直筋
縫工筋
大腿筋膜張筋

広背筋
腹直筋
外腹斜筋

ステップ 3

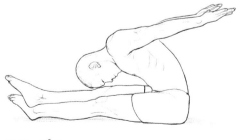

ステップ 4

エクササイズ・ステップ

1. **スタート・ポジション**　体幹をまっすぐ立てて座り、脚を前に伸ばす。足首を交差し、足はポイントにする。腕は体側に沿わせ、手のひらをマットにつける。

2. **息を吐く。**図のように体幹をマットの上にロールバックし、脚を頭上に伸ばす。ロールオーバー段階の主要な筋肉の作用については、<ロールオーバー・ウィズ・レッグズ・スプレッド>（6-6）を参照。足首の交差を入れ替える。

3. **息を吸う。**前に転がってV字ポジションになり、腕は手のひらを上にして後ろに振り上げる。メインの筋肉図参照。

4. **息を吐く。**図のように、脚をマットに下ろし、頭をできるだけ膝に近づけ、腕は後ろ上にリーチしつづける。

5. **息を吸う。**この体幹のポジションを保ちながら、腕を前に回す。

6. **息を吐く。**ステップ2のようにロールバックする。足首の交差を入れ替えながら、6回繰り返す。6回目が終わったら、スタート・ポジションに戻る。

ターゲットの筋肉

脊柱の屈筋：腹直筋、外腹斜筋、内腹斜筋

股関節の屈筋：腸腰筋、大腿直筋、縫工筋、大腿筋膜張筋、恥骨筋

付随する筋肉

腹部の脊柱安定筋：腹横筋

脊柱の伸筋：脊柱起立筋

股関節の伸筋：大殿筋、ハムストリング

股関節の外転筋：中殿筋、小殿筋

股関節の内転筋：長内転筋、短内転筋、大内転筋、薄筋

膝関節の伸筋：大腿四頭筋

足関節の底屈筋：腓腹筋、ヒラメ筋

肩関節の屈筋：三角筋前部、大胸筋（鎖骨部）

肩関節の伸筋：広背筋、大円筋、三角筋後部

肩関節の外転筋：三角筋中部、棘上筋

肘関節の伸筋：上腕三頭筋

テクニックのアドバイス

● ステップ2でロールバックするときは、腹壁を締めて引き上げ、腰が反らないようにしておいて、股関節の屈筋で脚をマットから持ち上げ、次に骨盤を後傾させる。ロールバックしはじめ

（つづく）

151

るとき脚と骨盤を一緒に動かすつもりで。股関節の屈曲の角度はできるだけ変えないこと。

- ステップ2の終わりでは、股関節の伸筋を使って脚をマットから上げておき、脚を入れ替えるときも高さを変えないようにする。股関節の外転筋で脚を少し開き、股関節の内転筋で別の脚を上にして脚を閉じる。

- ステップ3の最初の段階では、腹筋でコントロールしながら骨盤と脊柱を連続的に下げていき、次の段階では、腹筋で体幹上部を持ち上げてV字ポジションになる。まず、股関節の伸筋が脚を反対方向に、つまり頭から遠くに運び、次に、股関節の屈筋が活発になって脚がマットに落ちないように保ち、体幹をV字ポジションに引き上げる。

- ステップ4では、腹筋で骨盤の前傾を防ぎながら、股関節の屈筋をエキセントリック収縮で使って脚をなめらかに下げる。脊柱の伸筋もエキセントリック収縮で作用して、脊柱の前進運動（屈曲）をコントロールする。

- エクササイズ中ずっと、長い脚のラインを保つ。そのためには股関節の内転筋で交差した脚が離れないようにし、膝関節の伸筋で膝をまっすぐに、足関節の底屈筋で足を軽くポイントにしておく。

- ステップ2で体幹上部を持ち上げるとき、およびステップ3でコントロールしながら体幹上部を下げるときは、腕をマットに押しつけ、肩関節の伸筋を使うようにするとうまくいきやすい。ステップ3と4では、腕がマットから離れたら、肩関節の伸筋を使って腕を後ろに引き上げる。このとき、腕を内旋して広背筋を使うようにし、肘関節の伸筋で肘が曲がらないようにしながら、腕を後ろ上にリーチする。

- ステップ5で腕を後ろから前に回すときは、肩関節の外転筋で手がマットに触れないようにする。腕が前にきてもリーチはやめず、肩関節の屈筋をエキセントリック収縮で使いながら腕を下げ、スタート・ポジションに戻す。

- **イメージ**：エクササイズ名の「ブーメラン」から、リズミカルな交替と弧を描くという動きの質がイメージしやすい。ブーメランが弧を描いて一方向に飛んだ後、逆転して弧を描いてスタート・ポジションに戻ってくるというイメージで。

エクササイズ・メモ

　＜ブーメラン＞は、体全体が空間を動くので、コアの安定とバランスにダイナミックに挑む複雑なエクササイズである。かなりの数の筋肉が関わるが、筋力をつけるというよりも、全身のコーディネーションとコアのコントロールを向上させるのが目的だ。また、ハムストリングや脊柱の伸筋、肩関節の屈筋のダイナミックなストレッチにもなる。＜ロールオーバー・ウィズ・レッグズ・スプレッド＞（6-6）と＜ティーザー＞（5-9）の課題にほかの要素も組み合わせたものなので、この2つのエクササイズが上達するまでは試さないでほしい。上達したとしても、これは高度なエクササイズであり、自分に適切でないかぎりは行うべきでない。

エクササイズのパーソナライズ

モディフィケーション

　ハムストリングの柔軟性が足りない場合、ロールアップしてＶ字ポジションになるときと（図参照）、前にストレッチするときに（オリジナルまたはバリエーションのステップ3と4）、膝を少し曲げると緊張がやわらぐ。また、腹筋が弱くてステップ4で脚を下げるのをうまくコントロールできない場合は、Ｖ字ポジションの後、膝を曲げて足をマットにつける。それから、ハムストリングの柔軟性が許すかぎり踵を前にすべらせて、体幹を前屈させる。膝を曲げると、ハムストリングがゆるむだけでなく、脚の重さが股関節に近づき、脚の重さを支えるのが楽になる。

ブーメランのモディフィケーション

バリエーション

　＜ティーザー＞（5-9）のバリエーションで説明したように、屈曲した背骨を保つのではなく、Ｖ字ポジションで上背部を伸展させて行う方法もある。ステップ3で腕を前から頭上に動かし、次に横に下ろして後ろに回す。図のように手を組み、肩甲骨をやや引き下げて寄せることを重視し、上背部は天井のほうに引き上げる。肩を前に丸めるのではなく、腕を後ろにリーチしながら、肩を後ろに引くと、肩関節の屈筋がしっかりストレッチされる。ステップ4で脚を下げてから、腕を足に向かって横から前に回す。

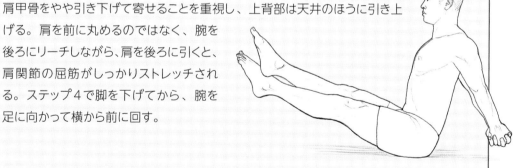

ブーメランのバリエーション

コントロール・バランス　　　6-8

Control Balance

スタート・ポジション

ヒラメ筋
腓腹筋

ハムストリング：
大腿二頭筋
半腱様筋
半膜様筋

大殿筋
大腿四頭筋

外腹斜筋
脊柱起立筋：
腸肋筋
最長筋
棘筋

ステップ2

エクササイズ・ステップ

1. **スタート・ポジション**　＜ロールオーバー・ウィズ・レッグズ・スプレッド＞（6-6）を行い、足を軽くポイントにして脚を頭上でマットにつけるか、できるだけマットに近づけた状態になる。腕を頭上に回して足の側面をつかむ。

2. **息を吐く。** 手を移動して、下になる脚の足首の側面とふくらはぎをつかむ。反対側の脚を天井のほうに上げる。図のように垂直になるのが理想的。

3. **息を吸う。** 下の脚を放し、脚を入れ替えて反対側の脚を天井のほうに伸ばし、下になった脚の足首の側面とふくらはぎをつかむ。以上を各脚3回、合計6回繰り返す。6回目が終わったら、両足をマットにつけ、背骨をロールダウンしてマットに戻す。

ターゲットの筋肉

脊柱の屈筋：腹直筋、外腹斜筋、内腹斜筋

脊柱の伸筋：脊柱起立筋（棘筋、最長筋、腸肋筋）、半棘筋、深層の固有背筋

股関節の伸筋：大殿筋、ハムストリング（半膜様筋、半腱様筋、大腿二頭筋）

付随する筋肉

腹部の脊柱安定筋：腹横筋

股関節の屈筋：腸腰筋、大腿直筋

膝関節の伸筋：大腿四頭筋

足関節の底屈筋：腓腹筋、ヒラメ筋

肩関節の屈筋：三角筋前部、大胸筋（鎖骨部）

テクニックのアドバイス

- ステップ1で脚が頭上にあるときは、腹筋を使って脊柱のCカーブと骨盤が肩の上にある状態を保つことに集中する。同時に、脊柱の伸筋の下部を少し収縮させて骨盤の後傾を少なくし、そして尾骨を天井に向けるつもりで。脚を交互に上げ下げしても、このコアのポジショニングをできるだけ変えないようにしよう。

- ステップ2で片脚を天井のほうに伸ばすときは、股関節の伸筋を使って大腿の後面を引き上げて骨盤と一直線に並ぶようにすることに集中する。ステップ3で脚を入れ替えるときは、股関節の伸筋のエキセントリック収縮でなめらかにコントロールしながら上の脚を下げるが、下の脚は同じ筋群をコンセントリック収縮で使って上げる。

（つづく）

- 安定を補助するには、肩関節の屈筋を使って下の脚の足首を引き下げる。下の脚を安定させておくと、股関節の屈筋でも体幹が後ろに倒れてマットのほうに落ちるのを防ぐことができる。
- エクササイズ中ずっと、長い脚のラインを保つ。そのためには膝関節の伸筋で膝をまっすぐに、足関節の底屈筋で足を軽くポイントにしておく。
- **イメージ**：脚が角度計（プロトラクター）だとイメージしよう。下の脚が角度計の静止した腕、上の脚が垂直まで動く腕である。

エクササイズ・メモ

　<コントロール・バランス>は能力の試されるエクササイズであり、バランス維持のためのコアのコントロールを向上させることを目的としている。片脚を天井のほうに伸ばせば、体幹が後ろに倒れてマットのほうに落ちそうになるものだ。このエクササイズをバランスを失わずに行うには、腹筋、脊柱の伸筋、股関節の伸筋、股関節の屈筋を複雑に活動させることが必要になる。さらに、脚の動きが入ることで、硬いことが多いハムストリングや股関節の屈筋のダイナミックな柔軟性という点でも効果を期待できる。

　このエクササイズは効き目が強力だが、<ロールオーバー・ウィズ・レッグズ・スプレッド>（6-6）で述べたように、体重がかかったまま上背部や首が屈曲するというリスクも大きい。医師の診察を受けて、難易度を下げた場合も含め、やっても支障がないとわかるまでは避けたほうがいい。

エクササイズのパーソナライズ

モディフィケーション

　首にかかるストレスを減らしたい場合、ハムストリングや下背部の柔軟性が足りなくてステップ２ができない場合、次のモディフィケーションを検討しよう。ステップ１で<ロールオーバー・ウィズ・レッグズ・スプレッド>（6-6）を行うとき、体重が上背部と肩に十分にかかったと感じたら止まる。次に、手のひらの手首あたりを左右それぞれに下背部の側面に置き、指が骨盤の後ろに当たるようにして腕で体を支える。このポジションから、片脚を天井のほうに上げ、柔軟性に応じて、無理なくできる範囲で脚を垂直に近づける。反対側の脚はマットと平行に保つか、柔軟性に応じてマットのほうに下げる（図参照）。このポジションから、腕で体を支えたまま脚の入れ替え運動を反復する。腕の支えを加えると、下の脚をマットから離したまま、脚の入れ替えができ、骨盤がマットのほうに落ちるのも防げる。

コントロール・
バランスの
モディフィケーション

　ハムストリングと下背部がとても硬いならば、まず、<スパイン・ストレッチ>（6-1）や<ローリング・バック>（6-2）など、もっと難易度の低いエクササイズで十分に柔軟性をつけよう。上達したら、<ロールオーバー・ウィズ・レッグズ・スプレッド>に進んで練習してから、<コントロール・バランス>にトライする。

バリエーション

　マットにつけた足をフレックス（足関節の背屈）にし、上の脚が高さの頂点に達したら、パーカッシブ・ブリージングで２回吐くのに合わせて２回軽くはずみをつけて引き寄せ（<シングル・ストレートレッグ・ストレッチ>（5-6）のように）、息を吸いながら脚を入れ替える。

ジャックナイフ

上級

Jackknife

スタート・ポジション　　　　　　　　　　ステップ 2 の始め

腹直筋
外腹斜筋

ヒラメ筋
腓腹筋

ハムストリング：
大腿二頭筋
半腱様筋

大腿四頭筋：
外側広筋
大腿直筋
大殿筋

脊柱起立筋：
腸肋筋
最長筋
棘筋

外腹斜筋

広背筋　　三角筋後部

ステップ 2 の終わり

エクササイズ・ステップ

1. **スタート・ポジション**　仰向けになり、腕は手のひらを下にして体の脇に置く。マットに対して60度くらいの角度で脚をまっすぐ伸ばす。60度では骨盤が安定しないなら、もっと脚を高くしてよい。足は軽くポイントにする。このポジションから、脚を垂直まで上げる（股関節の90度屈曲）。

2. **息を吸う。**背骨を丸め、骨盤と下背部をマットから持ち上げ、1番目の筋肉図のように、脚を顔に対して斜めに上げる。2番目の筋肉図のように、脚と骨盤を天井のほうに持ち上げる。

3. **息を吐く。**体幹をゆっくりロールダウンしてマットに戻していく。骨盤がマットに完全に接触したら、垂直を通過して脚をスタート・ポジションに戻す。以上を5回繰り返す。

ターゲットの筋肉

脊柱の屈筋：腹直筋、外腹斜筋、内腹斜筋

脊柱の伸筋：脊柱起立筋（棘筋、最長筋、腸肋筋）、半棘筋、深層の固有背筋

股関節の屈筋：腸腰筋、大腿直筋、縫工筋、大腿筋膜張筋、恥骨筋

股関節の伸筋：大殿筋、ハムストリング（半膜様筋、半腱様筋、大腿二頭筋）

付随する筋肉

腹部の脊柱安定筋：腹横筋

股関節の内転筋：長内転筋、短内転筋、大内転筋、薄筋

膝関節の伸筋：大腿四頭筋

足関節の底屈筋：腓腹筋、ヒラメ筋

肩関節の伸筋：広背筋、大円筋、三角筋後部

テクニックのアドバイス

- ステップ1で股関節の屈筋で脚を伸ばし、90度まで上げるときは、腹壁を脊柱に引き寄せて骨盤を安定させ、下背部が反らないようにしておく。

- ステップ2の始めでは、腹筋を使って骨盤を後傾させ、脊柱を下から順に連続的に丸めてマットから離していく。また、股関節の伸筋を使って脚を斜めに保って、マットのほうに落ちないようにしてから、ステップ2の終わりで脚を天井に向けて持ち上げる。

- 脚を上げるときは、同時に腕をマットに押しつけ、肩関節の伸筋を使って体幹上部を前に動かす（※訳注：仰臥位を基準にすれば、持ち上げるということ）。背中は脊柱の伸筋で天井のほうに伸ばし、足が顔の上にくるようにする。体重の大部分は肩で支える。

（つづく）

- ステップ3では、コントロールしながら体を下げてスタート・ポジションに戻す。動きの終わりにかけて、腹筋でコントロールしながら骨盤を後傾ポジションからニュートラル・ポジションに戻すことに集中する。
- エクササイズ中ずっと、内腿を軽く閉じて、股関節の内転筋を働かせることを意識しながら、膝関節の伸筋で膝をまっすぐに、足関節の底屈筋で足をポイントにして長い、矢のような脚のラインをつくる。
- **イメージ**：名前のとおり、ジャックナイフを開いたり、閉じたりするイメージで。これをイメージすれば、股関節での精密な開く（伸展）・閉じる（屈曲）を達成しやすいはずだ。

エクササイズ・メモ

　＜ジャックナイフ＞の効果は、＜ロールオーバー・ウィズ・レッグズ・スプレッド＞（6-6）とほぼ共通している。たとえば、ハムストリングや脊柱の伸筋の下部がダイナミックにストレッチされることが挙げられる。ただし、＜ジャックナイフ＞では、屈曲の段階の間に脊柱の伸展が組み込まれているため脊柱のアーティキュレーションがはるかに難しくなり、両脚を天井のほうに上げるときにバランスのスキルも高度なものが要求される。このように脊柱の伸展も使うことは脊柱の筋肉バランスにとって有益である。また、ほかのピラーティス・エクササイズの多くが脊柱の屈曲のみに重点を置いていることを考えると、大切な休息とも言える。

エクササイズのパーソナライズ

モディフィケーション

　図のように腕で骨盤を支え、下背部とハムストリングの柔軟性にとって無理のない範囲で足を頭上に伸ばす。こうすれば首に体重がかかるのが軽減される。ただし、このエクササイズをやっても支障がないかどうか（難易度を下げた場合も含め）医師に確認すること。

バリエーション

　オリジナルの＜ジャックナイフ＞が上達したら、そしてあなたの体に適切ならばという条件つきだが、ステップ2で足をマットにつくまで下げ、脚を天井のほうに上げるときに体幹をもっと垂直になるまで持ち上げる。

ジャックナイフのモディフィケーション

プログレッション

　このプログレッションは難易度が高く、トライするのは、オリジナルの＜ジャックナイフ＞とそのバリエーションの上達が高いレベルに達した場合に限られる。脚を天井のほうに上げてから、コントロールしながら背骨をマットまで下げるとき、脚はできるだけ垂直線に近く保つ。通常は、この動きの段階で肩関節の伸筋が強く働く。体勢が崩れないように、できるだけコントロールしながら、なめらかに動く。

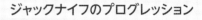

ジャックナイフのプログレッション

第7章

機能的な脊柱のためのブリッジング

　腹壁を内側に引き寄せると腹横筋と内腹斜筋が活性化することが研究によって証明されている。第2章で述べたように、これらの筋肉はコアの安定と下背部の保護のためにきわめて重要である。したがって、腹壁を引っ込める、へこませる、スクープする（たいてい脊柱の屈曲を伴う）、というピラーティス・エクササイズでよく使われるアドバイスは、これら重要な筋肉を正しく働かせるためである。

　しかし、日常生活で使われる機能的な動きの多くは、腹壁を内側にスクープする動きを伴わないか、その余地がない。それでもコアの安定が重要なことに変わりはない。したがって、本章のエクササイズは、スクープ（脊柱の屈曲）ではなく、脊柱をニュートラルにするか少し反らせて（脊柱の過伸展）骨盤と脊柱を安定させておくことを目的にしている。そのためには、腹筋と脊柱の伸筋両方の微妙なコーディネートされた収縮が必要になる。これは「ブレーシング」と呼ばれることがある。ブレーシングを組み込むためのトレーニングは、何かを持ち上げるとか運動競技など、大きな力が必要になる動作のときに脊柱を守るために重要だと考える研究者もいる。

　本章のエクササイズに共通するもう1つの特徴は、骨盤がマットの上にあるのではなく、骨盤をマットから持ち上げて体幹を橋のような形にし、四肢がこの橋の支持構造となって補助するという点である。リハビリテーションでは、「ブリッジング」という用語は、股関節の伸筋、特にハムストリングと大殿筋を使って骨盤をマットから持ち上げるエクササイズを指すことが多い。股関節の伸筋は、骨盤後部の安定にとって重要であり、研究によれば、股関節の伸筋は加齢とともに弱くなり、慢性的な腰痛や仙腸関節痛がある人も弱いという。＜ショルダー・ブリッジ＞（7-1）と＜レッグ・プル＞（7-4）は、リハビリテーションで使われる、より伝統的な意味のブリッジングに当てはまる。ただし、この2つのエクササイズは、レッグ・プルが脊柱と骨盤のニュートラル・ポジションを使うのに対して、ショルダー・ブリッジは脊柱を少し反らせたポジションを使うという点で異なっている。もう1つ言えば、ショルダー・ブリッジでは腕を曲げて体幹を支える。この脊柱を反らせたポジションと腕の支えは、ほかの2つのエクササイズ、＜シザーズ＞（7-2）と＜バイシクル＞（7-3）にも共通している。ただし、ショルダー・ブリッジでは片脚も使って支えを補助するのに対して、シザーズとバイシクルでは両脚とも空

中にあり、開脚や自転車こぎの動きをする。だから、終始、手が決定的に重要な骨盤の支えとなる。どのエクササイズにも共通する主要な課題は、脊柱をニュートラルか少し反らせたポジションにして片脚もしくは両脚を空中で動かしながら、脊柱と骨盤の安定を保つということである。

　本章最後の2つのエクササイズ、<レッグ・プル・フロント>(7-5)と<プッシュアップ>(7-6)には、骨盤をマットから持ち上げ、四肢を支持構造として作用させるという共通の特徴がある。ただし、体幹を上ではなく下に向けている点で、先に解説する4つのエクササイズとは異なっている。このポジションにすると、重力のせいで腰が反り、股関節が伸展しがちである。したがって、<レッグ・プル・フロント>で片脚を上げ下げするとき、あるいは<プッシュアップ>で腕立て伏せをするときに骨盤と脊柱をニュートラルな安定した状態に保つには、コアの筋肉の異なる使い方が要求される。

7-1 ショルダー・ブリッジ

Shoulder Bridge

スタート・ポジションの中間

スタート・ポジションの終わり

ヒラメ筋
腓腹筋

大腿四頭筋：
　内側広筋
　大腿直筋
　縫工筋
　恥骨筋
腹直筋
外腹斜筋
三角筋後部

ステップ2

大腿二頭筋
大殿筋

脊柱起立筋：
　最長筋
　腸肋筋

ステップ3の始め

エクササイズ・ステップ

1. **スタート・ポジション**　膝を曲げて仰向けになり、足を腰幅に開いて足裏全体をマットにつける。腕は手のひらを下にして体の脇に置く。骨盤をマットから持ち上げ、指でウエスト側面を包み込むように手のひらをウエストに当て、体幹の重さを支えるのを補助する（スタート・ポジションの中間の図参照）。片足をマットから持ち上げ、膝を胸に引き寄せてから、まっすぐ伸ばし、足を軽くポイントにして脚を天井のほうに伸ばす（スタート・ポジションの終わりの図参照）。

2. **息を吐く。**図のように、上げてストレッチした脚をマットのほうに下げる。

3. **息を吸う。**脚を再び持ち上げ（メインの筋肉図参照）、垂直まで上げる。脚の上げ下げを5回繰り返す。スタート・ポジションの中間に戻る。脚を変えて同じステップを5回繰り返す。骨盤をロールダウンして、一番初めのスタート・ポジションに戻る。

（つづく）

ターゲットの筋肉

背部の脊柱安定筋：脊柱起立筋（棘筋、最長筋、腸肋筋）、半棘筋、深層の固有背筋
腹部の脊柱安定筋：腹直筋、外腹斜筋、内腹斜筋、腹横筋
股関節の伸筋：大殿筋、ハムストリング（半膜様筋、半腱様筋、大腿二頭筋）
股関節の屈筋：腸腰筋、大腿直筋、縫工筋、大腿筋膜張筋、恥骨筋

付随する筋肉

膝関節の伸筋：大腿四頭筋
足関節の底屈筋：腓腹筋、ヒラメ筋
肩関節の伸筋：広背筋、大円筋、三角筋後部
肩甲骨の内転筋：僧帽筋、菱形筋

テクニックのアドバイス

- スタート・ポジションでは、＜ペルビック・カール＞（4-1）で述べたように、足をマットにしっかり押しつけ、骨盤底を天井のほうに持ち上げるつもりで、股関節の伸筋、特にハムストリングを重点的に使う。膝関節の伸筋も大腿を持ち上げるのを補助する。そして股関節の屈筋、次に膝関節の伸筋を使って片脚を垂直まで上げる。
- 上腕をマットにしっかり押しつけ、胸を持ち上げることに集中して、肩関節の伸筋と脊柱の伸筋を使えるようにする。こうすると、背中を反らせ、手で支えられる高さまで骨盤を持ち上げるのがうまくいきやすい。
- 同時に、腹筋下部の付着部を引き上げることにも注意して、骨盤が前傾しすぎないように、またエクササイズ中ずっと脊柱と骨盤が安定しているようにする。
- コアの安定を保ちながら、脚を長いラインで動かしつづけることを意識する。そのためには膝関節の伸筋で膝をまっすぐに、足関節の底屈筋で足をポイントに保つ。同時に、ステップ2では股関節の伸筋を使って脚を下げはじめ、すかさず股関節の屈筋を使ってコントロールしながら脚を下げていく。そしてステップ3では、股関節の屈筋が再び脚を上げはじめる。
- **イメージ**：脊柱を太鼓橋のように反らすイメージで。脚を動かしても、この安定した強いアーチを崩さないように。

エクササイズ・メモ

　このエクササイズでは、骨盤をマットから持ち上げたまま片脚で体を支え、もう一方の脚を大きな運動範囲で上げ下げするので骨盤を安定させるには高度な力量が求められる。そのうえ脊柱を反らしぎみにするので、脚を下げるときに骨盤がぐらつかないよう格別な注意を払わなければならない。これについては、＜シザーズ＞（7-2）で詳しく述べる。十分な安定が保たれるならば、ハムストリングや股関節の屈筋のダイナミックなストレッチ効果もあるエクササイズである。

エクササイズのパーソナライズ

モディフィケーション

　骨盤がぐらついてしまうならば、次のバリエーションで述べるように骨盤をやや後傾させ、脚を動かす範囲を小さくして行ってみよう。

バリエーション

　骨盤をやや後傾させてマットから持ち上げ、手で支えずに行う方法もある。腕は、スタート・ポジションで述べたように、手のひらを下にしてマットに伸ばす。脚を上げるときに足をフレックス（足関節の背屈）にして、動きの頂点でハムストリングをよりダイナミックにストレッチすることもある。

プログレッション

　骨盤の安定の要素、支持脚の股関節の伸筋のアイソメトリック収縮が試されるプログレッション。オリジナル・エクササイズ同様に脚の上げ下げを５回繰り返したら、天井に向けて伸ばしている脚で小さい円を５回描く。まず内回し、次に反対回ししたら、脚を替える。

ショルダー・ブリッジのプログレッション

シザーズ

上級

Scissors （※訳注：Scissorsはハサミ）

スタート・ポジション

ステップ 2

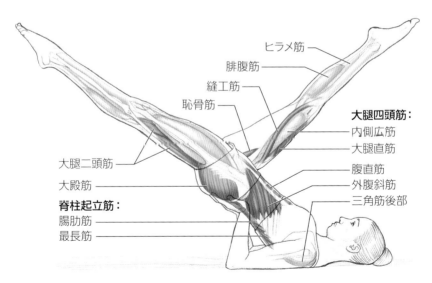

ヒラメ筋

腓腹筋

縫工筋

恥骨筋

大腿四頭筋：
内側広筋
大腿直筋

大腿二頭筋

腹直筋
外腹斜筋
三角筋後部

大殿筋

脊柱起立筋：
腸肋筋
最長筋

ステップ 3

エクササイズ・ステップ

1. **スタート・ポジション** 仰向けになり、腕は手のひらを下にして体の脇に置く。マットに対して60度くらいの角度で脚をまっすぐ伸ばす。60度では骨盤が安定しないなら、もっと脚を高くしてよい。脚を上げ、足が顔の上にくるまで骨盤をマットから持ち上げる。手のひらの手首に近い部分をウエストラインの後ろに当て、指を尾骨のほうに向ける。骨盤が少し下がってよいので、手で骨盤の重さを支えながら下背部をやや反らせる（脊柱の過伸展）。
2. **息を吸う。** 片脚を下げ、反対側の脚は頭上にリーチしつづけ、図のように開脚する。
3. **息を吐く。** メインの筋肉図のように脚を入れ替える。各脚5回、合計10回繰り返す。スタート・ポジションのように脚を閉じて終わり、マットまでロールダウンする。

ターゲットの筋肉

背部の脊柱安定筋：脊柱起立筋（棘筋、最長筋、腸肋筋）、半棘筋、深層の固有背筋
腹部の脊柱安定筋：腹直筋、外腹斜筋、内腹斜筋、腹横筋
股関節の屈筋：腸腰筋、大腿直筋、縫工筋、大腿筋膜張筋、恥骨筋
股関節の伸筋：大殿筋、ハムストリング（半膜様筋、半腱様筋、大腿二頭筋）

付随する筋肉

膝関節の伸筋：大腿四頭筋
足関節の底屈筋：腓腹筋、ヒラメ筋
肩関節の伸筋：広背筋、大円筋、三角筋後部
肩甲骨の内転筋：僧帽筋、菱形筋

テクニックのアドバイス

- ステップ1では、骨盤の前と後ろを同時に引き上げることを意識し、背部の脊柱安定筋と腹筋が適切に共同収縮して下背部が少し反るようにする。エクササイズ中ずっと、この脊柱のポジションと安定した骨盤を崩さないこと。
- 肩が前に丸くならないように、肩甲骨の内転筋を使って左右の肩甲骨をやや寄せ合わせることを意識する。腕はマットに押しつけておき、肩関節の伸筋を使って体幹上部をマットから持ち上げておくのを補助できるようにする。
- 体幹はできるだけ静止させたまま、ステップ2と3で脚を反対方向にリーチする。膝関節の伸筋で膝をまっすぐに、足関節の底屈筋で足をポイントにしておくと、望ましい長い脚のラインをつくれる。

（つづく）

- ステップ2から3へ脚を入れ替えるには、下の脚を股関節の屈筋で上げ、上の脚を股関節の伸筋で下げる。脚が垂直を通過すると、脚を重力に逆らってコントロールするために今度は逆の筋肉が重要になる。
- 開脚の終わりでは、上の脚は股関節の屈筋で上にリーチし、下の脚は股関節の伸筋で下にリーチするというオポジション（反対方向への力）を強調する。このオポジションがあるからこそ、コアの安定を保ちながら、脚の運動範囲を最大にして上の脚のハムストリングと下の脚の股関節の屈筋を同時にストレッチすることがうまくいく。
- **イメージ**：エクササイズ名のとおり、脚の入れ替えは、ハサミを開いたり、閉じたりするように、きびきびしたダイナミクスで、ほぼ股関節だけが動くようにする。

エクササイズ・メモ

　このエクササイズでは、多くの点で＜ショルダー・ブリッジ＞（7-1）と似た効果が得られるが、両脚をマットから持ち上げて大きな運動範囲で動かすため、骨盤を安定させるのがいちだんと難しくなる。＜ショルダー・ブリッジ＞同様に、骨盤を腕で支えて持ち上げながら、背中を反らしぎみにする。したがって、下背部を保護するためにも、ハムストリングと股関節の屈筋のダイナミックなストレッチ効果を得るためにも脊柱と骨盤を安定させるスキルが必須である。

　股関節の屈筋のストレッチ。＜レッグ・リフト・スーパイン＞（4-3）で述べたように、強靭な腸腰筋をはじめ股関節の屈筋は、骨盤前部や脊柱に付着している。脚が下がり、腸腰筋が静止長に近づくと、その張りによっておそらく骨盤が前に引っ張られることになるが、腸腰筋の長さはほぼ変化しない。しかし、骨盤が静止したままならば、脚がさらに下がると腸腰筋が長くなる（つまり、ダイナミックにストレッチされる）。骨盤を安定させて腸腰筋を効果的にストレッチできるようになることは重要なスキルである。股関節の屈筋の硬さは、腰が反る（腰椎過度前弯）など、姿勢の問題と関連しているからだ。さらに言えば、＜ハンドレッド＞（5-4）や＜ロールオーバー・ウィズ・レッグズ・スプレッド＞（6-6）など、多くのピラーティス・エクササイズでは、股関節の屈筋を使って比較的小さい運動範囲でマットから持ち上げた脚を支えるが、それが股関節の屈筋を硬くする可能性がある。したがって、ダイナミックなストレッチが組み込まれたエクササイズは、こうした重要な姿勢筋が硬くなるのを防ぐためにも貴重である。

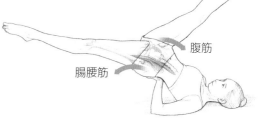

腹筋

腸腰筋

股関節の屈筋のストレッチ

エクササイズのパーソナライズ

モディフィケーション

　骨盤がぐらつく場合、背中がつらい場合は、骨盤と下背部をニュートラル・ポジションにし、手を骨盤の下のほうに当てて支え、骨盤が前傾しないようにしてエクササイズを行ってみよう。また、初めのうちは、脚の運動範囲を小さくし、脚をゆっくり動かそう。上達してきたら、骨盤の安定が保たれ、背中がつらくない範囲で少しずつ脚を大きく動かすようにする。

　骨盤の安定を保てないのはハムストリングの硬さが原因なっていることもある。ハムストリングが硬いと、両脚のオポジションを感じることや、上の脚を股関節より上に十分にストレッチして望ましい骨盤の安定を保つことが難しくなる。その場合は、上の脚の膝を曲げて、大腿が胸から遠ざかるのではなく、胸のほうに落ちやすくする。上の脚の膝を曲げる角度は下の脚の膝に合わせる。そして、脚を入れ替えるときも、この両膝の屈曲角度を変えないようにする。上達してきたら、この膝をやや曲げる調整のまま、上の脚のハムストリングと下の脚の股関節の屈筋がストレッチされる脚の運動範囲を見つけよう。それが本エクササイズの目的である。

シザーズのモディフィケーション

バリエーション

　オリジナルの＜ロールオーバー・ウィズ・レッグズ・スプレッド＞（6-6）のスタート・ポジションから、膝を曲げる。手を骨盤の下に当てて支え、脚を垂直まで伸ばす。脚をそれぞれ反対方向にストレッチして、息を1回吐きながらスプリット（開脚）・ポジションで2回軽くはずみをつける。息を吸って脚を入れ替える。これは＜シングル・ストレートレッグ・ストレッチ＞（5-6）のパターンに似ている。スプリット・ポジションでは、両股関節の中心点から上に引いた垂直線から各脚が等距離にあるようにして均等なV字にする。

バイシクル

上級

Bicycle

スタート・ポジション

ステップ2

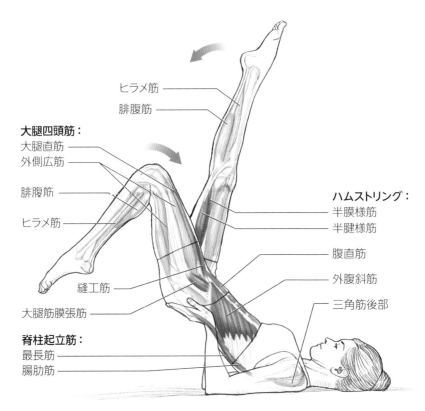

ヒラメ筋
腓腹筋

大腿四頭筋：
大腿直筋
外側広筋

腓腹筋

ヒラメ筋

ハムストリング：
半膜様筋
半腱様筋

腹直筋

外腹斜筋

三角筋後部

縫工筋

大腿筋膜張筋

脊柱起立筋：
最長筋
腸肋筋

ステップ5の始め

エクササイズ・ステップ

1. **スタート・ポジション**　＜シザーズ＞（7-2）と同じポジションでスタートし、図のように脚を開脚する。

2. **息を吸う。**下の脚を曲げて、図のように踵を殿部に近づける。

3. **息を吐く。**膝を曲げたまま下の脚を胸のほうに引き上げ、上の脚は膝を伸ばしたまま下げる。そして上になった脚を伸ばして開脚する。

4. **息を吸う。**下の脚を曲げて、踵を殿部に近づけ、上の脚は頭上に伸ばす。

5. **息を吐く。**膝を曲げたまま下の脚を胸のほうに引き上げ、上の脚は膝を伸ばしたまま下げる。メインの筋肉図参照。そして上になった脚を伸ばして開脚する。各脚5回、合計10回繰り返す。

ターゲットの筋肉

背部の脊柱安定筋：脊柱起立筋（棘筋、最長筋、腸肋筋）、半棘筋、深層の固有背筋

腹部の脊柱安定筋：腹直筋、外腹斜筋、内腹斜筋、腹横筋

股関節の屈筋：腸腰筋、大腿直筋、縫工筋、大腿筋膜張筋、恥骨筋

股関節の伸筋：大殿筋、ハムストリング（半膜様筋、半腱様筋、大腿二頭筋）

付随する筋肉

膝関節の屈筋：ハムストリング

膝関節の伸筋：大腿四頭筋

足関節の底屈筋：腓腹筋、ヒラメ筋

肩関節の伸筋：広背筋、大円筋、三角筋後部

肩甲骨の内転筋：僧帽筋、菱形筋

（つづく）

テクニックのアドバイス

- ＜シザーズ＞（7-2）同様、ステップ1では、骨盤の前と後ろを同時に引き上げることを意識し、腹筋と背部の脊柱安定筋が一緒に働いて下背部が少し反るようにする。エクササイズ中ずっと、この脊柱のポジションと安定した骨盤を崩さないこと。

- 肩が前に丸くならないように、肩甲骨の内転筋を使って左右の肩甲骨をやや寄せ合わせることを意識する。また、肘をマットに押しつけることにも注意して、肩関節の伸筋で体幹上部をマットから持ち上げておけるようにする。

- 体幹は安定させたまま、両脚を開脚して反対方向にリーチする。膝関節の伸筋で膝をまっすぐに、足関節の底屈筋で足をポイントにすると、望ましい長い脚のラインをつくれる。

- ステップ2と4では、股関節の伸筋が下の脚をマットに近づけ、ハムストリングは膝関節の屈筋としても機能して膝を曲げる。同時に、＜シザーズ＞と同様に、上の脚を頭上にリーチしつづけることを意識して股関節の屈筋を十分に使う。このオポジションは、下の脚の動きに引っ張られて上の脚が下がらないようにする役目も果たす。

- ステップ3と5では、まず股関節の屈筋を使って下の脚の膝を胸のほうに引き上げることを意識する。同時に、まず股関節の伸筋を使って上の脚を下にリーチする。脚が垂直を越えると、脚を重力に逆らってコントロールするために今度は逆の筋肉が使われる。そして上になった脚を膝関節の伸筋を使ってまっすぐ伸ばす。ステップ3と5の終わりでは、動きを始動させた筋肉が再び使われて開脚が最大になり、上の脚のハムストリングと下の脚の股関節の屈筋がストレッチされることになる。

- **イメージ ：** エクササイズ名のとおり、ペダルと車輪が大きな自転車をこいでいるように、なめらかでリズミカルなコーディネートされた脚の動きにすること。

エクササイズ・メモ

　このエクササイズは、＜シザーズ＞をベースに複雑な脚の動きを加えたものだ。そのため、骨盤と下背部を反らせたポジションの安定を保つのがさらに難しくなる。＜シザーズ＞同様に、正しく行えば、股関節の屈筋とハムストリングのダイナミックなストレッチ効果もある。

エクササイズのパーソナライズ

モディフィケーション

　骨盤がぐらつく場合、背中がつらい場合は、骨盤と下背部をニュートラル・ポジションにし、手を骨盤の下のほうに当てて支え、骨盤が前傾しないようにしてエクササイズを行ってみよう。

バリエーション

　図のように腰椎をもっと過伸展させて行うこともある。このバリエーションでは、コアと顔の上にまっすぐ伸ばした脚を安定させたまま、下の脚の膝を曲げてつま先をマットにつけるのが目標だ。＜ロッキング＞（9-5）や＜スワン・ダイブ＞（9-6）など、脊柱の伸筋と腹筋を共同収縮させて使うことを目的にしたさらに高度なピラーティス・エクササイズがいろいろあるが、このバリエーションはその準備としてふさわしい。ただし、背中に痛みがあるとか、背中に異常があって医師から脊柱を過伸展させないようにと言われている場合は、このバリエーションを行うべきでない。

バイシクルのバリエーション

プログレッション

　バリエーションの＜バイシクル＞が上達したら、脚の円運動の方向を逆転させてみよう。これでコーディネーションの難易度が上がる。曲げた脚のつま先をマットにつけるのは無理だと思うかもしれない。確かに、それは逆転させないバリエーションのほうがやりやすい。しかし、やはり目標はつま先をマットにつけること。練習すればきっとできるようになる。

バイシクルのプログレッション

レッグ・プル

7-4

上級

Leg Pull

スタート・ポジションの始め

スタート・ポジションの終わり
（バック・サポート）

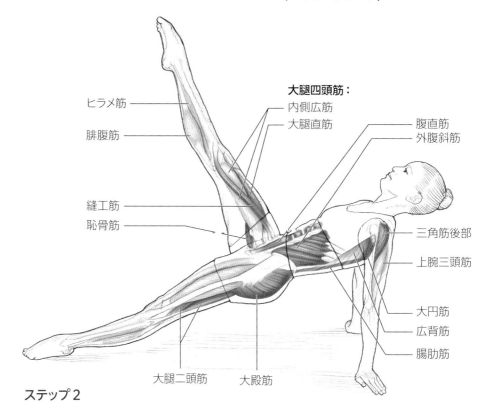

ヒラメ筋

腓腹筋

縫工筋

恥骨筋

大腿四頭筋：
内側広筋
大腿直筋

腹直筋
外腹斜筋

三角筋後部

上腕三頭筋

大円筋
広背筋
腸肋筋

大腿二頭筋　　大殿筋

ステップ2

エクササイズ・ステップ

1. **スタート・ポジション** 図のように、脚を閉じて前に伸ばして座り、足はポイントにする。腕を伸ばして体幹の後ろにつく。指先は横に向ける。図のように、骨盤をマットから持ち上げ、横から見て足首・膝・骨盤・肩が一直線になるようにする。このポジションは「バック・サポート」と呼ばれることもある。

2. **息を吸う。**片脚を天井のほうに上げる。

3. **息を吐く。**その脚を下げてマットに戻す。

4. **息を吸う。**反対側の脚を天井のほうに上げる。

5. **息を吐く。**その脚を下げてマットに戻す。各脚5回、合計10回繰り返す。

ターゲットの筋肉

背部の脊柱安定筋:脊柱起立筋(棘筋、最長筋、腸肋筋)、半棘筋、深層の固有背筋

腹部の脊柱安定筋:腹直筋、外腹斜筋、内腹斜筋、腹横筋

股関節の伸筋:大殿筋、ハムストリング(半膜様筋、半腱様筋、大腿二頭筋)

股関節の屈筋:腸腰筋、大腿直筋、縫工筋、大腿筋膜張筋、恥骨筋

肩関節の伸筋:広背筋、大円筋、三角筋後部

肩甲骨の下制筋:僧帽筋下部、前鋸筋、小胸筋

肩甲骨の内転筋:僧帽筋、菱形筋、肩甲挙筋

付随する筋肉

膝関節の伸筋:大腿四頭筋

足関節の底屈筋:腓腹筋、ヒラメ筋

肘関節の伸筋:上腕三頭筋

テクニックのアドバイス

- ステップ1では、足をマットに押しつけ、骨盤底を天井のほうに持ち上げることに集中して、股関節の伸筋、特にハムストリングを重点的に使う。こうすると、望ましい一直線の姿勢をつくりやすくなる。同時に、手もマットにしっかり押し当て、肩関節の伸筋で体幹上部を持ち上げるのを補助できるようにする。ニュートラルな骨盤と脊柱を保とうとするのは腹部と背部の脊柱安定筋である。

- ステップ2と4で股関節の屈筋のコンセントリックな作用によって脚を上げ、そしてステップ3と5で股関節の屈筋のエキセントリックな作用によって脚を下げるときは、骨盤の反対側ができるだけぐらつかず、落ちないように、ニュートラルにしておくことを意識する。

- エクササイズ中ずっと、両脚とも長いラインを保つ。そのためには膝関節の伸筋で膝をまっ

(つづく)

すぐに、足関節の底屈筋で足をポイントにしておく。支持脚の膝が過伸展にならないよう注意。

● 腕をマットにしっかり押しつけて肩関節の伸筋を絶えず使うことに重点を置きながら、肘関節の伸筋を使って肘をまっすぐにしておくことにも注意する。ただし、肘が過伸展にならないように。同時に、肩甲骨の下制筋で肩甲骨の挙上を抑えること、肩甲骨の内転筋で肩甲骨が前にこないようにしておくことも重要。

● **イメージ**：体を正しく安定させるには、体幹・腕・支持脚が橋で、橋の支え線が骨盤底を引っ張り上げているので、脚を自由に振り上げたり、振り下げたりしても、しっかりしたフォームが崩れない、というイメージで。

エクササイズ・メモ

　<レッグ・プル>は、ハムストリングのダイナミックなストレッチなど、効果の面では<ショルダー・ブリッジ>（7-1）とほぼ共通しているが、骨盤と脊柱を少し反らせるのではなくニュートラル・ポジションにするエクササイズだ。また、骨盤を手で支えずに持ち上げておき、体はまっすぐ伸ばした腕と脚で支えなければならない。だから体幹を安定させるのがさらに難しい。支持脚がより長い梃子になるため、骨盤を持ち上げておくには股関節の伸筋がより激しく働くことが要求され、股関節の伸筋の強さと持久力を鍛えるという意義のある効果を期待できる。腕をまっすぐ伸ばしたポジションにすることで肩の運動範囲も広くなり、多くの人にとって大切な肩関節の屈筋のストレッチになる。ただし、まっすぐ伸ばした四肢で体を支えるときは、正しいフォームにいっそう気を配らなくてはいけない。膝や肘が過伸展になったり、肩甲骨が上がりすぎたり、肩が前に丸まったりしないこと。「モディフィケーション」で述べる準備運動をしておくといいだろう。

　肩甲骨の下制。体幹を一直線の姿勢まで持ち上げると、肩関節が極端に伸展した状態になる。肩関節が伸展すれば自然と肩甲骨が挙上し、その結果、肩が耳のほうに上がりすぎてしまうことが多い。肩甲骨の下制筋、特に僧帽筋下部と前鋸筋下部の筋線維（図参照）を使って、この挙上を最小限にとどめよう。僧帽筋は背部にあり、単独で収縮すると左右の肩甲骨を引き寄せる（肩甲骨の内転もしくは後退）。前鋸筋の前部は胸郭の側面に付着しており、単独で収縮すると肩甲骨を体の側面かつ前面のほうに引っ張る（肩甲骨の外転もしくは前方突出）。しかし、これらの筋肉の収縮をコーディネートすると、肩甲骨を正しく下制することができ、肩甲骨が脊柱から離れて肩が前に丸まるのではなく、脊柱から適切なニュートラルな間隔に保たれる。ステップ1では、体幹を持ち上げる前に肩甲骨を少し引き下げることに注意して、これらの筋肉を作用させるようにしよう。僧帽筋と前鋸筋をコーディネートして使うことは、さまざまなピラーティス・エクササイズで腕を正しく使ううえで重要な役割を果たしている。

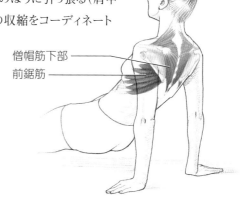

僧帽筋下部
前鋸筋

肩甲骨の下制筋を使って肩甲骨を下げておく

エクササイズのパーソナライズ

モディフィケーション

　ステップ1だけ（バック・サポート）を行う。正しいコントロールとフォームで、座った姿勢から一直線の姿勢まで体を持ち上げ、骨盤を下げてマットに戻す、を繰り返す。上達したら、片脚の上げ下げを加えれば、＜レッグ・プル＞になる。バック・サポートは＜レッグ・プル＞のウォームアップにもなるし、それ自体でエクササイズにもなる。

　それでも骨盤を高く持ち上げるのが難しいか、膝関節の過伸展により膝に痛みがあるなら、オリジナルのエクササイズをさらに変更し、図のように支持脚を曲げ、反対側の脚を上に伸ばす。このモディフィケーションでは、伸ばした脚を5回連続上げ下げしてから、脚を替えて同様に5回繰り返す。続けて反復すると股関節の伸筋の筋力と持久力を鍛える効果が高くなり、そうすれば早く正しいフォームでオリジナルのエクササイズをできるようになるだろう。

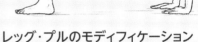

レッグ・プルのモディフィケーション

バリエーション

　オリジナルもモディフィケーションも、腕を内旋させて指を骨盤のほうに向けて行うことがある。このポジションは、より高度なピラーティス専用マシンで行うエクササイズのよい準備になるはずだ。また、上記のモディフィケーションで述べたように、同じ脚の上げ下げを連続して繰り返してから脚を入れ替える方法でオリジナルの＜レッグ・プル＞を行う場合もある。

レッグ・プル・フロント

7-5

中級

Leg Pull Front

スタート・ポジション（フロント・サポート）

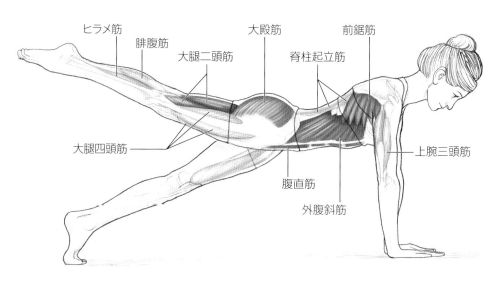

ヒラメ筋

腓腹筋

大腿二頭筋

大殿筋

前鋸筋

脊柱起立筋

大腿四頭筋

上腕三頭筋

腹直筋

外腹斜筋

ステップ2

エクササイズ・ステップ

1. **スタート・ポジション** 体重を手とつま先で支えてスタートする。膝と肘はまっすぐ伸ばす。手は指を前に向けて肩の真下に置く。体を板状の姿勢（プランク・ポジション）にし、横から見て足首・膝・骨盤・肩・耳がほぼ一直線になるようにする（一般に「フロント・サポート」と呼ばれるポジション）。

2. **息を吸う。**片脚を天井のほうに上げる。メインの筋肉図参照。

3. **息を吐く。**その脚を下げてマットに戻す。

4. **息を吸う。**反対側の脚を天井のほうに上げる。

5. **息を吐く。**その脚を下げてマットに戻す。各脚5回、合計10回繰り返す。

ターゲットの筋肉

腹部の脊柱安定筋：腹直筋、外腹斜筋、内腹斜筋、腹横筋

股関節の伸筋：大殿筋、ハムストリング（半膜様筋、半腱様筋、大腿二頭筋）

肩甲骨の外転筋：前鋸筋、小胸筋

付随する筋肉

背部の脊柱安定筋：脊柱起立筋

膝関節の伸筋：大腿四頭筋

足関節の底屈筋：腓腹筋、ヒラメ筋

足関節の背屈筋：前脛骨筋、長指伸筋

肩関節の屈筋：三角筋前部、大胸筋（鎖骨部）

肘関節の伸筋：上腕三頭筋

テクニックのアドバイス

- エクササイズ中ずっと、肘関節の伸筋で肘を伸ばしたまま腕でマットをしっかり押すことに注意する。ここに注意すれば、肩甲骨の外転筋で肩甲骨を広く保ち、肩関節の屈筋で胸を腕より上に持ち上げておくことができる。腹筋を使って下背部と骨盤を安定させることにも集中する。

- ステップ2と4では脚を遠くにリーチする。股関節の伸筋を使って脚を上げ、膝関節の伸筋で膝をまっすぐに、足関節の底屈筋で足をポイントにしておく。脚を上げても骨盤の回旋が最小限になるように腹斜筋を使って骨盤をマットに向けておくことに注意する。また、脚が背中より高く上がったときに腹筋を使って骨盤の前傾をできるだけ少なくすること。

（つづく）

- ステップ3と5では、骨盤をニュートラル・ポジションに戻す。このとき、まず股関節の伸筋がエキセントリック収縮で作用してコントロールしながら脚を下げ、足がマットにつくと足関節の背屈筋が足をフレックスにする。
- **イメージ**：腕・体幹・支持脚が、反対側の脚を上げ下げしてもびくともしない頑丈な橋だとイメージしよう。

エクササイズ・メモ

　このエクササイズで骨盤を安定させようとすると、体幹を天井ではなくマットに向けているという点で、本章のこれまでのエクササイズとは異なる難しさがある。望ましいニュートラルなスタート・ポジションをつくるには、重力のせいで腰が反り、骨盤が前傾しないように腹筋を絶妙に使うことが要求される。つまり、腹筋を使いすぎると脊柱が丸くなってしまい（屈曲）、正しくないフォームになるが、上背部の伸筋も使ったわずかな共同収縮によって望ましい脊柱の長いラインができる。片脚を上げると、股関節の伸筋を引き締める効果があり、安定を保つのも難しくなる。骨盤の安定が十分に保たれるならば、<シザーズ>（7-2）で述べたように、<レッグ・プル・フロント>は股関節の屈筋のダイナミックなストレッチ効果があるエクササイズである。それに加え、フロント・サポートが入るポジションや腕で押すタイプの動きに不可欠な肩甲骨の安定を向上させるエクササイズでもある。また、「翼状肩甲」と呼ばれる姿勢を予防する効果も期待できる。翼状肩甲とは、第2章で述べたように、肩甲骨の下部（下角）または脊柱に最も近い縁（内側縁）が胸郭に対して比較的平らであるのが正常なところ、胸郭から浮き上がった状態である。

　肩甲骨の外転筋による安定。ステップ1で述べたフロント・サポートでは、重力のせいで左右の肩甲骨がくっついて脊柱に近づいてしまいがちである（肩甲骨の内転もしくは後退）。肩甲骨の外転筋（前方突出筋）、特に前鋸筋がこの作用に対抗して、肩甲骨を適切な距離のあるニュートラル・ポジションに保たなければならない。前鋸筋が十分に強く、適切に働けば、肩甲骨と胸郭が正常に近接し、「翼状」に浮き上がる望ましくない状態を防ぐこともできる。肩甲骨を安定させられないと、このエクササイズに期待できる効果が著しく減ってしまう。

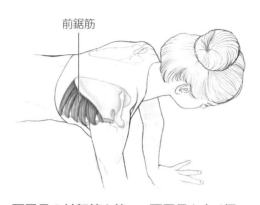

前鋸筋

肩甲骨の外転筋を使って肩甲骨を広く保つ

エクササイズのパーソナライズ

モディフィケーション

　下背部が反ってしまう場合、肩甲骨を広く、平らに保てない場合、つま先ではなく膝をついて難易度を下げる。両膝をつく＜キャット・ストレッチ＞（9-1）のように、片膝を股関節の真下につくのがスタート・ポジションになる。筋力とスキルが向上してきたら、少しずつ膝を後ろにつき、骨盤は前に移動させて（膝が痛くない範囲で）、骨盤が肩と支持膝を結ぶ線上に近づくようにする。

プログレッション

　正しいフォームでオリジナルのエクササイズをできるようになったら、手ではなく、前腕で体重を支えて難易度を上げてみよう。現在の筋力が許すかぎり、股関節の伸筋で骨盤底を引き下げて肩とつま先を結ぶ線に近づける。研究によれば、このように前腕で体を支えるにはよりいっそう腹斜筋を使ってコアの安定を保つ必要がある。

レッグ・プル・フロントのプログレッション

プッシュアップ

上級

Push-Up

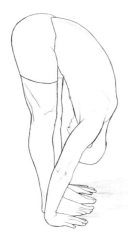

スタート・ポジションの始め

スタート・ポジションの中間

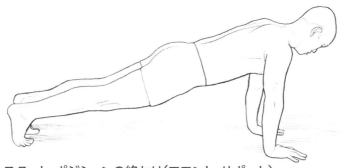

スタート・ポジションの終わり（フロント・サポート）

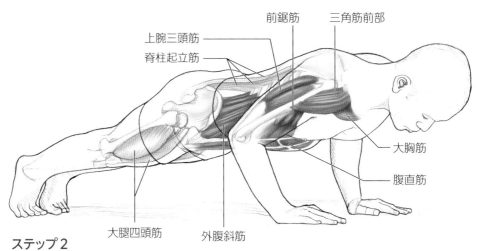

前鋸筋　　三角筋前部

上腕三頭筋

脊柱起立筋

大胸筋

腹直筋

大腿四頭筋　　外腹斜筋

ステップ 2

エクササイズ・ステップ

1. **スタート・ポジション**　図のように、前屈して立ち、手のひらをマットにつけるか、できるだけマットに近づける。図のように、手のひらで前に歩いてフロント・サポートになる。
2. **息を吸う。**肘を曲げて胸をマットのほうに下げる。メインの筋肉図参照。
3. **息を吐く。**肘を伸ばして体幹をフロント・サポートまで持ち上げる。腕立て伏せ（ステップ2と3）をあと2回行う。手のひらで後ろに歩いて、股関節を屈曲したスタート・ポジションに戻る。以上を5回繰り返す。

ターゲットの筋肉

腹部の脊柱安定筋：腹直筋、外腹斜筋、内腹斜筋、腹横筋

肩関節の屈筋：三角筋前部、大胸筋（鎖骨部）、烏口腕筋、上腕二頭筋（長頭）

肩甲骨の外転筋：前鋸筋、小胸筋

肘関節の伸筋：上腕三頭筋、肘筋

付随する筋肉

脊柱の伸筋と背部の脊柱安定筋：脊柱起立筋

股関節の伸筋：大殿筋、ハムストリング

股関節の屈筋：長腰筋、大腿直筋

膝関節の伸筋：大腿四頭筋

肩関節の伸筋：広背筋、大円筋、大胸筋（胸肋部）

テクニックのアドバイス

- スタート・ポジションの中間でフロント・サポートになるまで歩くときは、片腕を肩関節の屈筋を使って前に出し、それをマットにつけ、次に肩関節の伸筋を使って体幹を腕の上にくるまで前に移動する。体重がこの支持手の前に移動して、もう一方の腕が前に出ると、肩関節の屈筋が作用して胸を持ち上げておき、体幹上部がマットのほうに下がらないようにする。
- 腕で前に歩いて骨盤を下げていくときは、腹筋を使って腰が反らないようにするために骨盤を持ち上げておき、股関節の屈筋を使って重力のせいで股関節が伸展しすぎないようにする。
- スタート・ポジションの終わりでフロント・サポートになると、殿部だけ持ち上がったままになってしまうという誤りがよく見られるが、そうならないようにすること。股関節の伸筋を使って骨盤底をマットのほうに下げ、腹筋を引き上げると（腹筋―ハムストリングのフォースカップル）、骨盤が足首および肩と一直線上に並ぶ。

（つづく）

- <レッグ・プル・フロント>（7-5）同様に、フロント・サポートでは、肩甲骨の外転筋で肩甲骨を広く保ち、膝関節の伸筋で膝をまっすぐに保って、踵から頭までの長いラインをつくることに集中する。

- ステップ2では、肘が体側から離れないようにしておく。その間、肘関節の伸筋のエキセントリック収縮が肘の屈曲をコントロールし、肩関節の屈筋のエキセントリック収縮が上腕の伸展をコントロールし、その結果、胸がマットのほうに下がる。

- ステップ3では、肘関節の伸筋が肘を伸ばし、肩関節の屈筋が上腕を前に動かして、胸を持ち上げフロント・サポートに戻す。

- **イメージ**：脚・体幹・頭が腕で上げ下げする「はね橋」だというイメージで。ステップ2と3では、つま先を軸にして頑丈な橋の構造の一体感を損なわないようにしよう。

- **イメージ** ： ステップ3で後ろに歩くときは、骨盤をはね橋のように天井のほうに持ち上げるつもりで。動いている間は腹筋をスクープしておく。

エクササイズ・メモ

　<プッシュアップ>の効果は、腹筋と肩甲骨の外転筋をうまく使うスキルでニュートラルなフロント・サポートを保てるようになることなど、<レッグ・プル・フロント>と共通しているところがある。しかし、<プッシュアップ>は、フロント・サポートで脚ではなく腕を動かす。大半の人にとって、肩関節の屈筋と肘関節の伸筋を鍛えるという大切な効果を得るには負荷は体重だけで十分である。日常動作やスポーツでは、肩関節の屈筋は腕を前に上げるために使われ、肘関節の伸筋は何かを押したり、頭上に持ち上げたりする運動で使われる。さらに、フロント・サポートになったり、フロント・サポートから移動したりするダイナミックな動きによって、脊柱の屈曲から伸展へ、そしてまた屈曲へという切り替えをコーディネートするというコアにとっての課題も加わる。一番初めのポジションは、ハムストリングをダイナミックにストレッチする効果がある。

エクササイズのパーソナライズ

モディフィケーション

　エクササイズの始まりでハムストリングが硬くて手のひらをマットにつけない場合は、手のひらに体重がかかるまで膝を曲げる。フロント・サポートになったら、なめらかに膝を伸ばす。このポジションで腕立て伏せをしてから、また膝を曲げて立った姿勢に移り、スタート・ポジションに戻る。望ましいポジションになるのが難しければ、フロント・サポートまで歩き、腕立て伏せはなしでまた戻る練習だけしよう。

プログレッション

　プッシュアップで骨盤の安定と肩甲骨の最適なメカニズムを保つのは難しい。オリジナルのエクササイズが上達したら、図のようにして負荷を上げてみよう。プッシュアップで体幹を下げたら、片足をマットから浮かし、そのまま足を上げて股関節を伸展させた状態でプッシュアップを1回行う。フロント・サポートに戻って脚を替え、同様に反復する。再びフロント・サポートに戻ったら、骨盤を天井のほうに持ち上げてスタート・ポジションに戻る。

　腕で前に歩いてフロント・サポートになるとき、腕で後ろに歩いてフロント・サポートからスタート・ポジションに戻るときの負荷を上げるには、それぞれ歩数を2歩に限定してみよう。

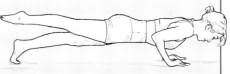

プッシュアップのプログレッション

第8章

機能的な
コアのための
体側のエクササイズ

　本章では脊柱の側屈と回旋に焦点を当てる。側屈と回旋を使うと、腹直筋よりも腹斜筋に重点を置いたエクササイズになる。第2章で述べたように、腹斜筋の筋線維は体幹の側面により位置している。この腹斜筋は、腹横筋とともに作用して四肢が動くときに背中を守り、コアを安定させる。

　さらに、側屈や回旋をするには、腹斜筋とともに腰方形筋と脊柱の伸筋が協調して活性化しなければならないことが多い。現在のコアの安定の概念では、腹筋だけでなく、脊柱の伸筋を含め体幹の主要な筋肉のコーディネートされた同時活性化が重視されている。さまざまなスポーツ競技やレクリエーション活動、たとえば水泳、カヤック、ゴルフ、投てき競技、ラケット・スポーツなどでは、巧みな脊柱の回旋が要求される。腹斜筋に関して、理解を深め、筋力を鍛え、脊柱の伸筋と連動したコーディネーションを改善すれば、スポーツのパフォーマンス向上にも背中のケガ予防にもなるだろう。したがって、医師の禁止がないかぎり、どのワークアウトにも本章のエクササイズを含めるようにしよう。

　初めの3つのエクササイズは体幹を横向きにしたポジションで行う。このポジションにすると、体幹と床面との関係が変化し、そのため脊柱の側屈筋は重力の作用に対抗しなければならなくなる。腹斜筋は主要な脊柱の側屈筋である。腰方形筋と脊柱の伸筋も側屈を起こす。脊柱の伸筋を十分に使わずに腹斜筋が収縮しすぎると、体幹が前に丸まったまま（脊柱の屈曲）側屈することになる。逆に、脊柱の伸筋が収縮しすぎると、背中が反ったまま（脊柱の伸展）側屈することになる。したがって、望ましいポジションを達成するには、脊柱の前面（腹部）と後面（背部）の筋肉の収縮を精密にコーディネートしなければならない（ブレーシング）。ただでさえ簡単なことではないが、脊柱は多数の関節でできており、下背部が自然に上背部とは逆にカーブしているため、なおさら難しい。したがって、体幹を横向きにしたポジションは、骨盤と脊柱下部をニュートラル・ポジションに保つためにも、ブレーシングのスキルを身につけるためにも大切な練習になる。ブレーシングができると、コアの安定をさまざまな日常生活動作に生かせるようになる。＜サイド・キック＞（8-1）と＜サイド・キック・ニーリング＞（8-2）では、片脚を前後に振り動かしているときの安定筋として側屈筋を使う。＜サイド・ベンド＞（8-3）では、体側をマットのほうに下げておいて片腕と両足で支えたポジションから体幹を持ち

上げるときの主動筋として側屈筋を使う。

　残りのエクササイズでは回旋を使う。＜スパイン・ツイスト＞（8-4）と＜ソー＞（8-5）では、座ったポジションから脊柱の回旋筋を使う。ここでも腹斜筋が重視されるが、背中を平らにしておくには脊柱の伸筋とコーディネートして使うことが重要になる。＜ツイスト＞（8-6）は＜サイド・ベンド＞（8-3）にひねりを加えたものであり、十分な筋力とスキルのある上級者向けの難易度の高い側屈と回旋の組み合わせになっている。＜コークスクリュー＞（8-7）と＜ヒップ・ツイスト・ウィズ・ストレッチド・アームズ＞（8-8）は、体幹上部の回旋よりも骨盤の回旋に重点を置いている。骨盤は、床面から力を移すときも、床面に力を移すときもきわめて重要な連結要素である。ほかの動きとコーディネートした骨盤のコントロールを上達させることは、しばしば無視されているが、大いに必要なことである。この最後の2つのエクササイズはきわめてレベルが高いことを心に留めておいてほしい。誤ったやり方をしたり、背中に何らかの症状があるのに行ったりすると、背中を痛めることになりかねない。関連する準備レベルのエクササイズが上達して正しく行えるようにならないかぎり、そして医師の許可を得ないかぎり、行うべきではない。

8-1

サイド・キック

Side Kick

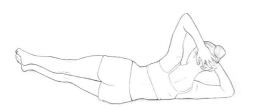

スタート・ポジション

ステップ2

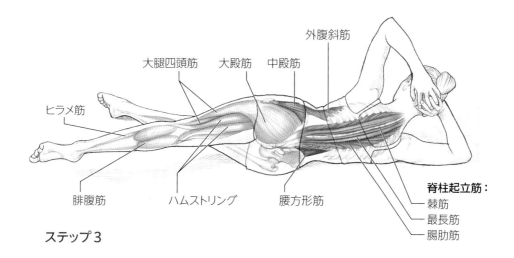

外腹斜筋

大腿四頭筋　　大殿筋　中殿筋

ヒラメ筋

脊柱起立筋：
棘筋
最長筋
腸肋筋

腓腹筋　　　　ハムストリング　　腰方形筋

ステップ3

エクササイズ・ステップ

1. **スタート・ポジション**　体の片側を下にして寝る。両脚を体幹よりやや前に出し、足は軽くポイントにする。両肘を曲げて、頭の後ろで手を組み、頭をマットから持ち上げる。

2. **息を吸う**。図のように、上の脚を前に動かし、やや後ろに戻し、そして勢いをつけずに前に動かす。初めより少し遠くに。

3. **息を吐く**。上の脚を後ろに動かし、やや前に戻し、そして勢いをつけずに後ろに動かす。初めより少し遠くに。メインの筋肉図参照。以上を10回繰り返す。脚を替えて同様に行う。

（つづく）

ターゲットの筋肉

脊柱の側屈筋および安定筋 ： 外腹斜筋、内腹斜筋、腰方形筋、脊柱起立筋（棘筋、最長筋、腸肋筋）、半棘筋、深層の固有背筋、腹直筋、腹横筋

股関節の外転筋：中殿筋、小殿筋、大腿筋膜張筋、縫工筋

付随する筋肉

股関節の屈筋：腸腰筋、大腿直筋

股関節の伸筋：大殿筋、ハムストリング

膝関節の伸筋：大腿四頭筋

足関節の底屈筋：腓腹筋、ヒラメ筋

テクニックのアドバイス

- スタート・ポジションでは、マットに接している側の脊柱の側屈筋を使って骨盤を胸郭のほうに少し引き上げると、ウエストがマットから浮く。エクササイズの間はこの骨盤と胸郭の距離を保つようにする。
- ステップ2と3では、股関節の外転筋を使って上の脚をマットと平行にしておく。脚が下に落ちてはいけない。脚を股関節の屈筋で前に、股関節の伸筋で後ろに動かす。同時に膝関節の伸筋で膝をまっすぐに、足関節の底屈筋で足をポイントにしておく。
- 脊柱の安定筋を使って側臥位が崩れないようにしておくことが重要。脚を動かしても、なるべく体が前後に揺れたり、体幹がねじれたり、骨盤が傾いたり、背中が反ったりしないようにすること。ステップ3では、腹筋を十分に収縮させ、脚を少しだけ後ろに動かすことに特に注意して骨盤の前傾を最小限にとどめる。これは安全のため、そして股関節の屈筋を最大限にストレッチするためである。
- **イメージ：** 体幹はほとんど動かずに、脚が股関節で自由に前にスイングし、運動範囲の終わりに達すると軽くはね返ってから、またもっと前に進み、それから後ろにスイングして同じ反動作用を繰り返すというイメージで。

エクササイズ・メモ

　<サイド・キック>はコアの安定に効果的なエクササイズである。横向きに寝ると、体を支える面積が狭くなるため前後方向にバランスを保つのが難しくなる。そこに脚のスイングが加わるのだから、バランスをとるのがいっそう難しくなり、脊柱の両側・前・後ろの筋肉が調和して働いて平衡を保たなければならない。脊柱と骨盤の十分な安定が保たれるならば、ハムストリングと股関節の屈筋のダイナミックなストレッチ効果もある。この側臥位では、重力に負けて脚が下がらないように上の脚の股関節の外転筋が働く必要があり、股関節の外転筋の持久力向上と引き締めという効果がさらに加わる。

（つづく）

基本

エクササイズのパーソナライズ

モディフィケーション

　脚を前後に動かすときバランスをとるのが難しい場合、骨盤が安定しない場合、図のようなモディフィケーションを試してみよう。下の腕の肘を伸ばし、その腕に頭を乗せる。上の腕は体の前にもってきて手をマットにつき体を支える。こうすると体を支える面積が広くなり、バランスをとりやすくなる。上達してきたら、少しずつ下の脚の位置を後ろにずらして骨盤側面とほぼ一直線にそろうようにする。これで練習してから、オリジナルの腕のポジションに戻してみよう。

サイド・キックのモディフィケーション

バリエーション

　脚を前に動かすときに足をフレックス（足関節の背屈）にすると、ハムストリングをよりしっかりストレッチできる。呼吸パターンを逆にして、両方向2回ずつ軽くはずみをつけて脚を動かしながらパーカッシブ・ブリージングを入れると、深層の腹筋の活性化を促せる。

プログレッション

　肘をつき体幹上部をマットから持ち上げてオリジナルかバリエーションを行うと、脊柱の側屈筋と肩甲骨の安定筋にかかる負荷が大きくなり、バランスをとるのもより難しくなる。筋力もバランスも十分ならば、前腕をつき骨盤をマットから持ち上げてサイド・プランクのポジションになるとさらに難易度が上がる。このサイド・サポートのポジションはコアの安定を鍛えるのに効果的であることがわかっている。しかし、最初のプログレッションから格段に難しくなるため、まずはサイド・プランクだけを5秒保持することから練習しよう。スキルが向上してきたら、少しずつ上の脚を小さく前後に動かす運動を加えていく。ただし、体幹、骨盤、肩の正しいフォームが崩れず、下の脚の膝に痛みが出ないことが条件になる。この上級バリエーションは、最初の肘をつくプログレッションとサイド・プランクが上達するまではやらないこと。＜サイド・ベンド＞（8-3）も、この上級プログレッションに必要なスキルの練習になる。

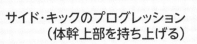

サイド・キックのプログレッション（体幹上部を持ち上げる）

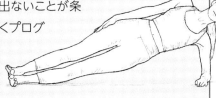

サイド・キックのプログレッション（サイド・プランク）

8-2 サイド・キック・ニーリング

Side Kick Kneeling

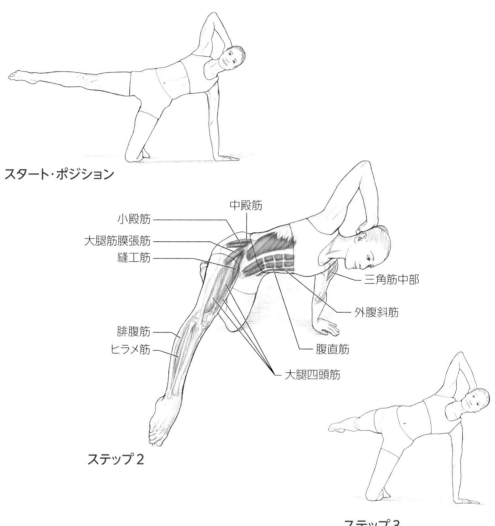

スタート・ポジション

中殿筋

小殿筋

大腿筋膜張筋

縫工筋

三角筋中部

外腹斜筋

腓腹筋

ヒラメ筋

腹直筋

大腿四頭筋

ステップ2

ステップ3

エクササイズ・ステップ

1. **スタート・ポジション**　膝をついて、体幹を横に曲げる。指を膝とは反対に向けてマットに片手をつく。反対側の手は頭の後ろに当て、肘を曲げて天井のほうに向ける。上の脚(支持腕から遠いほうの脚)を腰の高さくらいに上げる。

2. **息を吸う。**上げた脚を前に動かす。メインの筋肉図参照。

3. **息を吐く。**図のように上げた脚を後ろに動かす。以上を5回繰り返す。脚を替えて同様に行う。

(つづく)

195

ターゲットの筋肉

脊柱の側屈筋および安定筋：外腹斜筋、内腹斜筋、腰方形筋、脊柱起立筋（棘筋、最長筋、腸肋筋）、半棘筋、深層の固有背筋、腹直筋、腹横筋

股関節の外転筋：中殿筋、小殿筋、大腿筋膜張筋、縫工筋

付随する筋肉

股関節の屈筋：腸腰筋、大腿直筋

股関節の伸筋：大殿筋、ハムストリング

膝関節の伸筋：大腿四頭筋

足関節の底屈筋：腓腹筋、ヒラメ筋

肩関節の外転筋：三角筋中部、棘上筋

肩甲骨の下制筋：僧帽筋下部、前鋸筋（下部の線維）

肩甲骨の外転筋：前鋸筋

肘関節の伸筋：上腕三頭筋

テクニックのアドバイス

- エクササイズ中ずっと、頭から支持膝までが弧を描くよう意識する。マットに手をしっかり押し当て、肩関節の外転筋で体幹上部の引き上げを補助し、マットに近いほうの体側にある脊柱の側屈筋で脊柱を引き上げ、股関節の外転筋でマット側の骨盤側面を引き上げる。すべてがそろってこの弧ができあがる。
- マットに手を押し当てるときは、肘関節の伸筋を使って肘が曲がらないようにしながら、下になっている肩甲骨を肩甲骨の下制筋と外転筋、特に前鋸筋を使ってマットのほうに引き下げておく。
- 上げた脚をスイングするときは長いラインを保つ。そのためには膝関節の伸筋で膝をまっすぐに、足関節の底屈筋で足をポイントにしておく。
- 上げた脚を股関節の外転筋を使って適切な高さに保つことに注意しながら、脚を股関節の屈筋で前に、股関節の伸筋でやや後ろに動かす。
- **イメージ**：体がアーチ橋だとイメージしよう。脚が自由に前や後ろにスイングしても、腕が垂直の支えとなって頑丈な橋の構造は崩れない。

エクササイズ・メモ

　<サイド・キック・ニーリング>は、効果の面では<サイド・キック>（8-1）とほぼ共通しているが、片膝とまっすぐ伸ばした片腕だけで体を支えるので安定を保つのが難しくなる。体側をアーチにしたポジションを保つためにマットに近い側の脊柱の側屈筋、特に腹斜筋の仕事も増える。もう1つ付け加えると、支持腕の肩関節の外転筋と肩甲骨の安定筋を使うスキルの重要な練習にもなるエクササイズである。<サイド・ベンド>（8-3）や<ツイスト>（8-6）になると、このスキルのもっと高いレベルが要求される。

エクササイズのパーソナライズ

モディフィケーション

　<サイド・キック・ニーリング>の難しい点の1つは、動かす脚の高さを一定に保つことだ。脚は前後に動かすとき下に落ちる傾向がある。脚を一定の高さに保つ練習をするには、股関節の高さより低くてもかまわないので、あまり難しくない高さを選ぶことだ。その高さでステップ2と3で述べたように脚を動かし、テーブルの上で脚をすべらせているかのようにマットから一定の距離を保つ。

バリエーション

　支持膝を股関節のほぼ真下にして、スイングする脚をできるだけ高くすると、股関節の外転筋にもっと負荷がかかる。<サイド・キック>のバリエーションで述べた、2拍の脚の動き、足のポジション（フレックス）、パーカッシブ・ブリージングの呼吸パターンを取り入れてもよい。

プログレッション

　上記のバリエーションで述べたポジションで、上になっている腕は手を後頭部に当てるのではなく、指先を天井に向けて伸ばす。このポジションにすると、見た目の美しさはともかく、体を安定させる難易度が上がり、胸を開いた状態を保ちやすくなり、腕を上げたままにしておくために肩上部の筋肉が使われる。

サイド・キック・ニーリングのプログレッション

サイド・ベンド

8-3

Side Bend

スタート・ポジションの始め

スタート・ポジションの終わり

ステップ2

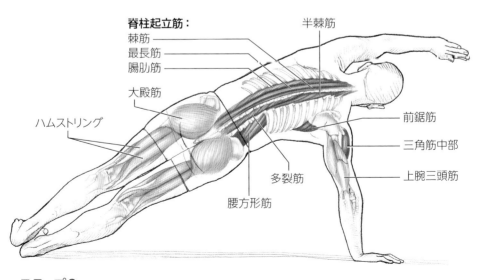

脊柱起立筋：
棘筋
最長筋
腸肋筋
大殿筋
ハムストリング
半棘筋
前鋸筋
三角筋中部
上腕三頭筋
多裂筋
腰方形筋

ステップ3

エクササイズ・ステップ

1. **スタート・ポジション** 体を横にひねって座り、体重を片腕、マット側の骨盤の側面、下の足で支える。マットについた手の指は骨盤とは反対に向ける。スタート・ポジションの始めの図のように、膝を曲げて、上の手を上の膝の外側に置く。このポジションから、スタート・ポジションの終わりの図のように、体幹を持ち上げ、膝と上の腕をまっすぐ伸ばし、上の腕は体側に沿わせる。

2. **息を吸う。** 図のように、頭を上の肩のほうに回し、下のふくらはぎがマットに触れるまで、支持腕は曲げずに骨盤を下げる。

3. **息を吐く。** 再び体幹を持ち上げスタート・ポジションの終わりに戻り、上の腕を頭上に伸ばす。手のひらは上、顔は正面に向ける。メインの筋肉図参照。5回繰り返してから、膝を曲げて骨盤をマットに下げてスタート・ポジションに戻る。反対側も同様に行う。

ターゲットの筋肉

脊柱の側屈筋および安定筋： 外腹斜筋、内腹斜筋、腰方形筋、脊柱起立筋（棘筋、最長筋、腸肋筋）、半棘筋、深層の固有背筋（特に多裂筋）、腹直筋、腹横筋

肩関節の外転筋： 三角筋中部、棘上筋

肩甲骨の下制筋： 僧帽筋下部、前鋸筋（下部の線維）、小胸筋

肩甲骨の外転筋： 前鋸筋、小胸筋

付随する筋肉

股関節の伸筋： 大殿筋、ハムストリング

股関節の外転筋： 中殿筋、小殿筋

膝関節の伸筋： 大腿四頭筋

肩関節の内転筋： 大胸筋、広背筋

肘関節の伸筋： 上腕三頭筋

（つづく）

上級

テクニックのアドバイス

- ステップ1の最後とステップ3では、頭から支持足までが弧を描くよう意識する。そのためには、支持手をマットにしっかり押し当てて、肩関節の外転筋で体幹上部のマット側の引き上げを補助し、脊柱の側屈筋で脊柱のマット側を引き上げ、股関節の外転筋でマット側の骨盤側面を引き上げる。

- ステップ1と3でマットに手を押し当てるときは、肘関節の伸筋を使って肘が曲がらないようにしておくことが重要だが、肘が過伸展にならないように気をつける。同時に、肩甲骨の下制筋を使って肩甲骨の過剰な挙上を防ぎ、肩甲骨の外転筋、特に前鋸筋を使って肩甲骨を広く保ち、マットのほうに引き下げておく。

- ステップ3では、体幹をアーチにし、水飲み器から噴き出ている水のように、上の腕が支持腕を越して頭上に伸びるようにすることに集中する。引き上がった感じを強調するには、体幹上部のアーチの頂点を頭上に伸ばす腕の動きの頂点に調和させる。上の腕の動きは、まず肩関節の外転筋のコンセントリック収縮で生じ、腕が垂直を通過してからは肩関節の内転筋のエキセントリック収縮が下がる動きをコントロールする。

- ステップ1と3の間では、なめらかにコントロールを効かせて体幹を下げることを重視する。最初のアドバイスで述べたのと同じ筋肉を使うが、今度はエキセントリック収縮になる。また、肩甲骨の下制筋を使って支持腕の肩が耳のほうに上がらないように特に注意する。上の腕を下げて体側に戻すときは、骨盤が最も低くなるのにタイミングを合わせる。まず肩関節の内転筋を使い、上の腕が垂直を通過したら肩関節の外転筋をエキセントリック収縮で使う。

- **イメージ：**体幹を上げ下げするときは、2枚の平行なガラス板にはさまれて動いているかのように、できるだけ体を平らにしておこう。膝関節の伸筋でまっすぐな膝を、股関節の伸筋で伸展した股関節を保ち、大腿と骨盤をまっすぐそろえる。腹筋や脊柱の伸筋など、脊柱の安定筋で背中を平らに保ち、骨盤が回旋したり、前や後ろに傾いたりしないようにする。

エクササイズ・メモ

　<サイド・ベンド>は、両足と片腕だけで体を支えるので側屈、体幹の安定、肩の使い方に関して<サイド・キック>（8-1）や<サイド・キック・ニーリング>（8-2）より飛躍的に難しくなる。このポジションだからこそ、体幹側面の安定と脊柱の側屈筋の筋力を向上させるすぐれたエクササイズになる。多くの人にとって、最大のメリットは肩関節の外転筋と肩甲骨の安定筋を鍛錬できることである。エクササイズのさまざまな段階で、重力に負けて肩甲骨が挙上するか、内転しがちである。肩甲骨の下制筋が肩甲骨の過剰な挙上を防ぎ、肩甲骨の外転筋、特に前鋸筋が肩甲骨を広く、ニュートラル・ポジションに保つ。筋力やコーディネーションが不十分なせいで正しいフォームで行えないと、肩が痛んだり、故障したりするかもしれない。したがって、肩甲骨を正しく使えるところまで運動範囲を小さくするか、難易度を下げた方法でエクササイズを行おう。

エクササイズのパーソナライズ

モディフィケーション

　一番初めのスタート・ポジションで、下になっている脚の膝と下腿だけマットにつけてエクササイズを始める。図のように、片腕と下の膝（両足ではなく）で体重を支えて体幹を持ち上げる。図のように支持腕の肩甲骨をマットのほうに引き下げて、「エクササイズ・メモ」で述べたように前鋸筋を使えるようにすることに注意する。上達したら、両足で支えるエクササイズに進むが、このとき上になっている足を下になっている足の前でマットにつく（下記のバリエーションの図参照）。足をこのポジションにすると、支持面積が広くなってバランスをとりやすくなり、最適な肩甲骨の使い方の練習になる。

前鋸筋

サイド・ベンドのモディフィケーション

バリエーション

　図のように、上の足を下の足の前で交差させてマットにつき、次の呼吸パターンで行う方法もある。息を吸って体幹を持ち上げサイド・プランクのポジションになり、上の腕を肩の高さまで上げる（T字ポジション）。息を吐いて骨盤を持ち上げ、腕を頭上に伸ばす。息を吸ってT字ポジションに戻り、息を吐いて骨盤をマットすれすれかマットにやや触れるまで下げる。

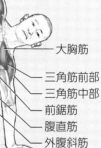

上腕三頭筋

大腿四頭筋

大胸筋
三角筋前部
三角筋中部
前鋸筋
腹直筋
外腹斜筋

中殿筋

サイド・ベンドのバリエーション

プログレッション

　オリジナル・エクササイズのステップ3で体幹を持ち上げて腕を頭上に伸ばした後、上の脚を少し上げて下げてから反復に入る。これは高度なプログレッションなので基本エクササイズを完全なフォームでできるようになるまではやるべきではない。なおかつ、あなたの体に適している場合に限られる。

スパイン・ツイスト

8-4

中級

Spine Twist

スタート・ポジション

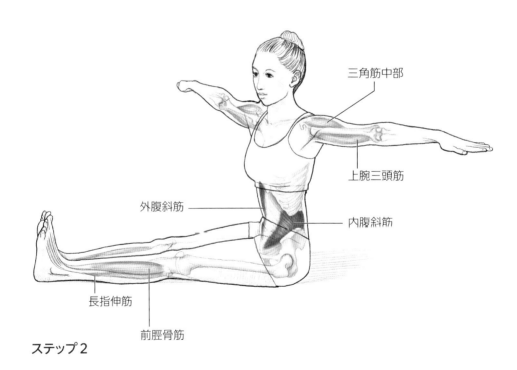

三角筋中部

上腕三頭筋

外腹斜筋

内腹斜筋

長指伸筋

前脛骨筋

ステップ2

エクササイズ・ステップ

1. **スタート・ポジション** 脚を閉じて前に伸ばして座る。足はフレックス（足関節の背屈）に。腕は手のひらを下にして肩の高さでまっすぐ横に広げ、やや後ろにリーチ。
2. **息を吐く。** 体幹上部を片側に回旋し、同じ方向にさらに少しねじる。メインの筋肉図参照。
3. **息を吸う。** 体幹上部をセンター（スタート・ポジション）に戻す。
4. **息を吐く。** 体幹上部を反対側に回旋し、同じ方向にさらに少しねじる。
5. **息を吸う。** 体幹上部をセンター（スタート・ポジション）に戻す。左右5回、合計10回繰り返す。

ターゲットの筋肉

脊柱の回旋筋： 外腹斜筋、内腹斜筋、脊柱起立筋（最長筋、腸肋筋）、半棘筋、深層の固有背筋（特に多裂筋）

付随する筋肉

腹部の脊柱安定筋： 腹横筋

足関節の背屈筋： 前脛骨筋、長指伸筋

肩甲骨の外転筋： 三角筋中部、棘上筋

肘関節の伸筋： 上腕三頭筋

肩甲骨の内転筋： 僧帽筋、菱形筋

テクニックのアドバイス

- スタート・ポジションでは、下背部の基底部から引き上げてエクササイズ中ずっと脊柱の垂直ポジションを保つことを意識しながら、腹壁を締めて引き上げることに集中する。
- 脊柱の回旋筋が脊柱を下背部から頭の基底部までねじるとき、骨盤はできるだけ静止させて正面に向けたまま、骨盤より上を回旋することを重視する。
- 腕を横にリーチするときは、肩関節の外転筋で腕を肩の高さに保ち、肘関節の伸筋で肘をまっすぐ伸ばして望ましい長いラインをつくる。同時に肩甲骨の内転筋で肩甲骨をやや寄せ合わせる。この体幹上部に対する腕のポジションを保ちながら回旋すること。
- **イメージ：** 脊柱がねじれながら螺旋状に上昇するイメージで。体をねじると頭が天井に近づいていく感じがするように。

（つづく）

エクササイズ・メモ

　＜スパイン・ツイスト＞には＜スパイン・ツイスト・スーパイン＞（4-6）と同じ効果がいくつかある。しかし、脊柱の垂直ポジションは日常動作でもゴルフやテニスなどのスポーツでもよく使われるポジションに近いので、そのぶん＜スパイン・ツイスト＞の意義が増す。また、体を重力に対して直立させておくことが、体幹の筋肉系に少し違う形で負荷をかける。肩ではなくパワーハウスを使って回旋できるようになることがこのエクササイズの鍵であり、スポーツ競技のパフォーマンス向上と背中に好発するケガ予防の基本でもある。

　座った場合の体幹の回旋。座ったポジションで右に回旋するときは、左の外腹斜筋と右の内腹斜筋が概ね主動筋として作用する。しかし、腹斜筋だけが作用すると、腹斜筋は脊柱の回旋筋であると同時に屈筋でもあるため体幹を前に屈曲させることになる。脊柱の伸筋も適切に活動させないと脊柱を垂直に保てない。下図のように、脊柱の伸筋、特に右の最長筋、右の腸肋筋、左の半棘筋、左の多裂筋も体幹の右回旋を補助する。これらを含め、ほかの筋肉との適切な共同収縮があって、前に曲がったり、後ろに反ったりせずに脊柱が回旋することが可能になる。

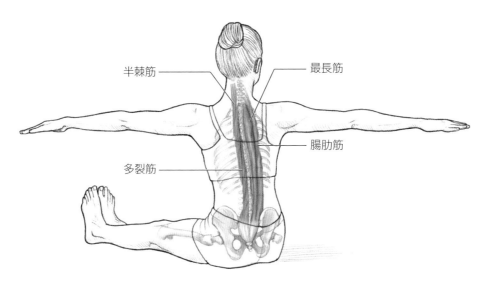

半棘筋　　　　　　　　　　　　最長筋

腸肋筋

多裂筋

回旋筋として作用する脊柱の伸筋

エクササイズのパーソナライズ

モディフィケーション

　マットまたはアパレイタス（ピラーティス専用マシン）の上で両脚を正面にまっすぐ伸ばし、体幹を直立させて座るポジションは、ピラーティスのレパートリー全般で使われるポジションの１つである。それは、パワーハウスに負荷をかけるポジションであり、体幹が丸くなって骨盤が後傾する傾向に対抗するために背部の伸筋に大いに依存するポジションでもある。この傾向はハムストリングが硬いと助長され、体幹を直立させて座るポジションが難しいとすれば、おそらくこれが最もよくあるケースである。ハムストリングの付着部が坐骨であるという位置関係から、ハムストリングが硬いと骨盤底が大腿後面のほうに引っ張られ、結果的に骨盤が後傾する。これを修正するには、説明したステップでエクササイズを行うが、膝を曲げて踵をマットにつける。膝を曲げるとハムストリングがゆるみ、体幹を直立させた正しいポジションがとりやすくなる。

**スパイン・ツイストの
モディフィケーション**

バリエーション

　腕を真横に伸ばし、肩甲骨はニュートラル・ポジション、手のひらを上に向けて肩を外旋させて行うこともある。これに加え、各方向２回ずつ軽くはずみをつけて動かしながらパーカッシブ・ブリージングを入れることもある。

プログレッション

　<スパイン・ツイスト>のよくある誤りの１つは、腕を使い過ぎることだ。腕は体幹と肩の延長と考え、体幹と一体のものとして動かすべきである。腕を真横に伸ばしてＴ字ポジションにするのではなく、手を後頭部に置いてエクササイズを行ってみよう。さらに負荷をかけるには、腕を頭上にまっすぐ伸ばし、指先を天井に向け、手のひらを向かい合わせる。

ソー

中級

Saw （※訳注：Saw は「のこぎり」という意味）

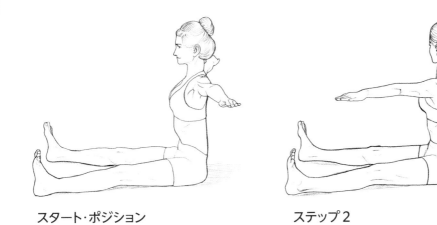

スタート・ポジション　　　　　　ステップ2

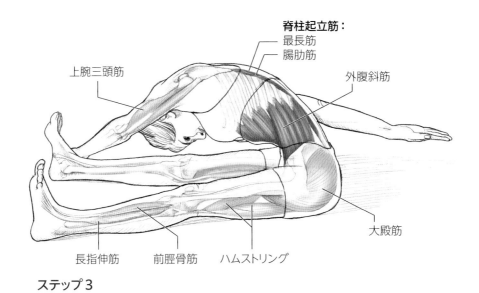

脊柱起立筋：
最長筋
腸肋筋

上腕三頭筋

外腹斜筋

大殿筋

長指伸筋　　前脛骨筋　　ハムストリング

ステップ3

エクササイズ・ステップ

1. **スタート・ポジション**　体幹をまっすぐ立てて座る。脚は肩幅より少し開き、膝を伸ばして、足をフレックス（足関節の背屈）にする。腕は肩の高さで横に広げ、やや後ろにリーチ、肘をまっすぐにし、手のひらは下に向ける。

2. **息を吸う。**図のように体幹上部を片側に回旋して、頭と背骨の上部を前に倒し、手が反対側の足の外側にできるだけ届くようにする。後ろの腕は内旋させて、後ろやや上にリーチする。

3. **息を吐く。**はずみをつけずに前の腕をのこぎりのように3回動かして（*訳注：のこぎりで足の小指を切るようなイメージ）、もう少し遠くにリーチする。メインの筋肉図参照。体幹を垂直に起こしてから、ひねりをほどいてスタート・ポジションに戻る。

4. **息を吸う。**体幹上部を反対側に回旋させ、ステップ2の残りを繰り返す。

5. **息を吐く。**つづけてステップ3を行う。左右それぞれ5回、合計10回繰り返す。

ターゲットの筋肉

脊柱の回旋筋：外腹斜筋、内腹斜筋、脊柱起立筋（最長筋、腸肋筋）、半棘筋、深層の固有背筋

脊柱の伸筋：脊柱起立筋（棘筋、最長筋、腸肋筋）、半棘筋、深層の固有背筋

付随する筋肉

腹部の脊柱安定筋：腹横筋

股関節の伸筋：大殿筋、ハムストリング

足関節の背屈筋：前脛骨筋、長指伸筋

肩関節の外転筋：三角筋中部、棘上筋

肩関節の屈筋：三角筋前部、大胸筋（鎖骨部）

肩関節の伸筋：広背筋、大円筋

肘関節の伸筋：上腕三頭筋

肩甲骨の内転筋：僧帽筋、菱形筋

（つづく）

テクニックのアドバイス

- ステップ1、およびステップ2と4の最初の部分については、＜スパイン・ツイスト＞（8-4）で述べたテクニックのアドバイスに同じ。特に腹筋と脊柱の伸筋の収縮をコーディネートして体幹上部を垂直に保ったまま回旋させることに注意する。

- ステップ2と4のつづく部分では、脊柱の伸筋のエキセントリック収縮でコントロールしながら脊柱をなめらかにロールダウンする。骨盤は正面を向いたまま、左右の坐骨がマットにしっかり接触していること。

- ステップ3と5で手を前にリーチするときは、のこぎりのような動きのたびに脊柱を少し遠くに静かに伸ばすつもりで。脊柱を痛めないように、はずみをつけすぎないこと。同時に、腹壁を軽く引っ込めて骨盤の前傾を防ぐ。

- ステップ2から5では両腕を反対方向にリーチする。特に、前の腕が前に動き、肩関節の屈筋が主力となって腕がマットのほうに下がらないようにするとき、および後ろの腕が内旋し、肩関節の伸筋が腕を後ろ上にリーチするときに意識する。

- ステップ3と5のロールアップのときは、腹筋を使いつづけ、腹壁を引き締めておく。同時に、脊柱の伸筋を使って脊柱を垂直に戻すが、このとき椎骨を1つずつ、腰椎から上へという順番で、仙骨に積み上げていくつもりで。

- ステップ3と5の終わりで体幹を回旋させてセンターに戻すときは、回旋に作用するのは主に腹斜筋だが、意識的に頭を天井のほうに伸ばして脊柱の伸筋を少し共同収縮させる。

- 体幹と同時に両腕をスタート・ポジションに戻す。両腕を横に伸ばし、小指でやや後ろに押すと肩甲骨の内転筋を使える。このとき肩関節の外転筋の作用で腕が肩の高さに、肘関節の伸筋の作用で肘がまっすぐに保たれる。

- **イメージ**：体幹を回旋するときは、脊柱の上部がねじ回しだとイメージしよう。垂直ポジションを保ったまま、ねじれてテーブルの天板のねじを締めたり、ゆるめたりするのだ。脚と骨盤はテーブルのようにほぼ動かず、ねじとねじ回しが動く。

エクササイズ・メモ

　＜スパイン・ツイスト＞同様、垂直ポジションを保ったままコアの筋肉を使って体幹を回旋させることを習得するためのエクササイズである。しかし、＜ソー＞では体幹を垂直から前屈させる動きも入るので、脊柱のロールダウンとロールアップのときに、回旋したポジションのまま脊柱を正しいアーティキュレーションで動かすための有意義な練習になる。さらに、この脊柱の前屈ポジションが入ることで、下背部とハムストリングをオフセンター・ポジションからダイナミックにストレッチする効果もある。

エクササイズのパーソナライズ

モディフィケーション

　＜スパイン・ツイスト＞（8-4）で述べたように、ハムストリングが硬いと、このエクササイズの回旋部分で望ましい直立ポジションをとれないことが多い。さらに、背骨をロールダウンして体幹をリーチするにもハムストリングと下背部の十分な柔軟性が必要である。ハムストリングが硬い人は、回旋して背骨をロールダウンするとき膝を曲げて体幹上部の重さが股関節の前に落ちやすくしてみよう。ハムストリングは膝関節と股関節をまたいでいるので、膝を曲げるとハムストリングがゆるんで望ましい骨盤のポジションになる。

バリエーション

ソーのモディフィケーション

　オリジナルまたはモディフィケーションのスタート・ポジションを変更して、腕を真横に伸ばし、肩甲骨はニュートラル・ポジション、肩を外旋させて手のひらを前に向ける。上背部を屈曲させることよりもハムストリングのストレッチを重視するには、図のように、胸椎を伸展させておき、坐骨は後ろに、背骨は前にリーチして、股関節を重点的に屈曲させる。このバリエーションでは、垂直に戻るときに（ステップ３と５）背骨の段階的なアーティキュレーションではなく胸椎と股関節の伸展が大切になる。

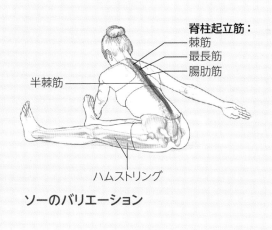

脊柱起立筋：
棘筋
最長筋
腸肋筋

半棘筋

ハムストリング

ソーのバリエーション

ツイスト

Twist

スタート・ポジション

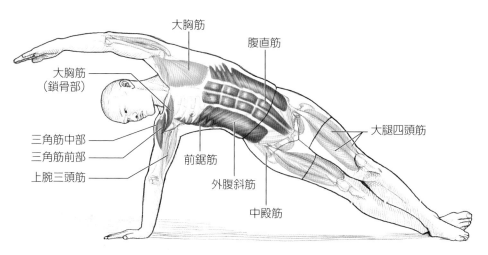

大胸筋

大胸筋
（鎖骨部）

腹直筋

三角筋中部

三角筋前部

上腕三頭筋

前鋸筋

外腹斜筋

中殿筋

大腿四頭筋

ステップ２、前から見たところ

ステップ3

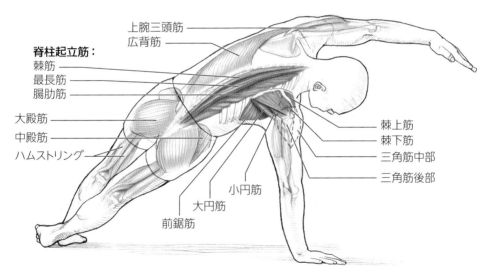

上腕三頭筋
広背筋

脊柱起立筋：
棘筋
最長筋
腸肋筋

大殿筋
中殿筋
ハムストリング

棘上筋
棘下筋
三角筋中部
三角筋後部

小円筋

大円筋

前鋸筋

ステップ4、後ろから見たところ

（つづく）

211

エクササイズ・ステップ

1. **スタート・ポジション** 体を横にひねって座る。体重を片腕（指を骨盤とは反対に向けて手のひらをマットにつく）、マット側の骨盤の側面、両足（上の足を前にする）で支える。膝を曲げて、上の手を上の膝の外側に置く。
2. **息を吸う。** 図のように、体幹を天井のほうに持ち上げ、脚を伸ばし、上の腕は頭上に伸ばす。筋肉図（前から見たところ）参照。顔は正面に向けるか、やや下に向ける。
3. **息を吐く。** 図のように、体幹上部をマットのほうに回旋する。
4. **息を吸う。** 筋肉図（後ろから見たところ）のように、回旋してステップ2のポジションに戻る。
5. **息を吐く。** 膝を曲げて体幹を下げ、上の腕はスタート・ポジションに戻す。正しいフォームを保てるならば、骨盤がマットすれすれのところまできたら止まるが、支えが必要ならば、一瞬マットに触れるまで下げる。以上を5回繰り返す。反対側も同様に行う。

ターゲットの筋肉

脊柱の側屈筋と回旋筋： 外腹斜筋、内腹斜筋、腰方形筋、脊柱起立筋（棘筋、最長筋、腸肋筋）、半棘筋、深層の固有背筋、腹直筋、腸腰筋

肩関節の外転筋： 三角筋中部、棘上筋

肩関節の水平外転筋： 棘下筋、小円筋、三角筋後部、三角筋中部、大円筋、広背筋

肩甲骨の下制筋： 僧帽筋下部、前鋸筋（下部の線維）、小胸筋

肩甲骨の外転筋： 前鋸筋、小胸筋

付随する筋肉

腹部の脊柱安定筋： 腹横筋

股関節の伸筋： 大殿筋、ハムストリング

股関節の外転筋： 中殿筋、小殿筋

膝関節の伸筋： 大腿四頭筋

膝関節の屈筋： ハムストリング

肩関節の内転筋： 大胸筋（広背筋とともに）

肘関節の伸筋： 上腕三頭筋

テクニックのアドバイス

- ステップ2で作用する筋肉の詳細については、＜サイド・ベンド＞（8-3）の「テクニックのアドバイス」参照。

- ステップ2では、支持腕をマットにしっかり押し当て、肩関節の外転筋、脊柱の側屈筋、股関節の外転筋を使って体の下になっている側を持ち上げ、頭から足までが弧を描くようにする。また、股関節の伸筋と膝関節の伸筋で脚を伸ばし、脚と骨盤を一直線にそろえる。

- 骨盤を持ち上げながら、上の腕をすべるように頭上に伸ばす。まず肩関節の外転筋を使って腕を上げるが、腕が垂直を通過したら、肩関節の内転筋をエキセントリック収縮で使い、重力に負けて腕が下がりすぎないようコントロールする。下の腕については、重力のせいで肩甲骨が背骨のほうに寄りがちだが、肩甲骨の外転筋を使って肩甲骨を広く保ち、そうならないようにする。

- ステップ3では、脊柱の回旋筋を使って体幹上部をマットのほうに向けて下げる。腹斜筋を使ってできるだけ回旋するが、脊柱起立筋もエキセントリック収縮で作用して重力の回転作用をコントロールする。この回旋の最終ポジションでは、肩関節の屈筋と水平外転筋が頭上に伸ばした腕を保ち、腕がマットのほうに落ちたり、体と交差したりしないようにする。

- ステップ4では、脊柱起立筋を使って体幹を反対方向に回旋させるが、一方、腹筋が回旋を補助し、腰が反らないようにする。

- ステップ5では、マット側の肩関節の外転筋、脊柱の側屈筋、および股関節の外転筋をエキセントリック収縮で使ってコントロールしながら体をマットのほうに下げる。膝関節の屈筋がゆっくり膝を曲げる。このとき、支持腕の肩甲骨の下制筋が肩甲骨の望ましくない挙上を防ぐ。同時に、肩関節の内転筋が始動し、ひきつづき肩関節の外転筋がエキセントリック収縮で作用して上の腕をコントロールしながら下げる。

- エクササイズ中ずっと、下の腕でコントロールしながら体を支える。肘関節の伸筋が肘をまっすぐに保つ。体幹の支持腕や重力との関係が変わるにつれてさまざまな肩と肩甲骨の筋肉が関わるが、肩関節の水平外転筋が特に重要な役割を果たし、ステップ3ではエキセントリック収縮で、ステップ4ではコンセントリック収縮で作用する。

- **イメージ**：イルカが水面に躍り出て、弧を描き、スパイラルしながらまた水にもぐるイメージで。そして、動画を巻き戻すようにこのイメージを逆転しよう。

エクササイズ・メモ

　＜ツイスト＞は＜サイド・ベンド＞の課題に回旋を加えたものだと考えてよい。＜サイド・ベンド＞が上達するまでは行うべきではない。＜ツイスト＞は『Return to Life Through Contrology』には出てこないエクササイズだが、ピラーティスのさまざまなトレーニング流派の間で方法は多様ながら広く行われている。ここで述べたバージョンは、＜サイド・ベンド＞をストレートに進歩させたわかりやすいものだ。＜ツイスト＞は難易度の高いエクササイズであり、動きの各段階で多数の筋肉を動員する。その効果のうち特に重要な2つは、回旋時のコアの安定、そして肩複合体（広義の肩関節）の重要な筋肉の強さと複雑なコーディネーションに関係している。＜ツイスト＞では、片方の肩が体重のかなりの部分を支えるだけでなく、この重さを支えながら大きな運動範囲で動く。したがって、本来の効果を得るためにも、深刻なダメージを防ぐためにも肩の巧みな使い方が要求される。

（つづく）

エクササイズのパーソナライズ

モディフィケーション

　このモディフィケーションは＜サイド・ベンド＞（8-3）のモディフィケーションに似ている。＜ツイスト＞のステップ2で体幹を持ち上げるとき、下腿をマットに残し、腕の支えと一緒に下になっている脚の膝と足で体を支える。このポジションにすると、支持面積が広くなり、オリジナルよりはるかに安定する。これでステップ3の回旋ができるだろう。側屈のポジションに戻してから、膝を曲げて骨盤と体幹を下げ、スタート・ポジションに戻る。

ツイストのモディフィケーション

バリエーション

　ステップ2と4で、上の腕を頭上に伸ばすのではなく、T字ポジションにして腕を肩の高さにそろえることもある。ステップ2の後、回旋して上の腕を体の下に伸ばしたら、腰を高く持ち上げて脊柱の回旋を最大にし、体幹と支持腕と両脚でピラミッド形をつくる。このとき、ハムストリングの柔軟性が許すかぎり脚をまっすぐ伸ばし、背骨（特に胸椎）を伸展させる。T字ポジションに戻ってからスタート・ポジションに戻る。

ツイストのバリエーション

プログレッション

　すでに要求水準の高いバリエーションをさらに高度にするには、体を持ち上げる段階と下げる段階（ステップ2と5）も含め、膝を終始まっすぐ伸ばしておく。そうするには体を下げるときも骨盤をマットから浮かしておく必要があり、一瞬の休息もなくなる。支持腕の肩に負荷がかかるほか、体幹の下になっている側の腹斜筋がしっかりストレッチされる。

8-7　コークスクリュー（コークスクリュー・アドバンスト）

Corkscrew (Corkscrew Advanced)

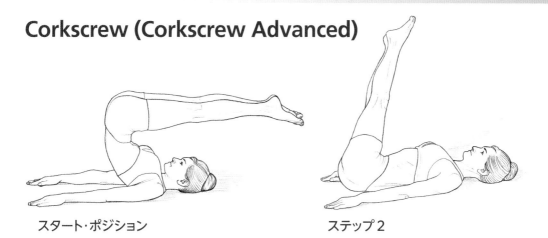

スタート・ポジション　　　　　　　　　　　ステップ2

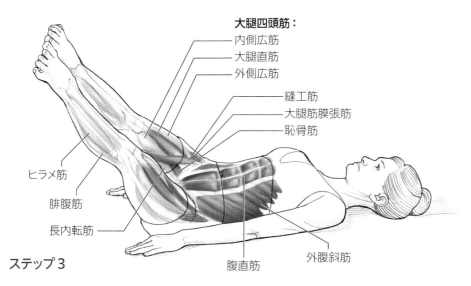

大腿四頭筋：
内側広筋
大腿直筋
外側広筋
縫工筋
大腿筋膜張筋
恥骨筋

ヒラメ筋
腓腹筋
長内転筋

ステップ3　　　　　　　　　腹直筋　　外腹斜筋

エクササイズ・ステップ

1. **スタート・ポジション**　＜ロールオーバー・ウィズ・レッグズ・スプレッド＞（6-6）を行い、脚を頭上に持ち上げて、マットとほぼ平行にしたポジション（オーバーヘッド・ポジション）になる。

2. **息を吐く。**体幹下部をねじり、体の片側をマットに近づける。図のように、両脚もそちら側に移動し、体幹と脚が下がりはじめる。

3. **息を吸う。**メインの筋肉図のように、そのまま下方向に脚を回していき、センターを越え、反対側は上方向に回し、再び脚が頭上にきて、センターのスタート・ポジションに戻る。

4. **息を吐く。**体幹下部と両脚をステップ2の反対側にねじる。

5. **息を吸う。**そのまま下方向に脚を回していき、センターを越え、反対側は上方向に回し、再び脚が頭上にきて、センターのスタート・ポジションに戻る。左右交互に3回、合計6回繰り返す。回す向きを変えるたびに息を吐く。

（つづく）

ターゲットの筋肉

脊柱の屈筋と腹部の脊柱回旋筋：腹直筋、外腹斜筋、内腹斜筋

股関節の屈筋：腸腰筋、大腿直筋、縫工筋、大腿筋膜張筋、恥骨筋

付随する筋肉

腹部の脊柱安定筋：腹横筋

脊柱の伸筋と背部の脊柱回旋筋：脊柱起立筋

股関節の伸筋：大殿筋、ハムストリング

股関節の内転筋：長内転筋、短内転筋、大内転筋、薄筋

膝関節の伸筋：大腿四頭筋

足関節の底屈筋：腓腹筋、ヒラメ筋

肩関節の伸筋：広背筋、大円筋、三角筋後部

テクニックのアドバイス

- ステップ1でロールアップおよびロールオーバーするとき、腹筋を使って骨盤を後傾させ、脊柱を連続的に屈曲することなど、＜ロールオーバー・ウィズ・レッグズ・スプレッド＞（6-6）で述べたテクニックのアドバイス参照。

- ステップ2から5で体幹下部が回旋するときは、脚も骨盤と一緒に動かし、脚と骨盤前面の正中線との関係は変わらないようにする。

- ステップ3と5では、股関節の伸筋が脚を下方向に回す動きを始動させるが、円の下の弧にかかると、股関節の屈筋がまずエキセントリック収縮で脚の下降をコントロールし、次にコンセントリック収縮で反対側へ上昇する円運動を始動させる。腰が反ったり、骨盤が前傾したりしない範囲の大きさの円にすること、そうならないように腹壁を十分に収縮させることに特に注意すること。

- 脚を回すときは、適切なタイミングで腕をマットにしっかり押しつけることを意識する。そうすると、肩関節の伸筋が補助となって体幹下部を持ち上げやすくなり、また両肩がマットから浮かないようにしやすい。脊柱の回旋は腋窩（わきの下）より下で、脊柱の回旋筋、特に腹筋を複雑に使うことで生じる。脊柱の回旋筋がまずコンセントリック収縮で作用して脊柱と骨盤の回旋を起こし、次にエキセントリック収縮で作用して動きのさまざまな段階で回旋をコントロールする。

- エクササイズ中ずっと、内腿を軽く閉じて、股関節の内転筋を働かせることを意識しながら、膝関節の伸筋で膝をまっすぐに、足関節の底屈筋で足をポイントにして長い、矢のような脚のラインをつくる。脚が横に回るときは、下の脚の股関節の内転筋が脚を望ましい高さより落ちないように保つ。

- **イメージ**：強靭なコアを使って脚と動いている骨盤との適切な関係は変化させないようにしながら、両足で円を描くイメージで。

エクササイズ・メモ

　＜コークスクリュー＞は、＜ロールオーバー・ウィズ・レッグズ・スプレッド＞（6-6）の脊柱のアーティキュレーションとコアの安定という課題を組み込んだものだが、脚をただ正面で上げ下げするのではなく、横にも回さなければならないため、著しく難易度が高くなる。脚と骨盤を片側に動かすと、体幹全体がそちら側に傾いてしまいがちだ。だが、複雑な回旋を安定させるスキルがあれば、体幹下部が回旋しても肩と上背部がマットにしっかり接触し、下背部が反りすぎたり、肋骨が前に突き出したりしない。安定のスキルを上達させることに加え、＜コークスクリュー＞のオーバーヘッド・ポジションでは、ハムストリングと下背部のダイナミックなストレッチ効果も得られる。

　＜コークスクリュー＞には多くの効果を期待できるが、脊柱の回旋と屈曲もしくは伸展の組み合わせでは、体がリスクの高いポジションをとることになる。そのうえ、このエクササイズでは、＜ロールオーバー・ウィズ・レッグズ・スプレッド＞でも述べたように、上背部と首が体重を支えて屈曲することになる。このエクササイズを行っても支障のない人にかぎり、＜スパイン・ツイスト・スーパイン＞（4-6）や＜ロールオーバー・ウィズ・レッグズ・スプレッド＞が上達してからという条件で行うようにしてほしい。

（つづく）

エクササイズのパーソナライズ

モディフィケーション

1周の始まりと終わりに脚を頭上に持ち上げて骨盤をマットから浮かすのではなく、脚を90度の高さ（垂直）にし、骨盤の後ろをマット上で平らにする。脚の円運動をコアの安定を保てる程度に小さくする。ハムストリングが硬い場合、あるいは安定をとりやすくするには、図のように膝を少し曲げる。安定するようになったら、オーバーヘッド・ポジションに進む。ただし、そうしても支障のない人に限る。

オーバーヘッド・ポジションに進んでから、ハムストリングや下背部が硬い場合、膝を少し曲げる。あるいは、首ではなく、主に上背部と肩に体重がかかるように足をマットのほうに下げる。

コークスクリュー（コークスクリュー・アドバンスト）のモディフィケーション

バリエーション

円の開始（上の部分）で息を吸い、円の残り（下の部分）で息を吐いて深層の腹筋の活性化を促すこともある。こうすると、下背部をマットに押しつけやすくなり、脚が下がりセンターから離れると背中が反ってしまうというよくある誤りを防ぐことができる。腹部の安定が不十分な場合と十分な場合を右図に示す。

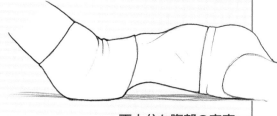

不十分な腹部の安定

プログレッション

コアが十分に安定するようになったら、少しずつ脚の運動範囲を大きくしていく。すなわち、ステップ2と4では骨盤と脚をもっと横に動かし、ステップ3と5で脚が下降してセンターを越える段階では脚をマットに近づける。ただし、横に動かす段階では脚と骨盤の正

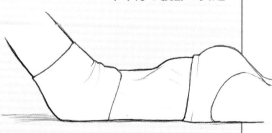

十分な腹部の安定

中線がずれない範囲で、下降する段階では下背部が反らない範囲で脚を動かすこと。後者の背中が反るというよくある誤りを防ぐために、均等でなめらかな脚の円運動を保つことに気をつけ、脚の上昇段階をやや重視しよう。

8-8 ヒップ・ツイスト・ウィズ・ストレッチド・アームズ（ヒップ・サークルズ・プレップ）

Hip Twist With Stretched Arms (Hip Circles Prep)

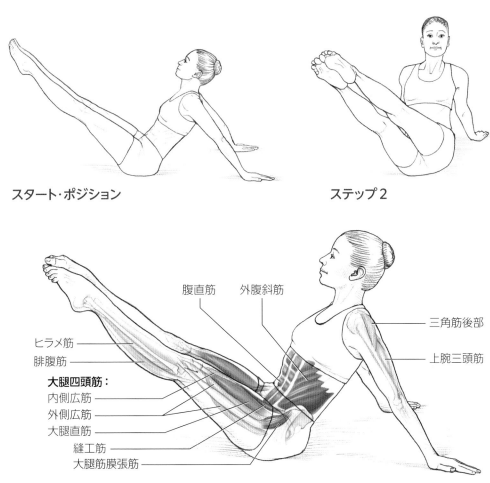

スタート・ポジション

ステップ2

腹直筋　外腹斜筋

三角筋後部

上腕三頭筋

ヒラメ筋
腓腹筋

大腿四頭筋：
内側広筋
外側広筋
大腿直筋
縫工筋
大腿筋膜張筋

ステップ3

エクササイズ・ステップ

1. **スタート・ポジション**　後ろに体重をかけて坐骨でバランスをとり、体幹の後ろに腕をつく。指を後ろに向けて手のひら全体をマットにつける。脚を上げてV字ポジションになる。

2. **息を吐く。** 骨盤を回して、図のように両脚を体の片側に移動させる。そのまま下に回していき、センターを越える。

3. **息を吸う。** 円を描きつづけ、図のように反対側は脚を上方向に回す。骨盤も同じ方向に回し（メインの筋肉図参照）、脚と骨盤をセンターのスタート・ポジションに戻す。

（つづく）

219

4. **息を吐く。**ステップ2の反対側に骨盤を回し、両脚を移動させる。そのまま下に回していき、センターを越える。

5. **息を吸う。**円を描きつづけ、ステップ3の反対側は脚を上方向に回す。骨盤も同じ方向に回し、脚と骨盤をセンターのスタート・ポジションに戻す。左右交互に3回、合計6回繰り返す。回す向きを変えるたびに息を吐く。

ターゲットの筋肉

脊柱の屈筋と腹部の脊柱回旋筋：腹直筋、外腹斜筋、内腹斜筋

股関節の屈筋：腸腰筋、大腿直筋、縫工筋、大腿筋膜張筋、恥骨筋

付随する筋肉

腹部の脊柱安定筋：腹横筋

脊柱の伸筋と背部の脊柱回旋筋：脊柱起立筋

股関節の内転筋：長内転筋、短内転筋、大内転筋、薄筋

膝関節の伸筋：大腿四頭筋

足関節の底屈筋：腓腹筋、ヒラメ筋

肩関節の伸筋：広背筋、大円筋、三角筋後部

肩甲骨の下制筋：僧帽筋下部、前鋸筋（下部の線維）

肘関節の伸筋：上腕三頭筋

テクニックのアドバイス

- スタート・ポジションでは、骨盤を後傾させてよいが、肩関節の伸筋と脊柱の伸筋上部を使って上背部を引き上げておく。肩を伸展させていくと自然に肩甲骨が挙上するが、肩甲骨の下制筋を使って肩甲骨をやや引き下げることでそれを制限する。
- 脊柱の屈筋と腹部の脊柱回旋筋を使って体幹下部をねじるが、肩は正面を向いたままである。ステップ2から5の円運動の間は、骨盤の正中線に対する足のアライメントは常に変わらない。
- 腹筋を十分に収縮させて腹部を安定させること、腰が反ったり、骨盤が前傾したりしない範囲の大きさの円にすることに特に注意する。
- エクササイズ中ずっと、内腿を軽く閉じて、股関節の内転筋を働かせることを意識する。膝関節の伸筋が膝をまっすぐに、足関節の底屈筋が足をポイントに保つことで、矢のような脚のラインがつくられる。
- **イメージ**：足にレーザー光線がついていて、恥骨結合から伸びる骨盤の正中線を照射しつづけなければならないというイメージで。脚は円を描きながら骨盤に対して上下するが、骨盤が左右に移動しても骨盤と脚は常に同じ方向を向いている。

エクササイズ・メモ

　＜ヒップ・ツイスト・ウィズ・ストレッチド・アームズ＞では、＜コークスクリュー＞（8-7）に似た効果を期待できる。特に複雑な回旋の安定という点で共通している。しかし、上体が垂直に近いポジションになるとバランスをとるのが難しくなり、股関節の屈筋が短縮したポジションに置かれる。そのため脚を支えるにはより強い力が要求され、そのぶん難易度も高くなる。股関節の屈筋を鍛えるという面でも、ハムストリングと肩関節の筋肉のダイナミックなストレッチ効果という面でも潜在的には有益な効果があるものの、これは高度なエクササイズであり、正しいフォームで行わないと下背部を痛めるリスクがある。これは背中にとって禁忌でない人だけが行うようにしてほしい。また、必要に応じて初めは難易度を下げた方法で行おう。

（つづく）

エクササイズのパーソナライズ

モディフィケーション

ハムストリングが硬い場合、あるいは骨盤と下背部がぐらついてしまう場合は、膝を少し曲げるか、体をもっと後ろに倒し、前腕で支えて行う。

**ヒップ・ツイスト・ウィズ・ストレッチド・アームズ
（ヒップ・サークルズ・プレップ）のモディフィケーション**

バリエーション

呼吸パターンを逆にしてもよい。骨盤が回旋し、脚が片側に運ばれるときに息を吸い、脚が下方向に回って1周してくるときに息を吐くと、コアがより安定する。また、1周ごとに回す方向を変えるのではなく、同じ方向に3-5回連続して回してから方向を変える方法もある。

プログレッション

筋力とコーディネーションの両面で難易度を上げるプログレッションを紹介する。正しく目的を達成するには、上半身と下半身が2つの別個のユニットで、一方に対する他方の動きがウエストを境に起きるとイメージしよう。上記のバリエーションで述べた呼吸パターンを使う。ステップ1で、腕で体を支えるのではなく、両腕を平行に、また床に対しても平行に前に伸ばす。ステップ2で、息を吸って上半身（頭まで）を片側に回旋させる。同時に下半身は反対側に回旋させる。つまり、脚と腕を反対方向にリーチすることになる。ステップ3で、息を吐いて、腕を上から反対側に回し、上半身を反対側に回旋させる、同時に脚を下回しにして下半身を反対側に回旋させる。スタート・ポジションに戻る。このパターンを同方向3-5回繰り返す。方向を変えて同様に3-5回繰り返す。

第9章

強い背中のための伸展エクササイズ

　本章では、脊柱の伸筋の筋力や持久力、スキルを要する使い方を向上させることに焦点を当てる。前章までは、主に脊柱を屈曲させるために腹筋を使うこと、あるいは脊柱の伸筋で補助しながら側屈や回旋を起こすために腹筋を使うことを重視してきた。本章では、脊柱の伸筋を使って脊柱を過伸展させたり、過伸展を保持したりすることに重点を置き、腹筋は安定筋として下背部にかかるケガにつながりかねない力を軽減するために機能する。このように脊柱の伸筋を使うことは筋肉のバランスを維持するためにきわめて大切である。ピラーティスのエクササイズは脊柱の屈曲に重点を置くものが圧倒的に多いからだ。さらに、脊柱の伸筋の筋力と持久力が十分につけば、骨粗しょう症や下背部を痛めるリスクを軽減できるだろう。しかし、脊柱の過伸展はよく下背部に損傷を起こす機序でもある。こうしたエクササイズの効果を最大にし、リスクを最小にするには、最適なテクニック、そして要求水準の低いエクササイズから高いエクササイズへと慎重に進むことが不可欠だ。

　最初のエクササイズはテクニック面のよい練習になるだろう。＜キャット・ストレッチ＞（9-1）は、比較的シンプルな安定した支えのあるエクササイズであり、脊柱の伸筋で特に上背部を重点的に反らせ（過伸展）、下背部に対しては腹筋の共同収縮で極端な過伸展を制限する練習である。＜ワンレッグ・キック＞（9-2）では、この共同収縮を使って体幹上部を過伸展のポジションに静止させたまま片脚ずつ動かす。脊柱を過伸展してコアの安定を保つ点が難しい。＜ダブル・キック＞（9-3）でも、このスキルを要する腹筋の共同収縮を使うが、脊柱の伸筋は主動筋として作用し、主に脊柱を固定したポジションに保持する役割をするのではなく、脊柱を実質的に動かし、同時に両脚も動く。＜スイミング＞（9-4）では、脊柱をやや過伸展させた比較的固定したポジションに保ちながら対側の脚と腕を繰り返し上下させる。これは、対側の四肢を動かすという意味で安定保持のユニークなエクササイズである。

　最後の2つのエクササイズでは、脊柱と股関節を過伸展したまま体幹を空間で前後に揺らすことが要求される。先に紹介する＜ロッキング＞（9-5）では、手で足をつかむので、体を動かすときにほぼ固定した脊柱のアーチを保ちやすい。対照的に、＜スワン・ダイブ＞（9-6）では腕と脚が自由であり、背中の望ましいアーチを保つうえで脊柱の伸筋がなおさら重要になる。この2つは高度なエクササイズである。不適切なやり方をしたり、背中に何らかの症状があるのに行ったりすると、背中を痛める恐れがある。関連する準備レベルのエクササイズが上達してから、背中に異常がなく、医師の禁止もない場合にかぎり試みるようにしてほしい。

キャット・ストレッチ

Cat Stretch

スタート・ポジション

ステップ2

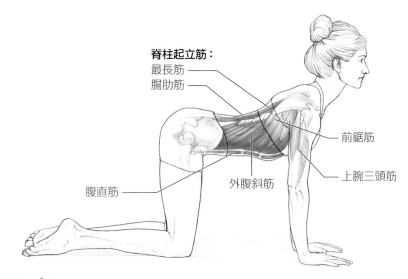

脊柱起立筋：
最長筋
腸肋筋

前鋸筋

上腕三頭筋

腹直筋

外腹斜筋

ステップ4

エクササイズ・ステップ

1. **スタート・ポジション** 四つんばいになり、腕は肩の真下に、膝は股関節の真下にくるように する。骨盤と脊柱はニュートラル・ポジションに。

2. **息を吐く。**骨盤を後ろに傾け、図のように背骨を丸くする。

3. **息を吸う。**スタート・ポジションに戻る。

4. **息を吐く。**背骨の上部を伸ばす。メインの筋肉図参照。

5. **息を吸う。**スタート・ポジションに戻る。以上を5回繰り返す。

ターゲットの筋肉

脊柱の伸筋：脊柱起立筋（棘筋、最長筋、腸肋筋）、半棘筋、深層の固有背筋

脊柱の屈筋：腹直筋、外腹斜筋、内腹斜筋

付随する筋肉

腹部の脊柱安定筋：腹横筋

股関節の伸筋：大殿筋、ハムストリング

肩関節の屈筋：三角筋前部、大胸筋（鎖骨部）

肩関節の伸筋：広背筋、大円筋、大胸筋（胸肋部）

肩甲骨の外転筋：前鋸筋

肘関節の伸筋：上腕三頭筋

テクニックのアドバイス

- スタート・ポジションでは、骨盤に付着している腹筋下部を引き上げながら、骨盤と脊柱がちょうどニュートラル・ポジションになるくらい腹壁をいくらか脊柱に引き寄せる。
- ステップ2では、腹筋をさらに引っ込めて脊柱を屈曲する。同時に、尾骨を軽く引き下げ、股関節の伸筋と腹筋を使って骨盤を後傾させる。
- 手をマットに押し当て、肩関節の屈筋を使って体幹上部をやや天井のほうに持ち上げるが、肩甲骨は肩甲骨の下制筋で離しておく。
- ステップ3では、なめらかにスタート・ポジションに戻る。腹筋をエキセントリック収縮で使うことに注意。
- ステップ4では、脊柱の伸筋を使って頭と上背部を天井のほうにリーチする。同時に腹筋が骨盤の前傾と腰椎部の過剰なアーチを制限する。手をマットに押し当て、肩甲骨の外転筋で肩甲骨を広く保ち、肩関節の伸筋で体幹上部を引き上げて反らせる。
- **イメージ**：スタート・ポジションでは、下背部に誰かが手を置いているとイメージしよう。ステップ2では、その手に押し当てるように脊柱下部を丸くして腰椎を重点的に屈曲させる。ステップ4では、手が上背部にあるとイメージしよう。今度は、手の下に当たる部分の脊柱を縮めて胸椎を重点的に伸展させる。

（つづく）

エクササイズ・メモ

　＜キャット・ストレッチ＞は『Return to Life Through Contrology』には含まれていないが、後続のもっと要求水準の高いエクササイズに必要なスキルを練習するためのすぐれたエクササイズである。脊柱の伸筋を鍛える効果はそれほどないが、腹筋を適切に共同収縮させながら、精密に脊柱の伸筋を活動させることがねらいである。体幹は4点で支える。このポジションから、ステップ4で脊柱の伸筋が始動し、胸椎を重点的に伸展させて背中を反らすが、腹筋の共同収縮が骨盤の前傾を制限する。この腹筋の使い方は、より複雑でより力の必要なエクササイズで下背部を守るために必須である。ステップ2で脊柱を伸展とは逆の方向に動かすのは、腹筋を活動させて下背部を重点的に丸くする（屈曲）練習である。このポジションをとると、脊柱の伸筋が伸展とは反対方向にダイナミックにストレッチされるので、背中の伸展を目的にしたエクササイズの合間に筋肉を休ませる有益なインターバルになる。

エクササイズのパーソナライズ

バリエーション

　このバリエーションにすると、ポジションの安定性が減ることによって＜キャット・ストレッチ＞の難易度が上がる。さらに、股関節の屈曲と同時に腰椎の屈曲が強調され、股関節の伸展と同時に脊柱の伸展が強調される。スタート・ポジションで、片方の股関節を伸展させて脚を真後ろに伸ばし、床と平行にする。ステップ2で背骨を丸めながら伸ばした脚の膝を胸に引き寄せる。ステップ3で背骨をニュートラル・ポジションに戻し、胸に引き寄せた脚を真後ろに伸ばす。ステップ4で背骨を反らせながら伸ばした脚を平行より上げる（股関節の伸展）。スタート・ポジションに戻り、脚を床と平行に下げ、背骨をニュートラル・ポジションに戻す。同じ脚で5回繰り返してから、脚を替えて同様に行う。

キャット・ストレッチのバリエーション

プログレッション

　このプログレッションは上記のバリエーションを基本にしているが、伸ばす脚と反対側の腕を伸ばすことでさらに難しくなる。背骨をニュートラ・ポジションにして片脚を後ろに伸ばし、反対側の腕を前に伸ばしてスタート。脚、腕、体幹がすべて床と平行になる。ステップ2の脊柱の屈曲では、伸ばした脚の膝を胸に引き寄せ、伸ばした腕の肩を伸展させて腕を後ろに伸ばす。脚と腕が反対方向に動くことになる。ステップ3でニュートラル・ポジションに戻り、腕を前へ、脚を後ろへ伸ばし、両方を床と平行にする。ステップ4で、背骨を伸展させながら腕と脚を平行より高く上げる。スタート・ポジションに戻り、脚と腕を床と平行に下げ、背骨をニュートラル・ポジションに戻す。片側5回繰り返してから、腕と脚を入れ替えて同様に行う。

キャット・ストレッチのプログレッション

9-2 ワンレッグ・キック（シングルレッグ・キック）

One-Leg Kick (Single-Leg Kick)

スタート・ポジション

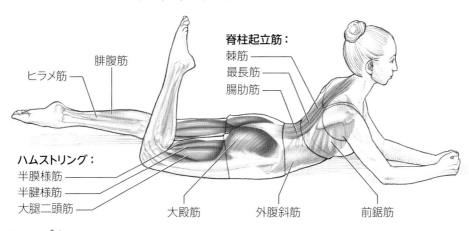

脊柱起立筋：
棘筋
最長筋
腸肋筋

腓腹筋

ヒラメ筋

ハムストリング：
半膜様筋
半腱様筋
大腿二頭筋

大殿筋　　外腹斜筋　　前鋸筋

ステップ2

ステップ3

エクササイズ・ステップ

1. **スタート・ポジション** うつ伏せになる。上腕と体幹の角度が約90度になるように前腕をついて体幹上部をマットから起こす。手はマットの上でこぶしを握って左右合わせる。脚はマットの上で後ろに伸ばして閉じ、足を軽くポイントにする。

2. **息を吸う。**両脚を上げて、足首をマットから5cmくらい浮かす。片方の膝を曲げて、踵で殿部をキックするように動かす。メインの筋肉図参照。

3. **息を吐く。**同じくリズミカルに膝を伸ばすと同時に反対側の膝を曲げて踵で殿部をキックするように動かす。図参照。各脚10回、合計20回繰り返す。

（つづく）

ターゲットの筋肉

脊柱の伸筋：脊柱起立筋（棘筋、最長筋、腸肋筋）、半棘筋、深層の固有背筋

股関節の伸筋：大殿筋、ハムストリング（半膜様筋、半腱様筋、大腿二頭筋）

付随する筋肉

腹部の脊柱安定筋：腹横筋、内腹斜筋、外腹斜筋、腹直筋

膝関節の屈筋：ハムストリング

膝関節の伸筋：大腿四頭筋

足関節の底屈筋：腓腹筋、ヒラメ筋

肩関節の伸筋：広背筋、大円筋、大胸筋（胸肋部）

肩甲骨の下制筋：僧帽筋下部、前鋸筋（下部の線維）

肩甲骨の外転筋：前鋸筋

テクニックのアドバイス

- エクササイズ中ずっと、腹筋をしっかり収縮させる。腹筋下部の付着部を引き上げることを意識して骨盤の前傾を制限する（これについての詳細はエクササイズ＜バック・エクステンション・プローン＞（4-8）参照）。

- 上背部を天井のほうに持ち上げるときは、前腕をマットに押しつけると肩関節の伸筋と脊柱の伸筋の上部を使いやすい。肩甲骨の下制筋で肩甲骨をやや引き下げてニュートラル・ポジションにしながら、肩甲骨の外転筋で肩甲骨を広く保つ。

- ステップ2では、股関節の伸筋を使って両脚を上げるが、骨盤が前傾しすぎない高さまでにすること。エクササイズ中ずっと、この高さを保ったまま脚を閉じておく。足は足関節の底屈筋を使ってポイントにしておく。

- ステップ2の後半では、膝関節の屈筋を使って片方の膝をキックするように曲げるが、膝に痛みなどが出ない力加減と運動範囲にすること。

- ステップ3では、まず膝関節の伸筋が一瞬使われて曲げた膝が伸びはじめ、つづいて膝関節の屈筋のエキセントリック収縮が主に重力に引っ張られて伸びる膝をコントロールする。入れ替わりに反対側の膝関節の屈筋がその膝を曲げる。

- **イメージ：** 下腿の動きを膝関節でアイソレートすること。下腿以外は不動で、アザラシの体がヒレから持ち上がっているように、体幹がなめらかな弧を描く。

エクササイズ・メモ

　<ワンレッグ・キック>は、コアの安定に効果的なエクササイズであり、腕で支えながら脊柱の伸筋で脊柱をマットから持ち上げておくことに重点を置いている。脚を動かすと、この安定を保つのが難しくなる。また、脚を動かすことで股関節の伸筋、特に脚をマットから浮かしておき、膝を曲げるハムストリングの引き締め効果と持久力向上が期待できる。膝を最大限に屈曲すると、硬いことが多い大腿四頭筋のダイナミックなストレッチになる。腹筋は、骨盤の前傾を制限し、背中の最下部の極端な過伸展を防ぐことできわめて重要な安定の役割を果たす。これは、本章のもっと要求水準の高いエクササイズで使われる安定のスキルである。

エクササイズのパーソナライズ

モディフィケーション

　骨盤を安定させるのが難しい場合、背中がつらい場合、肘をもっと遠くについて背骨をあまり伸展しないようにするか、額を手にのせて背骨を伸展させずに行う。ただし、人によっては、問題は腕をついて背中を反らすことよりも脚を上げることのほうである。脚の重さはかなりのものだ。そのうえ、股関節の屈筋が硬すぎると、骨盤を前傾させずに脚をマットから浮かすことができない可能性がある。そういう場合、大腿をマットにつけたまま膝だけを曲げて、体幹を安定させるスキルを練習することから始めよう。さらに股関節の屈筋をストレッチするエクササイズも加えるとよい。耐えられるようになってきたら、少しずつ脚をマットから浮かしてオリジナルのエクササイズを行う。

プログレッション

　オリジナルのエクササイズが上達してきたら、少しずつ肘を肩の真下まで近づける。ただし、このポジションが苦痛でなく、あなたの体に適していればという条件が付く。肘を肩下に近づけるほど背中を反らした姿勢を保つ必要があり、脊柱の伸筋に負荷がかかる。また、骨盤の過剰な前傾を制限するために腹筋の活動と安定のスキルもより求められる。このプログレッションのもう1つのメリットは、腕を引くと伸展させた背骨の可動域を増やす効果もあることだ。健全な背骨なら全方向に正常範囲で動くが、加齢によって背骨の伸展ができなくなる人が多い。

　このプログレッションを正しいフォームで行える人は、さらに難易度を上げてみよう。片腕を肩の高さで前に伸ばし、膝の屈伸を10回反復する間それを保持する。次の10回は腕を替えて同様に保持する。背中の支えが片腕だけになると、脊柱の伸展を保ち、支えが片側に偏ることで生じる脊柱の回旋を防ぐために脊柱の伸筋がもっと働かなければならない。これは難易度が一気に上がるプログレッションなので、初めのうちは背中をあまり反らさないか、脚をマットにつけておくか、反復回数を減らすという調整が必要かもしれない。

ワンレッグ・キック（シングルレッグ・キック）のプログレッション

ダブル・キック（ダブルレッグ・キック）

中級

Double Kick (Double-Leg Kick)

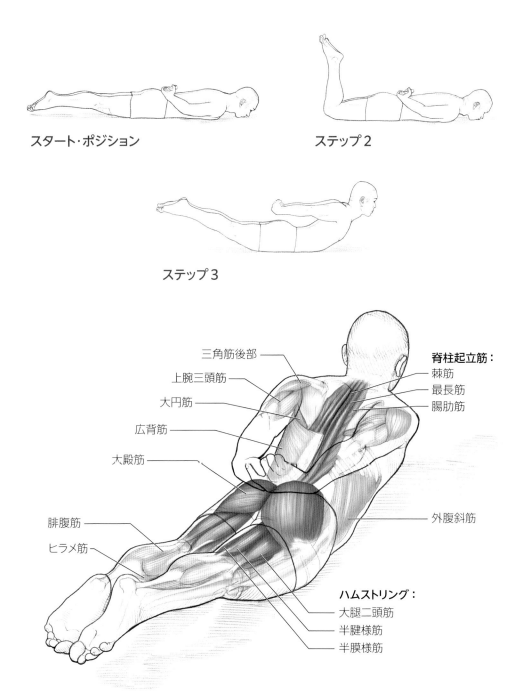

スタート・ポジション

ステップ2

ステップ3

三角筋後部

上腕三頭筋

大円筋

広背筋

大殿筋

腓腹筋

ヒラメ筋

脊柱起立筋：
棘筋
最長筋
腸肋筋

外腹斜筋

ハムストリング：
大腿二頭筋
半腱様筋
半膜様筋

ステップ3（後ろから見たところ）

エクササイズ・ステップ

1. **スタート・ポジション**　うつ伏せになり、顎をマットにつける。肘を曲げて、片方の手で反対の手をつかみ、手の甲側を仙骨の上にのせる。両脚をマットから2cmくらい浮かす。膝はまっすぐに、足は軽くポイントにしておく。
2. **息を吐く。**図のように、両膝を軽く曲げて、踵をすばやく殿部に近づける。
3. **息を吸う。**胸をマットから起こし、肘を伸ばし、手を足のほうに（後方に）リーチする。同時に膝を伸ばし、踵を天井のほうに（上後方に）リーチする。メインの筋肉図参照。スタート・ポジションに戻る。6回繰り返す。

ターゲットの筋肉

脊柱の伸筋：脊柱起立筋（棘筋、最長筋、腸肋筋）、半棘筋、深層の固有背筋

股関節の伸筋：大殿筋、ハムストリング（半膜様筋、半腱様筋、大腿二頭筋）

付随する筋肉

腹部の脊柱安定筋：腹横筋、内腹斜筋、外腹斜筋、腹直筋

股関節の内転筋：長内転筋、短内転筋、大内転筋、薄筋

膝関節の屈筋：ハムストリング

膝関節の伸筋：大腿四頭筋

足関節の底屈筋：腓腹筋、ヒラメ筋

肩関節の伸筋：広背筋、大円筋、三角筋後部

肩甲骨の下制筋：僧帽筋下部、前鋸筋（下部の線維）

肘関節の屈筋：上腕二頭筋、上腕筋

肘関節の伸筋：上腕三頭筋

テクニックのアドバイス

- エクササイズ中ずっと、腹筋の下部を収縮させて引き上げることを意識し、骨盤の前傾を制限する。
- スタート・ポジションでは、股関節の伸筋を使って脚をマットから浮かし、足関節の底屈筋を使って足をポイントにする。
- ステップ2では、膝をマットから浮かしたまま膝関節の屈筋で軽く膝を曲げる。足首が離れないようにし、足はポイントのままだが、膝は少し離れてもよい。膝を屈曲すると下腿が自然に内側へ動くが、そのとき膝を無理に閉じないほうが膝に過度のストレスがかからない。
- ステップ3で膝関節の伸筋が脚を伸ばしはじめたら、股関節の内転筋を使って脚を軽く閉じることを意識し、足をポイントにすることに注意しながら脚を空中でリーチして長いラインをつくる。
- ステップ3で脚を伸ばすときは、脊柱の伸筋を使って脊柱を上から下の順に連続的に反らしていき、なめらかに胸をマットから起こす。同時に肩甲骨の下制筋を使って肩甲骨をやや引

（つづく）

き下げ、肩甲骨が自然に耳のほうに上がる（挙上）のを制限しながら、肩関節の伸筋で腕を後方に引き上げ、肘関節の伸筋で肘を伸ばす。

● スタート・ポジションに戻るときは、脊柱の伸筋のエキセントリック収縮を使ってなめらかにコントロールしながら体幹上部を下げ、肘関節の屈筋で肘を曲げる。

● **イメージ**：体幹と脚が弓で、腕が弓の弦というイメージで。弦（腕）を後ろに引っ張ると、弓（体幹と脚）が一体感を損なわずにぐっと反る。

エクササイズ・メモ

<ダブル・キック>は<ワンレッグ・キック>（9-2）に密接に関連している。ただし、腕で体を支えずに、背中と脚を同時に持ち上げるので、<ダブル・キック>のほうが脊柱の伸筋の筋力と持久力をつけるための刺激としては効果的である。両脚を上げることで、腹筋で体幹を安定させておくのも難しくなる。目的は、股関節の伸筋で脚を上げ、股関節を伸展位のポジションにすることである。しかし、股関節の屈筋の多くは骨盤前部に付着しているため、脚を上げて股関節の屈筋が伸びると、自動的に骨盤が引っ張られて前傾する。下記のモディフィケーションで述べるように、腹筋をうまく使って、この骨盤の動きを抑制し、望ましい股関節の過伸展を最大限にする必要がある。

このエクササイズは、一部の人にとっては膝関節伸筋の、そして多くの人にとっては肩関節屈筋のダイナミックなストレッチにもなる。肩関節の屈筋が硬いことはよくあり、肩が前に丸まる（猫背）という姿勢の問題の原因になる場合もある。

エクササイズのパーソナライズ

モディフィケーション

<ワンレッグ・キック>で述べたように、このエクササイズの強度と下背部にかかるストレスは、背中をあまり反らさないか、脚をあまり上げないことによって減らすことができる。骨盤を安定させるのが難しいか、下背部が反りすぎてしまうなら、まずは上背部をマットから起こすのは少しにして、脚の動きに集中してみよう。初めのうちは、ステップ2で大腿をマットにつけたまま膝を曲げ、ステップ3で膝を伸ばし、上背部を起こすときに大腿を浮かすだけにする。腹筋下部の骨盤との付着部を持ち上げることを意識して骨盤の前傾を抑制し、同時に腹筋上部の肋骨との付着部は遠ざけるようにして、上背部の望ましいアーチをつくる。このスキルを要する共同収縮が上達してきたら、少しずつ運動範囲を増やして、自分の体に適した背中のアーチと脚の高さのバランスを見つけよう。

**ダブル・キック（ダブルレッグ・キック）の
モディフィケーション**

バリエーション

顔の片側をマットにつけてエクササイズを開始すると、顎をマットにつけて開始するより首の過伸展を防ぐことができる。ステップ3で背中を反らすときに、頭をセンターに回し、頭を体幹のアーチの延長線上にそろえる。胸を下げてスタート・ポジションに戻るときに、顔の反対側をマットにつける。6回繰り返す（左右3回ずつ）。

9-4 スイミング

Swimming

スタート・ポジション

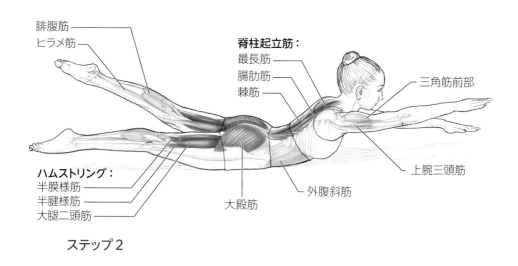

腓腹筋
ヒラメ筋

脊柱起立筋：
最長筋
腸肋筋
棘筋

三角筋前部

ハムストリング：
半膜様筋
半腱様筋
大腿二頭筋

大殿筋

外腹斜筋

上腕三頭筋

ステップ2

エクササイズ・ステップ

1. **スタート・ポジション**　うつ伏せになり、手のひらを下にして腕を頭上に伸ばす。胸、両腕、両脚をマットから浮かす。膝はまっすぐに、足は軽くポイントにする。

2. メインの筋肉図のように、右腕と左脚を上げる。

3. その腕と脚をスタート・ポジションに戻しながら左腕と右脚を上げる。交互に10呼吸サイクルの間繰り返す。きびきびとしていながらよどみない動きで。『Return to Life Through Contrology』では、このエクササイズについては呼吸パターンの指定がなく、自然に呼吸するとだけ書かれている。

（つづく）

ターゲットの筋肉

脊柱の伸筋および回旋筋：脊柱起立筋（棘筋、最長筋、腸肋筋）、半棘筋、深層の固有背筋

股関節の伸筋：大殿筋、ハムストリング（半膜様筋、半腱様筋、大腿二頭筋）

付随する筋肉

腹部の脊柱安定筋：腹横筋、内腹斜筋、外腹斜筋、腹直筋

股関節の屈筋：腸腰筋、大腿直筋

膝関節の伸筋：大腿四頭筋

足関節の底屈筋：腓腹筋、ヒラメ筋

肩関節の屈筋：三角筋前部、大胸筋（鎖骨部）

肩関節の伸筋：広背筋、大円筋、大胸筋（胸肋部）

肩甲骨の下制筋：僧帽筋下部、前鋸筋（下部の線維）

肘関節の伸筋：上腕三頭筋

テクニックのアドバイス

- エクササイズ中ずっと、腹筋の下部を収縮させて引き上げ、骨盤の前傾を制限する。
- ステップ1では、脊柱の伸筋で上背部を引き上げて胸をマットから起こし、股関節の伸筋で脚を上げる。同時に、肩甲骨の下制筋で肩甲骨をやや引き下げて過剰な挙上を防ぎながら、肩関節の屈筋で腕をマットから上げておく。
- ステップ2と3では、腕と脚を長く、反対方向にリーチすることを意識する。肘関節の伸筋が肘をまっすぐに保ち、一方、膝関節の伸筋が膝をまっすぐに、足関節の底屈筋が足をポイントに保つ。このリーチを保ちながら、肩関節の屈筋と伸筋、および股関節の伸筋と屈筋を注意深くコーディネートして交互に動かすと、対側の腕と脚の小さいがすばやい上下運動になる。
- **イメージ**・エクササイズ名のとおり、四肢の動きは水泳のバタ足にたとえることができる。骨盤と下背部はビート板で支え、浮かして安定させておき、脚と腕でバタ足に似た動きをするというイメージで。

エクササイズ・メモ

　＜スイミング＞は安定性の向上に効果的なエクササイズである。やはり脊柱の伸筋に重点を置いているが、アプローチが異なる。脊柱の伸筋が活発に収縮して体幹上部をマットから引き上げている間に、それぞれ体の反対側にある脚と腕が同じ方向に動く。このタイプの四肢の動きは、運動の上達の重要な側面であり、歩く、走るなど、さまざまな基本的な動きで使われる。

　対側の四肢の動きを伴う脊柱の回旋。左脚が高く上がると、体幹下部が左に回旋しがちであり、右の腕が高く上がると、体幹上部が右に回旋しがちである。体幹をほぼ静止した望ましいポジションに保つには、左腰の多裂筋の、右腰を回旋させる作用、右の半棘筋の、左胸を回旋させる作用など、脊柱の伸筋を利用して反対方向の回旋を起こさなければならない（図参照）。

両者が四肢の動きに連動して起きやすい脊柱の回旋に対抗する。脊柱起立筋は同側への回旋を起こすから、上げた四肢とは反対側の脊柱起立筋の領域が活動して四肢によって生じる回旋に対抗する。したがって、＜スイミング＞は回旋時の体幹の安定を向上させる効果がある。人によっては、脚の動きが入ることで股関節の伸筋の引き締め効果や持久力向上の効果も期待できる。

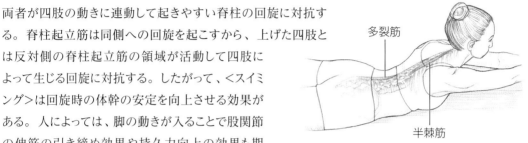

多裂筋

半棘筋

脊柱の逆回旋

（つづく）

エクササイズのパーソナライズ

モディフィケーション

　両腕と両脚を同時に床から浮かしておくのは、肩関節の屈筋、股関節の伸筋、背中の伸筋にかなりの負荷がかかる。この負荷を下げるには、片腕と対側の脚を床につけたまま反対側の腕・脚を上げ、次に四肢を入れ替える。たとえば、右腕と左脚を上げているときは、左腕と右脚は床につけておく。逆も同様。このモディフィケーションにすると支えと安定が増し、四肢を少々休ませることができる。

スイミングのモディフィケーション

バリエーション

　入れ替え運動5回で吸って、次の5回で吐くという方法もある。これは＜ハンドレッド＞(5-4)の呼吸パターンを思い出させる。

プログレッション

　上記のバリエーションで述べた呼吸パターンを使うが、バタ足のスピードを上げる。ただし、脚と腕を大きく動かさないこと。むしろ逆で、スピードが速くなれば、四肢の上下運動は小さくすべきである。さらに、体の反りも少なくして、頭の位置を両腕の間にする。大きく反って弓形になろうとするのではなく、直線に近い、長く伸びた流線型を意識する。

9-5 ロッキング

Rocking

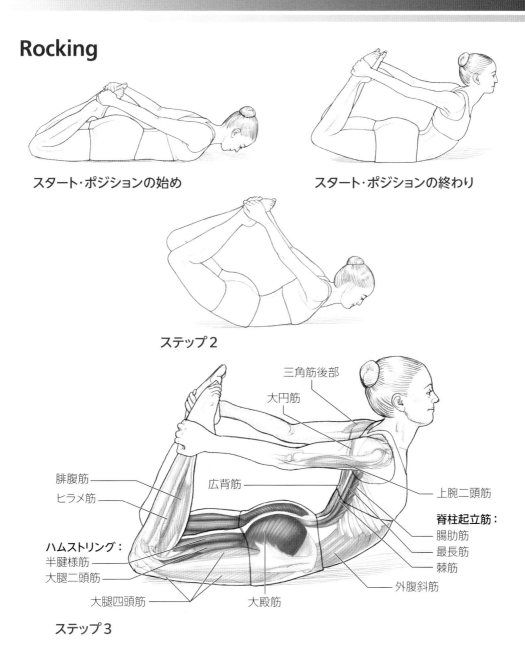

スタート・ポジションの始め　　　　　　　　スタート・ポジションの終わり

ステップ2

三角筋後部
大円筋
腓腹筋
ヒラメ筋
広背筋
上腕二頭筋
脊柱起立筋:
腸肋筋
最長筋
棘筋
ハムストリング:
半腱様筋
大腿二頭筋
外腹斜筋
大腿四頭筋
大殿筋

ステップ3

エクササイズ・ステップ

1. **スタート・ポジション**　うつ伏せになり、膝を曲げて閉じる。図のように左手で左足を、右手で右足をつかむ。図のように頭、胸、膝をマットから持ち上げる。

2. **息を吸う。** 図のように体を前に揺らす。

3. **息を吐く。** メインの筋肉図のように体を後ろに揺らす。10回繰り返す。

（つづく）

ターゲットの筋肉

脊柱の伸筋：脊柱起立筋（棘筋、最長筋、腸肋筋）、半棘筋、深層の固有背筋

股関節の伸筋：大殿筋、ハムストリング（半膜様筋、半腱様筋、大腿二頭筋）

付随する筋肉

腹部の脊柱安定筋：腹横筋、内腹斜筋、外腹斜筋、腹直筋

膝関節の伸筋：大腿四頭筋

足関節の底屈筋：腓腹筋、ヒラメ筋

肩関節の伸筋：広背筋、大円筋、三角筋後部

肩甲骨の下制筋：僧帽筋下部、前鋸筋（下部の線維）

肘関節の屈筋：上腕二頭筋、上腕筋

テクニックのアドバイス

- エクササイズ中ずっと、腹筋のサポートを維持し、痛みのない範囲まで骨盤の前傾を制限する。

- スタート・ポジションの終わりでは、脊柱の伸筋で背中を反らせて胸をマットから持ち上げ、股関節の伸筋で膝をマットから持ち上げる。膝関節の伸筋で足を殿部から遠ざけて手に押し当てるようにすると、腕の作用で体幹上部がもう少し高くマットから持ち上がる。

- ステップ2で前に揺らしはじめるには、股関節の伸筋で膝をもう少し高くマットから持ち上げ、肩関節の伸筋で足を上前方に引っ張る。肘関節の屈筋がこの引っ張る動きを補助するが、理想的には膝関節の伸筋の作用で実際には肘が曲がらない。

- ステップ3では、逆の動きを考える。足が下後方に動き、脊柱の伸筋がもっと激しく作用して体幹上部を重力に逆らって持ち上げる。

- **イメージ**：頭・体幹・大腿がロッキングチェアの底面のように弧を描くというイメージで。椅子が前に揺れると、体重が弧の前部（胸の上部）に移動し、弧の後部（大腿）はマットから離れて持ち上がる。反対に、椅子が後ろに揺れると、体重が弧の後部（大腿）に移動し、弧の前部（胸の上部）が床面から離れて持ち上がる。

エクササイズ・メモ

　<ロッキング>は、<ローリング・バック>（6-2）——体幹の形を変えずに空間を転がる——などと共通の目的をもつエクササイズである。ただし、<ローリング・バック>とは異なり、脊柱を屈曲ではなく伸展させておく。体幹を反らしたポジションを保つには、脊柱や股関節の伸筋など、多数の筋肉を高度なスキルで使うことが要求される。腹筋を使って下背部にかかるストレスを軽減するスキルも必要である。このエクササイズは、本章で先に紹介したエクササイズが上達しないうちは行わないでほしい。適切なテクニックを使ったとしても、脊柱をきわめて過伸展させるエクササイズであるため万人向けとは言えない。ふさわしい人にとっては背伸筋の持久力とコアの安定に絶大な効果があるが、背中に痛みがあるとか、背中をこのくらい伸展させることが禁止されているならば行うべきではない。このエクササイズの極端なポジションには肩関節、股関節、および脊柱の屈筋のダイナミックなストレッチ効果もある。

エクササイズのパーソナライズ

モディフィケーション

　体を前後に揺らすとき、体の形を保つのが難しいなら、まずスタート・ポジションをしっかりとれるように練習する。足をつかんで、頭、胸、膝をマットから持ち上げたら、足を手に押し当て、胸と足が互いに離れるのを感じよう。この強く反ったポジションを5秒保ち、5回繰り返す。この反ったポジションを正しいフォームで楽に保てると思ったら、少しずつ揺らす動きを加えていく。

　しかし、この反ったスタート・ポジションも難しすぎるなら、次のように、さらにエクササイズを分解して練習する。足をつかみ、頭と胸だけ持ち上げて5秒保つ。これを4回繰り返したら、脚だけを持ち上げて5秒保持を4回繰り返す。筋力とスキルが向上したら、両方のパートを組み合わせる。

　足をつかむのが難しい場合は、図のようにタオルや二つ折りにしたエクササイズバンドを足首に巻いて、その両端をつかむ。必要に応じて背骨、肩、股関節の屈筋、大腿四頭筋の柔軟性を高める練習をして、いずれはオリジナルのように手で足をつかめるようにする。

ロッキングのモディフィケーション

バリエーション

　ステップ2で体を前に揺らすとき、息を吐いて深層の腹筋をより強く安定させながら脚を持ち上げる。ステップ3で体を後ろに揺らすとき、息を吸って上背部を天井のほうによりしっかり持ち上げる。

スワン・ダイブ

上級

Swan Dive

スタート・ポジションの始め

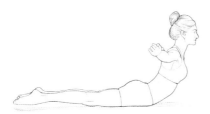

スタート・ポジションの終わり

ステップ 2

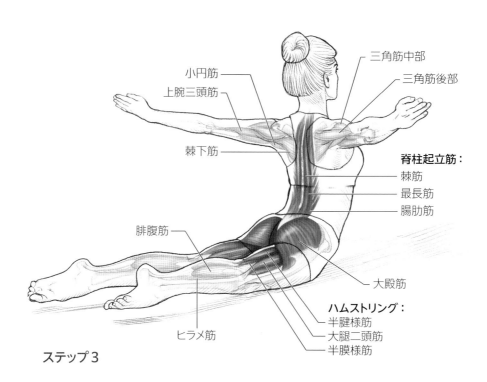

小円筋
上腕三頭筋
棘下筋
三角筋中部
三角筋後部
脊柱起立筋：
棘筋
最長筋
腸肋筋
腓腹筋
大殿筋
ハムストリング：
半腱様筋
大腿二頭筋
半膜様筋
ヒラメ筋

ステップ 3

エクササイズ・ステップ

1. **スタート・ポジション** うつ伏せになり、前腕をついて体幹上部をマットから起こし、脚は後ろに伸ばして足を軽くポイントにする（図参照）。胸をもっと高く起こしながら腕を肩の高さで真横に広げ、同時に両脚をマットから上げる(図参照)。
2. **息を吐く。** 図のように体を前に揺らす。
3. **息を吸う。** 図のように体を後ろに揺らして胸を高く起こしたポジションに戻る。5回繰り返す。前に揺らすとき息を吐き、後ろに揺らすとき息を吸う。

ターゲットの筋肉

脊柱の伸筋：脊柱起立筋（棘筋、最長筋、腸肋筋）、半棘筋、深層の固有背筋
股関節の伸筋：大殿筋、ハムストリング（半膜様筋、半腱様筋、大腿二頭筋）

付随する筋肉

腹部の脊柱安定筋：腹横筋、内腹斜筋、外腹斜筋、腹直筋
膝関節の屈筋：ハムストリング
足関節の底屈筋：腓腹筋、ヒラメ筋
肩関節の水平外転筋：棘下筋、小円筋、三角筋後部、三角筋中部
肩甲骨の内転筋：僧帽筋、菱形筋
肘関節の伸筋：上腕三頭筋

テクニックのアドバイス

- エクササイズ中ずっと、腹筋のサポートを維持し、痛みのない範囲まで骨盤の前傾を制限する。
- スタート・ポジションの終わりでは、脊柱の伸筋で上背部を引き上げて胸をマットから起こし、股関節の伸筋で脚を上げる。
- ステップ2では、股関節の伸筋で脚をさらに高く上げ、体重を前に傾けて胸が下がりマットに近づくようにする。
- ステップ3では、逆の動きを考える。背中の伸筋で背中を高く起こしながら、脚を下げてマットに近づけるが、マットには触れないようにする。
- エクササイズ中ずっと、肩関節の水平外転筋で腕をやや後ろに引き、肩甲骨の内転筋で肩甲骨をやや寄せ合わせて上背部を最大限に伸展させる。肘関節の伸筋で腕の長いラインをつくる。

（つづく）

● **イメージ**：＜ロッキング＞(9-5) 同様、頭・体幹・大腿がロッキングチェアの底面のように弧を描き、前後に揺れても平らにならないというイメージで。＜スワン・ダイブ＞ではさらに、ステップ2で足が強力な滑車で天井のほうに引っ張られ、ステップ3で背中を起こすときは今にも後ろに飛び込もうとしているというイメージで。

エクササイズ・メモ

　＜スワン・ダイブ＞は脊柱の伸筋、そして副次的には股関節の伸筋を引き締め、その持久力をつける。体幹を伸展させたまま体を前後に揺らすという目的は＜ロッキング＞と共通しているが、この望ましい形を腕で支えないぶん難しくなる。体幹を反らしたポジションを保つには、多数のコアの筋肉を高度なスキルで使うことが要求される。たとえば、脊柱の伸筋を腹筋とともに適切に始動させて下背部にかかるストレスを軽減しながら過伸展が起こるようにしなければならない。このエクササイズは、これより簡単なレベルのエクササイズが上達しないうちは行うべきではない。適切なテクニックを使ったとしても、脊柱をきわめて過伸展させるエクササイズであるため万人向けとは言えない。特に背中の過伸展を禁止されている人は避けてほしい。そうでないとしても、初めは難易度を下げた方法で行うか、運動範囲を小さくしてケガのリスクを減らすようにしよう。このエクササイズの極端なポジションには股関節および脊柱の屈筋のダイナミックなストレッチ効果もある。

エクササイズのパーソナライズ

モディフィケーション

　スタート・ポジションの終わりとステップ3で、手をマットについたまま、肘を途中まで、あるいは完全に伸ばして胸をマットから起こし、ステップ2で肘を曲げて胸を下げる。

スワン・ダイブのモディフィケーション

バリエーション

　このバリエーションは、モディフィケーションと完全な<スワン・ダイブ>をつなぐのに適したステップになる。スタート・ポジションの終わりで肘を伸ばしきったら、一気に両手を額に当てて前にダイブし、脚を後ろに上げる。体が揺れ戻ったら、肘を伸ばしてスタート・ポジションの終わりの姿勢で体を止める。これを間断なく5回繰り返す。これを練習すると、前後に揺れるために必要な体の勢いと安定の感覚がつかめるだろう。上達したら、もっと<スワン・ダイブ>に近い練習をするために、同じバリエーションを行うが、今度は手を額に当てるのではなく、ステップ2の図のように腕を真横に広げる。体が揺れ戻ったら、また床に手をついて肘を伸ばす。

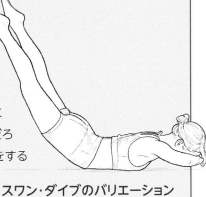

スワン・ダイブのバリエーション

プログレッション

　ステップ3で腕を横に広げるのではなく頭上にリーチし、そのまま体を揺らす方法もある（下図参照）。この腕を頭上に上げたポジションを保つと背中の伸筋にかかる負荷が増すが、体を前後に揺らすときに長いアーチを保ちやすくなる場合もある。

スワン・ダイブのプログレッション

第10章

ピラーティス・プログラムのカスタマイズ

　ピラーティスの成果をあげるには持続的な練習が欠かせない。そして、セッションから得るものを最大にするには、よく構成されたプログラムこそが大切である。自分のニーズに応じてプログラムをカスタマイズするときは多くの要素を考慮しなければならない。日々変わる要素もあるだろうし、いつも変わらない要素もあるだろう。意識すべき要素としては、体のタイプ、過去のケガ、医学的な制限、年齢、性別、フィットネス・レベル、運動スキルがある。エクササイズを賢く選び、最小のリスクで最大の効果を出そう。

　ピラーティスのプログラムを組み立てるアプローチはさまざまである。ジョーゼフ・ピラーティスは自分の考案したエクササイズにはっきり決まった順番を定めていた。今でもその順番に従っている人はいる。ほかのアプローチではジョーゼフ・ピラーティスの古典的な順番はほとんど踏襲されていない。プログラム設計の標準的な科学的原則を全身運動であるピラーティスのマット・プログラムに当てはめるのは特に難しい。ピラーティスのコア、**パワーハウス**を中心にしたエクササイズが圧倒的に多いからだ。とはいえ、筋肉のバランス、論理的なプログレッション、フロー、連続性に配慮したプログラムにするには構成は重要である。さらに言えば、構成は創造性を発揮する環境であり、個々のニーズに適応したプログラムになる可能性を与えるものでもある。

　考えるべき重要な問題は、プログラムが筋力と筋持久力のどちらを目的にしているか、ということである。持久力重視のプログラムは、比較的小さい抵抗で繰り返しの回数を多くしたものになる（マットワークでは、サークルやバンドなどの小さい用具を導入する場合を除けば、体重と重力だけが抵抗になる）。対照的に、筋力重視のプログラムは、あるエクササイズを繰り返しの回数を少なくして行うが、筋肉にかかる負荷は大きくなり、疲労するまで筋肉を動かしたら、理想的には2、3分休ませて回復させてから再び動かすようにする。

　セッションの頻度と時間は、現在のフィットネス・レベル、スキル・レベル、健康、スケジュールなど、さまざまな要因によって左右される。初めのうちは、一般的に言って20-60分のワークアウトを週2、3回行うことをお勧めする。上達してきたら、最長90分まで時間を延ばし、もっと頻度を上げてもかまわない。短いセッションでもまったくしないよりいい、ということを忘れないでほしい。時間の制約がある、仕事が忙しい、旅行中、そういうときはいつものプログラムはあきらめて、手短に切り上げよう。

　本章のサンプル・プルグラムは、一部のエクササイズに対しては筋力をつけ、それ以外のエクササイズに対しては筋持久力をつける順番を採用している。ピラーティス・エクササイズの中には、脊柱のアーティキュレーションやコアの安定など、主に重要なコーディネーション・スキルを上達させるためにつくられているものがあることを理解してほしい。そうしたエクササイズで筋肉にかかる負荷は大幅な筋力増強を望むには物足りないが、筋力重視のエクササイズの合間に組み込んで積極的な回復時間とするのに適している。

245

本章のプログラムには各章の要素——基本、腹筋ワーク、脊柱のアーティキュレーション、ブリッジング、体側エクササイズ、背中の伸展——が盛り込まれている。セッションを始めるときには、きびきびしたウォーキングや健康体操など、体内温度を上げ、心拍数を適度に上昇させる動きを含めた一般的なウォームアップを行うことをお勧めする。この一般的なウォームアップの後、ピラーティスに限定したウォームアップとして第4章で述べた基本的な運動を行う。このウォームアップは、その後のワークアウトで要求されるピラーティス独自の動きの準備となる一連のエクササイズだと考えてほしい。ウォームアップは体だけの準備ではなく、心の準備でもある。集中の対象を外から内へ切り替え、意識をワークに向け、セッションの雰囲気を整える時間なのだ。

　腹筋ワークはプログラムの重要な部分であり、強く、よく機能するパワーハウスの鍵を握る要素である。腹筋ワークは脊柱のアーティキュレーションで補完される。『Return to Life Through Contrology』でジョーゼフ・ピラーティスはこう書いている。「30歳でも脊柱の柔軟性がなければ年寄りであり、60歳でも脊柱が完璧に柔軟ならば若者である」。ブリッジング・エクササイズは、股関節、背中、および肩の伸筋を使うことが多く、腹筋や脊柱のアーティキュレーションのためのエクササイズに欠かせない対照をなす動きであり、筋肉のバランスを整える役割を果たす。腹筋や脊柱のアーティキュレーションのためのエクササイズは全般的に脊柱の屈曲に重点を置いており、たいてい股関節の屈曲が組み込まれている。だから、ブリッジング・エクササイズは伸筋にも焦点を当てるという意味でも、運動の方向を変えるという意味でも好ましい変化なのだ。屈曲から伸展へ、またその逆の切り替えは、ジョーゼフ・ピラーティスのワークに一貫している要素である。体側のエクササイズも、日常生活、レクリエーション、プロフェッショナルを問わず、さまざまな活動にとって重要である。最後に、背中の伸展は可能なかぎりどのプログラムにも含めるべきである。このカテゴリーの重要性は、第9章で詳しく述べたとおり、いくら強調してもしすぎることはない。現代のハイテク社会が、驚くような恩恵も多々あれど、猫背や上背部の弱さなど、姿勢やアライメントの問題を招いていることは否めない。背中を鍛えると、こうしたアンバランスを改善し、その悪影響を防ぐことができる。それに加え、加齢とともに体は自然と前かがみになるため、いっそう背中のエクササイズが重要になる。

　本章のサンプル・プログラムは3つのレベルに分かれており、各章から適切なレベルのエクササイズを選んで構成してある。プログラムを始めるときは、現在のフィットネスと健康に適した「基本」と記してあるエクササイズから始めよう。痛みなどを感じるエクササイズや禁止されているエクササイズは省くこと。新しいエクササイズや上のレベルのプログラムを行うときは十分に体の準備を整えてからにしよう。スキルが上達するにつれて、少しずつ中級レベルのエクササイズを加え、その次に上級レベルを加える。そうすれば上達が望めるし、チャレンジやバラエティも加味できるだろう。レベルが上がり、コントロールもついてきたら、運動範囲を大きくしてみるとか、バリエーションにトライしてみよう。ピラーティスでは、エクササイズの難易度を上げることは、必ずしもより強い筋力（抵抗が大きい）が要求されることを意味しない。むしろ、神経筋のコーディネーションとタイミングに密接に関連していることが多い。このプロセスは時間がかかり、たくさん練習が必要なものだということを忘れないでほしい。練習して本章のプログラムができるようになってから、それ以上のものにチャレンジしよう。急いではいけない。プロセスそのものが貴重で有益なのだから。これは一生かけて探求する旅であり、Well-being（身体的、精神的、社会的に良好で充足した状態）に自分で責任をもつことの一端だと考えよう。

　難易度の高いエクササイズにはたいてい難易度を下げる方法（モディフィケーション）があるので、必要に応じて取り入れよう。まず、モディフィケーションは上のレベルのエクササイズを安全に正しくできるようになるまで一時的に取り入れるだけの場合がある。また、前提となる健康状態によっては長期間もしくは無期限にモディフィケーションを選択しなければならない場合もある。ただし、本書で紹介するモディフィケーションだけに限定はしないでほしい。必要ならば、専門家のアドバイスを求め、あなたの体に最適なモディフィケーションをつくってもらおう。モディフィケーションを考案するには、人体やエクササイズについ

ての知識、制限事項や病歴を知ること、そして大きな創造性が必要である。それはピラーティスの練習に欠かせない刺激的な一面である。この理由から、レベルにかかわらず、インストラクターについてワークし、定期的な自主練習を継続することを強くお勧めする。

　エクササイズをあなたのニーズ、能力、制限に適応させるうえでモディフィケーションが重要であるのと同じように、たゆまず上達して、より難易度の高いエクササイズに進んでいくにはプログレッションが重要である。プログレッションは、モディフィケーションがそうであるように、エクササイズのニュアンスを変える。しかし、プログレッションでは、その変化はエクササイズをより難しくするものになる。あるエクササイズのプログレッションは1つではない。筋肉にかかる負荷を上げて筋力を鍛える、体を支える面積を減らすか、四肢の運動範囲を大きくして安定性を鍛える、コリオグラフィ（動作）を複雑にしてコーディネーションを鍛えるなど、さまざまな方法がある。プログレッションは、ピラーティスのワークを常に新鮮でやりがいのあるものにするために重要な本質的要素である。

　本章で紹介するプログラムはサンプルにすぎないことを念頭においてほしい。本章にまとめた基本のピラーティス・プログラムには、初心者向けにエクササイズを簡単にするモディフィケーションが組み込まれている。安全性に配慮し、健全なテクニックを養うものだ。中級のピラーティス・プログラムでは、難易度が高めのエクササイズの一部にモディフィケーションが含まれているが、すでに基本プログラムで練習したエクササイズの一部にはプログレッションも含まれている。この中級ワークでスキルを高めながら、必要に応じてエクササイズの難易度を下げ、同時に十分に上達したら難しいエクササイズに挑戦することを目的にしている。上級のピラーティス・プログラムは、主にオリジナルのままのエクササイズで構成されており、プログレッションと（難易度を上げる）バリエーションも含むが、モディフィケーションは含まない。トレーニングがここまでくると、準備ができている人ならば、難易度を上げて進歩が停滞しないようにすることが重視される。むしろピラーティスのレパートリーとのつながりを深めながら進歩しつづけることが重要になるのだ。

　統一をとるために、各プログラムの個々のエクササイズに記載したレベルは、9章までで解説したオリジナル・エクササイズのレベルを表す。ただし、モディフィケーションと併記してあれば、そのエクササイズのレベルを下げて、オリジナル・エクササイズができるように練習するという意味になる。逆に、プログレッションと併記してあれば、そのエクササイズのレベルを上げて難しくするという意味になる。たいていは、より難易度の高いピラーティスのエクササイズができるようになるための練習である。各プログラムのモディフィケーションとプログレッションはあくまで一例であり、あなたのニーズに合わせて調整してほしい。各エクササイズの詳細を解説した章には、インストラクターや医療関係者が勧めそうなほかの選択肢もいろいろ紹介してある。もう1つ、中級プログラムと上級プログラムには、それぞれ中級と上級のエクササイズだけが含まれるわけではないことにも注意してほしい。こうしたレベルの混成はピラーティスのマットワークに必須の要素である。レベルが低めのエクササイズは、より難しいエクササイズに備えて心身ともに準備をする具体的なウォームアップの重要な一部である。また、レベルが低めのエクササイズは、最難関のエクササイズの適切なペースをつかんでテクニックを最適化し、ケガのリスクを減らす役割も果たす。

　本章で紹介するプログラムを練習し、習得し、楽しみ、最終的には変化させて、あなたのトレーニングを新鮮で、やりがいがあり、そして楽しいものにしよう。トレーニングの成功と継続にとって、楽しいというのは重要な要因である。負担だと思ったら、トレーニングは長続きしない。しかし、あなたのWell-being（ウェルビーイング）に欠かせない一部だと思ったら、待ち遠しいものになったら、トレーニングは間違いなくあなたの人生で価値あるものの1つになるだろう。

　最後に、上級ワークができる、できないで成果を判断しないでほしい。ピラーティスのワークは競争ではないし、誰かと比べるものでもない。成果は自分自身のエクササイズの上達と、Well-being（ウェルビーイング）感覚などピラーティスの重要な原則をトレーニングや日常生活にどれだけ組み込んでいるかで判断しよう。

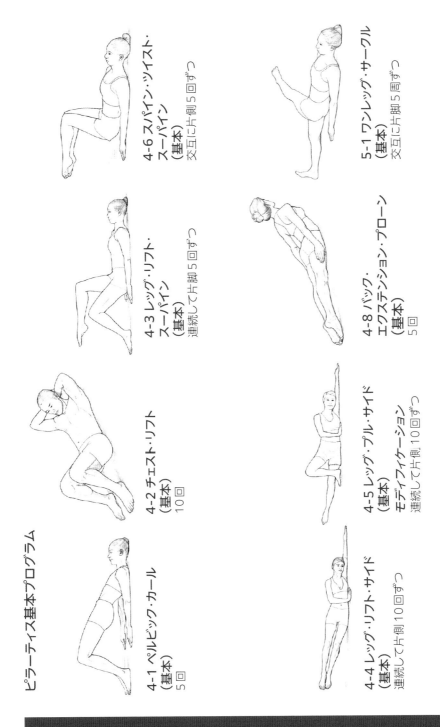

ピラーティス基本プログラム

4-1 ペルビック・カール
（基本）
5回

4-2 チェスト・リフト
（基本）
10回

4-3 レッグ・リフト・
スーパイン
（基本）
連続して片脚5回ずつ

4-6 スパイン・ツイスト・
スーパイン
（基本）
交互に片側5回ずつ

4-4 レッグ・リフト・サイド
（基本）
連続して片側10回ずつ

4-5 レッグ・プル・サイド
（基本）
モディフィケーション
連続して片側10回ずつ

4-8 バック・
エクステンション・プローン
（基本）
5回

5-1 ワンレッグ・サークル
（基本）
交互に片脚5周ずつ

7-1 ショルダー・ブリッジ
（中級）
連続して片脚5回ずつ

6-1 スパイン・ストレッチ
（基本）
5回

6-2 ローリング・バック
（基本）
10回

5-4 ハンドレッド
（中級）
モディフィケーション
10呼吸サイクル

8-1 サイド・キック
（基本）
モディフィケーション
連続して片脚10回ずつ

8-4 スパイン・ツイスト
（中級）
交互に片側5回ずつ

8-5 ソー
（中級）
モディフィケーション
交互に片側5回ずつ

5-5 ワンレッグ・ストレッチ
（基本）
交互に片脚5回ずつ

7-5 レッグ・プル・フロント
（中級）
交互に片脚5回ずつ

9-1 キャット・ストレッチ
（基本）
5回

6-3 シール
（中級）
モディフィケーション
5回

9-2 ワンレッグ・キック
（中級）
交互に片脚10回ずつ

9-4 スイミング
（中級）
モディフィケーション
10呼吸サイクル

ピラーティス中級プログラム

4-4 レッグ・リフト・サイド
(基本)
連続して片側10回ずつ

5-4 ハンドレッド
(中級)
10呼吸サイクル

4-6 スパイン・ツイスト・
スーパイン
(基本)
プログレッション
交互に片側5回ずつ

5-1 ワンレッグ・サークル
(基本)
プログレッション
交互に片脚5周ずつ

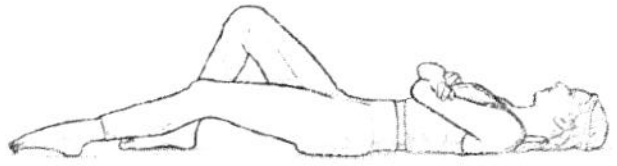

4-3 レッグ・リフト・
スーパイン
(基本)
プログレッション
連続して片脚5回ずつ

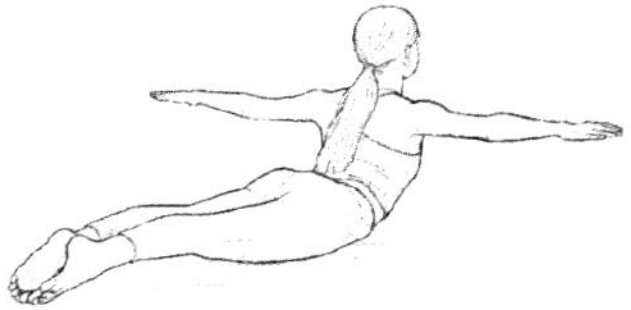

4-8 バック・
エクステンション・プローン
(基本)
プログレッション
5回

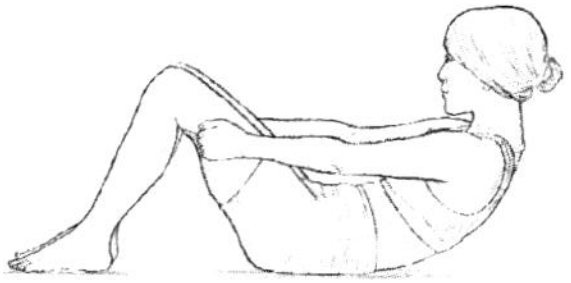

4-2 チェスト・リフト
(基本)
プログレッション
10回

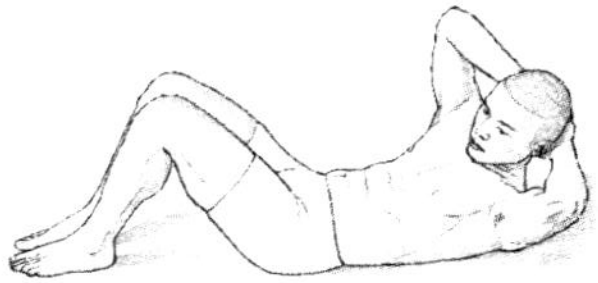

4-7 チェスト・リフト・
ウィズ・ローテーション
(基本)
交互に片側5回ずつ

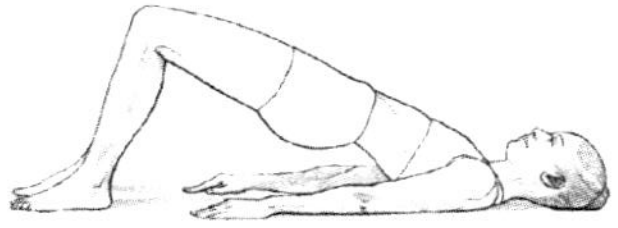

4-1 ペルビック・カール
(基本)
5回

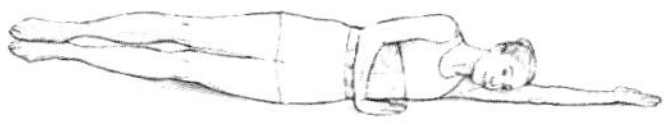

4-5 レッグ・プル・サイド
(基本)
連続して片側10回ずつ

ピラーティス中級プログラム

251

5-5 ワンレッグ・ストレッチ
（基本）
プログレッション
交互に片脚5回ずつ

6-6 ロールオーバー・
ウィズ・レッグズ・スプレッド
（中級）
モディフィケーション
6回

7-1 ショルダー・ブリッジ
（中級）
連続して片脚5回ずつ

8-4 スパイン・ツイスト
（中級）
交互に片側5回ずつ

6-2 ローリング・バック
（基本）
10回

8-5 ソー
（中級）
交互に片側5回ずつ

6-1 スパイン・ストレッチ
（基本）
5回

6-5 ロッカー・ウィズ・
オープン・レッグズ
（中級）
5回

5-2 ロールアップ
（中級）
モディフィケーション
5回

5-7 ダブルレッグ・ストレッチ
（中級）
モディフィケーション
10回

7-5 レッグ・プル・フロント
（中級）
交互に片脚5回ずつ

6-3 シール
（中級）
5回

9-1 キャット・ストレッチ
（基本）
プログレッション
5回

7-4 レッグ・プル
（上級）
モディフィケーション
交互に片脚5回ずつ

9-3 ダブル・キック
（中級）
モディフィケーション
10回

5-8 クリスクロス
（中級）
交互に片脚5回ずつ

8-1 サイド・キック
（基本）
連続して片脚10回ずつ

8-2 サイド・キック・
ニーリング
（中級）
連続して片脚10回ずつ

9-2 ワンレッグ・キック
（中級）
交互に片脚10回ずつ

9-4 スイミング
（中級）
10呼吸サイクル

ピラーティス上級プログラム

4-4 レッグ・リフト・サイド
(基本)
プログレッション
連続して片側10回ずつ

5-2 ロールアップ
(中級)
5回

4-7 チェスト・リフト・
ウィズ・ローテーション
(基本)
交互に片側5回ずつ

5-4 ハンドレッド
(中級)
10呼吸サイクル

4-6 スパイン・ツイスト・
スーパイン
(基本)
交互に片側5回ずつ

5-1 ワンレッグ・サークル
(基本)
交互に片脚5周ずつ

4-2 チェスト・リフト
(基本)
10回

4-8 バック・
エクステンション・プローン
(基本)
5回

4-1 ペルビック・カール
(基本)
5回

4-5 レッグ・プル・サイド
(基本)
プログレッション
連続して片側10回ずつ

ピラーティス上級プログラム

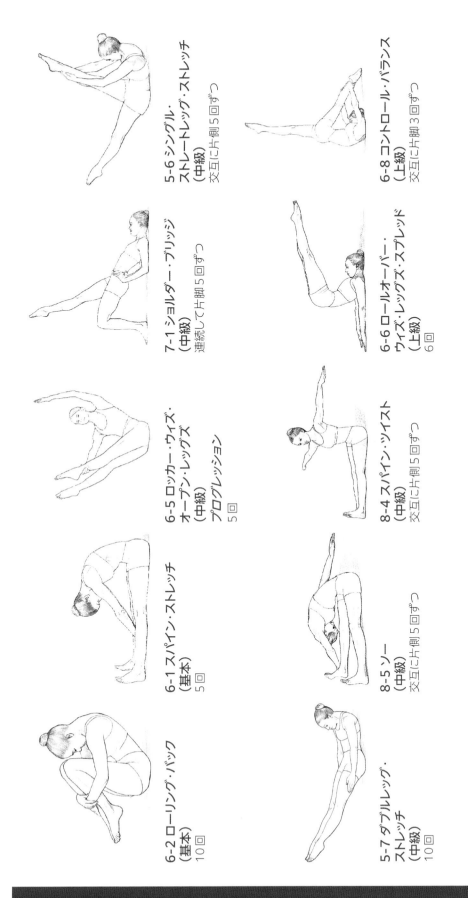

5-6 シングル・ストレート・レッグ・ストレッチ
（中級）
交互に片側5回ずつ

6-8 コントロール・バランス
（上級）
交互に片脚3回ずつ

7-1 ショルダー・ブリッジ
（中級）
連続して片脚5回ずつ

6-6 ロールオーバー・ウィズ・レッグズ・スプレッド
（上級）
6回

6-5 ロッカー・ウィズ・オープン・レッグズ
（中級）
プログレッション
5回

8-4 スパイン・ツイスト
（中級）
交互に片側5回ずつ

6-1 スパイン・ストレッチ
（基本）
5回

8-5 ソー
（中級）
交互に片側5回ずつ

6-2 ローリング・バック
（基本）
10回

5-7 ダブルレッグ・ストレッチ
（中級）
10回

7-3 バイシクル
(上級)
プログレッション
交互に片脚5回ずつ

7-5 レッグ・プル・フロント
(中級)
プログレッション
交互に片脚5回ずつ

7-2 シザーズ
(上級)
交互に片脚5回ずつ

8-8 ヒップ・ツイスト・
ウィズ・ストレッチド・
アームズ
(上級)
交互に片側3回ずつ

9-1 キャット・ストレッチ
(基本)
プログレッション
5回

6-9 ジャックナイフ
(上級)
プログレッション
5回

9-3 ダブル・キック
(中級)
6回

8-7 コークスクリュー
(上級)
交互に片側3回ずつ

9-2 ワンレッグ・キック
(中級)
プログレッション
交互に片脚10回ずつ

5-8 クリスクロス
(中級)
プログレッション
交互に片脚5回ずつ

ピラーティス上級プログラム

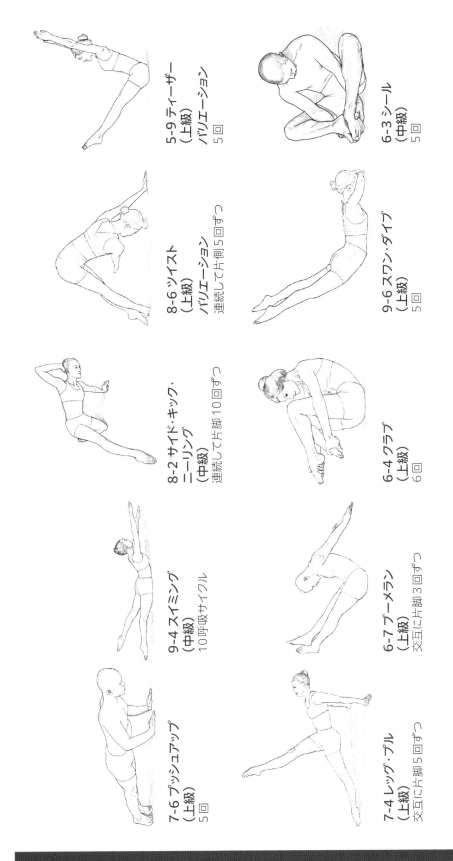

5-9 ティーザー
（上級）
バリエーション
5回

6-3 シール
（中級）
5回

8-6 ツイスト
（上級）
バリエーション
連続して片側5回ずつ

9-6 スワン・ダイブ
（上級）
5回

8-2 サイド・キック・
ニーリング
（中級）
連続して片脚10回ずつ

6-4 クラブ
（上級）
6回

9-4 スイミング
（中級）
10呼吸サイクル

6-7 ブーメラン
（上級）
交互に片脚3回ずつ

7-6 プッシュアップ
（上級）
5回

7-4 レッグ・プル
（上級）
交互に片脚5回ずつ

エクササイズ一覧

マット・セッションの基本

動きと安定のための腹筋ワーク

柔軟な脊柱のための精密なアーティキュレーション

* ジョーゼフ・ピラーティスの『Return to Life Through Contrology』に含まれていないエクササイズ

機能的な脊柱のためのブリッジング

機能的なコアのための体側のエクササイズ

強い背中のための伸展エクササイズ

参考文献

Additional References and Resources

American College of Sports Medicine. 2010. *ACSM's Resource Manual for Guidelines for Exercise Testing and Prescription.* Philadelphia: Lippincott Williams & Wilkins.

Axler, C., and S. McGill. 1997. "Low Back Loads Over a Variety of Abdominal Exercises: Searching for the Safest Abdominal Challenge." *Medicine & Science in Sports & Exer- cise* 29(6):804-10.

Balanced Body. n.d. "Pilates Origins." www.pilates. com/BBAPP/V/pilates/origins-of- pilates.html.

Briggs, A., J. van Dieën, T. Wrigley, A. Greig, B. Phil- lips, S. Lo, and K. Bennell. 2007. Thoracic Kyphosis Affects Spinal Loads and Trunk Muscle Force." *Physical Therapy* 87(5):595-607.

Carpenter, D., J. Graves, M. Pollock, S. Leggett, D. Foster, B. Holmes, and M. Fulton. 1990. "Effect of 12 and 20 Weeks of Training on Lumbar Extension Strength (Abstract)." *Medicine & Science in Sports & Exercise* (supplement) 22(2):S19.

Clippinger, K. 2002. "Complementary Use of Open and Closed Kinetic Chain Exercises.*Journal of Dance Medicine and Science* 6(3):77-8.

Cools, M., E. Witvrouw, G. Declercq, L. Danneels, and D. Cambier. 2003. "Scapular Mus- cle Recruitment Patterns: Trapezius Muscle Latency With and With- out Impingement Symptoms." *American Journal of Sports Medicine* 31:542-49.

Csíkszentmihályi, M. 1990. *Flow: The Psychology of Optimal Experience.* New York: Harper & Row.

De Troyer, A., M. Estenne, V. Ninane, D. Gansbeke, and M. Gorini. 1990. "Transversus Abdominis Muscle Function in Humans." *Journal of Applied Physiology* 68(3):1010-16.

Friedman, P., and G. Eisen. 1980. *The Pilates Method of Physical and Mental Conditioning.*New York: Warner Books.

Gallagher, S., and R. Kryzanowska. 1999. *Pilates Meth- od of Body Conditioning.* Philadel- phia: Bainbridge Books.

Hamill, J., and K. Knutzen. 2009. *Biomechanical Basis of Human Movement.* Philadelphia: Lippincott Williams & Wilkins.

Houglum, P., and D. Bertoti. 2012. *Brunnstrom's Clinical Kinesiology, Sixth Edition.* Phil- adelphia: F.A. Davis.

HSC Dance. 2019. "Body articulation." hscdance. weebly.com/body-skills.html.

Kendall, F., E. McCreary, P. Provance, M. Rodgers, and W. Romani. 2005. *Muscles: Testing and Function, Fifth Edition.* Baltimore: Lippincott Williams & Wilkins.

Kibler, B., and A. Sciascia. 2010. Shoulder injuries in athletes: Current concepts: Scapular dyskinesis. *British Journal of Sports Medicine* 44:300-05.

Kincade, J., M. Dougherty, J. Carlson, and E. Wells. 2007. "Factors Related to Urinary Incon- tinence in Community-Dwelling Women." *Urologic Nursing* 27(4):307-17.

Kincade, J., M. Dougherty, J. Busby-Whitehead, J. Carlson, W. Nix, D. Kelsey, F. Smith, G. Hunter, and A. Rix. 2005. "Self-Monitoring and Pelvic Floor Muscle Exercises to Treat Urinary Incontinence." *Urologic Nursing* 25(5):353-63.

Kliziene, I., S. Sipavicience, S. Klizas, and D. Imbra- siene. 2015. Effects of core stability ex- ercises on multifidus muscles in healthy women and women with chronic low-back pain. *Journal of Back and Musculoskeletal Rehabilitation* 28(4):841-47.

Levangie, P., and C. Norkin. 2011. *Joint Structure and Function: A Comprehensive Analysis, Fifth Edition.* Philadelphia: Davis.

Marieb, E., and Hoehn, K. 2010. *Human Anatomy and Physiology, Eighth Edition.* San Francisco: Benja- min Cummings.

Moore, K., A. Dalley, and A. Agur. 2017. *Clinically Oriented Anatomy, Eighth Edition.* Phil- adelphia: Lippincott Williams & Wilkins.

Moseley, M., F. Jobe, M. Pink, J. Perry, and J. Tibone. 1992. "EMG Analysis of the Scapular Muscles During a Shoulder Rehabilitation Program." *Ameri- can Journal of Sports Medi- cine* 20(2):128-34.

Neuman, D. 2017. *Kinesiology of the Musculoskeletal System: Foundations for Rehabilita- tion, Third Edition.* St. Louis: Mosby Elsevier.

Oatis, C. 2017. *Kinesiology: The Mechanics and Path- omechanics of Human Movement, Third Edition.* Philadelphia: Wolters Kluwer.

Richardson, C., P. Hodges, and J. Hides. 2004. *Ther- apeutic Exercise for Lumbopelvic Stabi- lization.* London: Churchill Livingstone.

Sapsford, R., and P. Hodges. 2001. "Contraction of the Pelvic Floor Muscles During Abdom- inal Maneu- vers." *Archives of Physical Medicine and Rehabilita- tion* 82:1081-88.

Statista. 2019. "Number of participants in Pilates train- ing in the United States from 2006 to 2017." www. statista.com/statistics/191616/participants-in-pilates- training-in-the-us-since-2006.

Wilmore, J., and D. Costill. 2015. *Physiology of Sport and Exercise. 6th ed.* Champaign, IL: Human Kinetics.

著者

ラエル・イサコウィッツ

　世界的に著名なピラーティス実践者・教師。40年以上にわたるピラーティスの実践と功績があり、世界中のシンポジウム、大学、スタジオで講演・指導を行う第一人者。イスラエルの名門校、ウィンゲート・インスティテュートで学士号と教員資格を取得、後に同校で教鞭をとった。英国のサリー大学でも修士号（舞踊専攻）を修めた。

　あらゆるレベルのピラーティス・レパートリーをマスターし、その卓越した運動能力、ボディ・マインド・スピリットの統合、教育への情熱はピラーティス界でも有名である。1989年、Body Arts and Science International（BASI）ピラーティスを創設。BASIピラーティスは世界屈指のピラーティス教育組織に発展し、現在40カ国120カ所以上で活動を展開している。

　著書にピラーティス参考書の決定版『Pilates』（Human Kinetics）があるほか、ピラーティス・マシンのワークブック・シリーズも刊行している。DVD制作、BASI Systemsが製造する機器のデザイン、革新的ピラーティス・ソフトウェア、BASI Interacitveの制作にも携わり、現在は複数の業界誌へ定期的に寄稿している。ピラーティス・メソッド・アライアンス（PMA）の元創設役員。

カレン・クリッピンジャー

　カリフォルニア州立大学ロングビーチ校名誉教授。同校で19年間教鞭をとり、舞踊のための機能解剖学、ボディ・プレースメント、ピラーティスなどのコースを教えていた。また、UCLAやスクリプス大学などの名門大学で解剖学やキネシオロジーのコースを、Body Arts and Science International（BASI）ピラーティスで教員養成プログラムを受け持っていた。

　ワシントン大学で運動科学を専攻して修士号を取得。大学教育に携わる前は、ロマリンダ大学メディカル・センターやシアトルの複数のスポーツ医療クリニックで臨床キネシオロジストとして20年間勤務。幅広いクライアントの治療に携わり、米国ウェイトリフティング連盟、米国競歩チーム、パシフィック・ノースウェスト・バレー、Danish Wounded Warrior Project（デンマーク負傷兵プロジェクト）のコンサルタントとして活動してきた。

　講演者としても国際的な尊敬を集め、BASIピラーティス、Balanced Body（教育プログラムを有するピラーティス・マシンのメーカー）、Pilates Alliance of Australasia（オーストラレーシア・ピラーティス・アライアンス）、ピラーティス・メソッド・アライアンス（PMA）などのカンファレンスで400回以上のプレゼンテーション実績がある。フィットネス誌『Shape』で4年間エクササイズ・コラムニストを務めたほか、執筆記事、共著書多数。著書に『Dance Anatomy and Kinesiology』がある。

著者：

ラエル・イサコウィッツ (Rael Isacowitz)
カレン・クリッピンジャー (Karen Clippinger)
※略歴はp.261参照

監修者：

中村 尚人 (なかむら なおと)
理学療法士、ヨガインストラクター、ピラティスインストラクター。大学病院リハビリテーション科勤務を経て、2008年より、アンダー・ザ・ライト ヨガスクールにて、指導者養成コース「AKIC（ヨガ解剖学講座）」を担当。2009年、ルイーザ・シアー主宰のYOGARTS（オーストラリア）のティーチャートレーニング（RYT500コース）において、日本人としてはじめて「YOGA ANATOMY」を担当する。国内のヨガ界最大のイベント「YOGA FEST」に毎年招聘され、安全で効果的なアーサナの指導を伝えている。現在は、医療とボディーワークの融合、予防医学の確立を目指す、ヨガとピラティスとフィジカルのスタジオ「TAKT EIGHT（タクトエイト）」を主宰。株式会社P3 代表取締役。著書に『ヨガの解剖学』『ヨーガでゆがみを探して、調整する』（ともにBABジャパン）、監訳書に『YOGAアナトミー』（アンダーザライトヨガスクール）、『ティーチングピラティス』（NAP）、『シュロス法による側弯症治療』（ガイアブックス）など多数。

翻訳者：

東出 顕子 (ひがしで あきこ)
津田塾大学卒業。メーカー勤務後、翻訳会社を経てフリーに。主にノンフィクション、実用書の翻訳を手掛ける。訳書に『ピラーティスアナトミィ』『ドラヴィエのコアトレーニングアナトミィ』『ストレッチングアナトミィ』『アスリートヨガ』『瞬発力トレーニングアナトミィ』『ポケットアトラス鍼療法』（いずれもガイアブックス）など多数。

Pilates Anatomy Second Edition

最新 ピラーティス アナトミィ

発　　　行	2020 年 10 月 1 日
第　5　刷	2024 年 7 月 1 日
発 行 者	吉田 初音
発 行 所	株式会社 **ガイアブックス**

〒107-0052 東京都港区赤坂 1-1-16 細川ビル 2 階
TEL.03（3585）2214　FAX.03（3585）1090
https://www.gaiajapan.co.jp

印 刷 所	シナノ書籍印刷株式会社

QRコードよりアクセスし、
ぜひ「**あなたの声**」をお聞かせください。
ご登録いただくと、イベントなど最新情報をいち早くお届けいたします。
https://www.gaiajapan.co.jp/news/info/7071/